比 较 译 丛 27

比 较 出 思 想

THE REPUBLIC
信念共同体
法和经济学的新方法
A New Approach to Law and Economics
OF BELIEFS

［印］考希克·巴苏（Kaushik Basu）著

宣晓伟 译

中信出版集团｜北京

图书在版编目（CIP）数据

信念共同体：法和经济学的新方法 / (印) 考希克
·巴苏著；宣晓伟译. -- 北京：中信出版社，2020.6
书名原文：The Republic of Beliefs: A New
Approach to Law and Economics
ISBN 978-7-5217-1608-5

Ⅰ. ①信… Ⅱ. ①考… ②宣… Ⅲ. ①法律经济学—
研究 Ⅳ. ①D90-056

中国版本图书馆CIP数据核字(2020)第035587号

信念共同体：法和经济学的新方法

著　者：[印] 考希克·巴苏
译　者：宣晓伟
出版发行：中信出版集团股份有限公司
　　　　　（北京市朝阳区惠新东街甲4号富盛大厦2座　邮编　100029）
承 印 者：北京诚信伟业印刷有限公司

开　本：787mm×1092mm　1/16　　　印　张：17.75　　字　数：240千字
版　次：2020年6月第1版　　　　　　印　次：2020年6月第1次印刷
京权图字：01-2019-3178　　　　　　　广告经营许可证：京朝工商广字第8087号
书　号：ISBN 978-7-5217-1608-5
定　价：68.00元

纪念肯尼思·阿罗和安东尼·阿特金森

因他们对经济学的杰出贡献及其深厚的人文精神，

在他们生命的最后几年里，我对他们的了解日益加深。

目　录

"比较译丛"序 //V

前　言 //VII

第 1 章　导论 //001

　　1.1　实践与学科 // 001

　　1.2　法和经济学的诞生 // 007

　　1.3　机构和执法者 // 008

　　1.4　本书安排 // 010

第 2 章　法和经济学简史 //016

　　2.1　法律及其执行：一些案例 // 016

　　2.2　传统法和经济学简介 // 022

　　2.3　博弈论简介 // 030

　　2.4　"纸上的墨迹"批判与新古典谬误 // 038

第 3 章　法和经济学的焦点方法 //044

　　3.1　信念的显著性 // 044

I

3.2 焦点和均衡入门 // 048

3.3 作为焦点的法律 // 054

3.4 法律的执行 // 064

3.5 焦点约束 // 073

第 4 章　先行者优势 //081

4.1 扩展式博弈中的法律 // 081

4.2 子博弈精炼均衡：一个技术枝节 // 084

4.3 作为空谈和烧钱的法律 // 087

4.4 生活和复活 // 094

第 5 章　社会规范与法律 //100

5.1 规范、法律和信念 // 100

5.2 社会规范与多重均衡：守时 // 103

5.3 作为焦点的歧视 // 109

5.4 童工和法律 // 120

5.5 公民、国家工作人员和统治者博弈 // 128

第 6 章　法律、政治和腐败 //138

6.1 法律、治理和发展 // 138

6.2 权力与压迫：独裁、麦卡锡主义和猎巫行动 // 141

6.3 言论自由：有法和无法 // 152

6.4 腐败之害 // 158

第 7 章　理性、法律和正当性 //167

　　7.1　超越理性 // 167

　　7.2　旅行者困境与理性的意义 // 173

　　7.3　带有行为特征的焦点方法 // 178

　　7.4　利益、怨恨和正当性 // 188

第 8 章　结语 //201

　　8.1　前方的路 // 201

　　8.2　统计信息与道德 // 205

　　8.3　挪亚方舟批判 // 212

　　8.4　全球宪法的序幕 // 218

　　8.5　尾声 // 233

参考文献 //236

"比较译丛" 序

2002 年，我为中信出版社刚刚成立的《比较》编辑室推荐了当时在国际经济学界产生了广泛影响的几本著作，其中包括《枪炮、病菌与钢铁》、《从资本家手中拯救资本主义》、《再造市场》（中译本后来的书名为《市场演进的故事》）。其时，通过二十世纪九十年代的改革，中国经济的改革开放取得阶段性成果，突出标志是初步建立了市场经济体制的基本框架和加入世贸组织。当时我推荐这些著作的一个目的是，通过比较分析世界上不同国家的经济体制转型和经济发展经验，启发我们在新的阶段，多角度、更全面地思考中国的体制转型和经济发展的机制。由此便开启了"比较译丛"的翻译和出版。从那时起至今的十多年间，"比较译丛"引介了数十种译著，内容涵盖经济学前沿理论、转轨经济、比较制度分析、经济史、经济增长和发展等诸多方面。

时至 2015 年，中国已经成为全球第二大经济体，跻身中等收入国家的行列，并开始向高收入国家转型。中国经济的增速虽有所放缓，但依然保持在中高速的水平上。与此同时，曾经引领世界经济发展的欧美等发达经济体，却陷入了由次贷危机引爆的全球金融危机，至今仍未走出衰退的阴影。这种对比自然地引发出有关制度比较和发展模式比较的讨论。在这种形势下，我认为更有必要以开放的心态，更多、更深入地学习各国的发展经验和教训，从中汲取智慧，这对思考中国的深层次问题极具价值。正如美国著名政治学家和社会学家李普塞特（Seymour Martin Lipset）说过的一句名言："只懂得一个国家的人，他实际上什么国家都不懂"（Those who only know one country know no country）。这是因为只有越过自己的国家，才能知道什么是真正的共同规律，什么是真正的特殊情况。如果没有比较分析的视野，既不利于深刻地认识中国，也不利于明智地认识世界。

相比于人们眼中的既得利益，人的思想观念更应受到重视。就像技术创新可以放宽资源约束一样，思想观念的创新可以放宽政策选择面临的政治约束。无论是我们国家在上世纪八九十年代的改革，还是过去和当下世界其他国家的一些重大变革，都表明"重要的改变并不是权力和利益结构的变化，而是当权者将新的思想观念付诸实施。改革不是发生在既得利益者受挫的时候，而是发生在他们运用不同策略追求利益的时候，或者他们的利益被重新界定的时候"[1]。可以说，利益和思想观念是改革的一体两面。囿于利益而不敢在思想观念上有所突破，改革就不可能破冰前行。正是在这个意义上，当今中国仍然是一个需要思想创新、观念突破的时代。而比较分析可以激发好奇心、开拓新视野，启发独立思考、加深对世界的理解，因此是催生思想观念创新的重要机制。衷心希望"比较译丛"能够成为这个过程中的一部分。

2015 年 7 月 5 日

1　Dani Rodrik, "When Ideas Trump Interests：Preferences，Worldviews，and Policy Innovations," NBER Working Paper 19631，2003.

前　言

对我而言，这本书标志着我以一种不同寻常的方式回到了法律。在我的记忆深处，我最初的抱负是成为一名律师。这主要基于两点理由：首先，我父亲成长于印度加尔各答城市北郊的普通之家，家中人口众多，我祖父的早逝更使家中陷入贫困的窘境。父亲早就做起家庭教师以补贴家用，晚上又参加夜校，在那里他获得了当时最易得到的法律学位。尽管对商界和法律界的人士一无所知，父亲还是准备加入律师的队伍，那个时候像他这样的律师经常无人问津，必须自己跑出去招揽生意、开展业务。父亲后来的人生实现了了不起的转变，他成为加尔各答最有名的律师之一，还开了一家律师事务所。因此，对大家族的亲戚和我自己而言，研读法律并接手父亲的律所，一切理所当然。其次，我小时候对研究逻辑谜题十分着迷，这也是我想成为律师的另一个原因。我曾认为律师生涯将会是一个充满推演乐趣的过程。

但伦敦经济学院改变了一切。阿玛蒂亚·森（Amartya Sen）关于"社会选择和投资规划"的讲座魅力十足，课堂爆满，学生甚至坐到了窗沿上。毕业于芝加哥大学的莫里斯·珀尔曼（Morris Perlman），只用几幅图形和完美清晰的逻辑，向我们展示了纯粹的推理如何给出对社会和经济的洞见，让人印象深刻。同样令人难忘的还有铃村兴太郎（Kotaro Suzumura）和他在黑板上潦草的数学推导，以及马克斯·施托伊尔（Max Steuer）和其他几位老师。当我获得经济学硕士学位时，我做出了决定，如果阿玛蒂亚·森同意接收我做他的博士生，我将放弃参加律师资格考试。怀着极大的不安，我将改变职业生涯的消息告知了父母，并告诉他们这已是最终的决定，以免他们思前想后的苦恼。

在德里当老师的最初几年，是我人生中最暗淡的时光。我甚至怀疑当初一时冲动改变整个职业生涯的决定是否就是个错误；当父亲决定关闭他的律师事务所时，我更是非常内疚。但父亲觉察到了我的消沉，试图开导我。他说我的决定也许是对的，作为一个律师，我也许挣得更多，但我的人生将整天围着10个或20个富有商人的房子转圈圈；但作为一个经济学家和研究者，我将获得更多的自由，整个世界都会为我开放。我很感激他的宽慰，却根本不相信他的论断。然而，父亲的话最终被证明是正确的，对此我深感幸运。

在我的早期职业生涯中，还有件虽然波折但幸运之事值得一提。在完成博士学业后，我申请了世界银行的青年专家项目。我通过了第一轮审查，受邀去巴黎参加最后的面试。我满怀兴奋地飞到巴黎，最终却未能通过面试而落选了。如果能在世界银行开始职业生涯，显然是极好的。但按照我的性情，也未必是好事，因为我就不再有机会发现抽象研究的乐趣。

对于本书我酝酿已久，但真正写作的时间却很短。书中的核心关切，即关于法律有效性的一些根本问题，我在1989—1991年时就开始思考了，当时我在普林斯顿大学开设了一门关于产业组织理论的研究生课程。在授课过程中，我阅读了有关美国反垄断法的大量材料。法和经济学成了我的兴趣领域，历年来在劳动法、童工、价格歧视、租金控制等各种现实议题上，我撰写了一系列文章，但并未真正触及这个学科的方法论缺陷。

从 2009 年开始的七年内，我成了现实世界的政策制定者，忙碌于解决法和经济学领域的各种实际问题，例如腐败控制、粮食和福利权的配给等，却没有时间或机会深究这些实务背后的方法论问题。这在现实的政策制定中难以避免，你只能利用手中已有的工具和方法，尽管知道这些工具和方法还充满争议，但你经常要在利用不成熟的方法和无所作为之间做出选择。

法和经济学领域的根本问题一直困扰着我，而探究它们的真正机会，来自我即将结束世界银行首席经济学家的职位时收到的三次讲座邀请，由此构成了本书的基础。首先是伦敦经济学院于 2015 年 3 月 3 日举办的"阿玛蒂亚·森讲座"，接着是同年 4 月 13 日在芝加哥大学举办的"盖尔·约翰逊讲座"（D. Gale Johnson Lecture），最后是 2016 年 6 月 14 日在普罗旺斯艾克斯市为纪念路易斯 – 安德烈·杰拉尔 – 瓦雷特（Louis-André Gérard-Varet）举办的讲座。那时我的大致想法逐渐成形，有机会向更广大听众介绍自己的观点。此外，我还在普林斯顿高等研究院和加尔各答的印度统计研究所（Indian Statistical Institute）就这个主题举办过讲座，我非常感谢上述讲座的听众，这些讲座让我有机会在法和经济学领域提出一些较为抽象的想法。我尤其要感谢奥利维尔·巴尔甘（Olivier Bargain）、蒂姆·贝斯利（Tim Besley）、克雷格·卡尔霍恩（Craig Calhoun）、约翰·李斯特（John List）、罗杰·迈尔森（Roger Myerson）、德布拉吉·瑞

（Debraj Ray）、菲尔·瑞尼（Phil Reny）、丹尼·罗德里克（Dani Rodrik）和尼古拉斯·斯特恩（Nick Stern）的邀请及富有助益的意见和批评。

在伦敦的"阿玛蒂亚·森讲座"结束后不久，我知道应就此写一本专著，但在世界银行工作时我无法抽出时间。真正不间断的写作始于 2016 年 10 月 1 日，那是我结束世界银行任期的第二天。之所以安排得如此紧凑，是我意识到一旦 2017 年秋天我在康奈尔大学开始日常的教学工作后，就很难有时间写作了。大部分时间我都待在纽约城区工作，康奈尔大学的产业和劳资关系学院（Industrial and Labor Relations School）在东 34 街为我提供了一个完美的写作场所，偶尔我会到伊萨卡。那段时间里，我完全沉浸在本书的写作中，忽略其他一切事物，不回电子邮件、不看书，也不读文献。但那一阵子也正是搬家的时期，我们需要结束在华盛顿的一切并安顿到伊萨卡和纽约。我们是第一次搬到纽约，因此需要花费大量的精力。在这件事上我深感对妻子阿拉卡（Alaka）的帮助太少。将我从中拯救出来的是我与生俱来的性格，即不容易感到内疚。我已经感谢了我的父亲，现在是感谢我母亲的时候了，正是从她那里我继承了这种品质。大约 15 年前她来伊萨卡看望我们，我妻子阿拉卡深感责任重大，告知母亲她常常有种未将一切事情办妥的内疚感，并问她是否有类似的困扰。母亲开玩笑说我确实很像你，但又补充道，不过幸运的是，直到目前为止我还从未做错过任何事情，所以就无须内疚了。那年她 83 岁。

在本书漫长的形成过程中，除了上述提到的名字，还有几位我需要感谢。在德里的早期职业生涯中，我收到了全球一些重要研究机构的学术邀请，这促使我形成了对法和经济学领域的较早兴趣，特别是对政治权力和普通大众信念的研究。我要极其诚挚地感谢雅克·德雷泽（Jacques Dreze）、尼古拉斯·斯特恩和阿尔伯特·赫希曼（Albert Hirschman）的邀请，当时我在学术界还默默无闻，也没有太多的研究成果。他们三人分别来自新鲁汶大学的运筹学与计量经济学研究中心（CORE），考文垂的华威大学和普林斯顿高等研究院。我在华威大学和普林斯顿高等研究院从事的研究，直接成了本书的内容。

　　本书中讨论的法和经济学基本理念是较为抽象的，但同时与传统经济学理论相比，又没有那么数学化。我尤其要感谢卡勒·莫尼（Kalle Moene）和约翰·罗默（John Roemer）的建议，他们给了我最早的激励。历年来，通过讲座、电子邮件和会谈等各种方式，我与众多经济学家进行了相关的探讨，他们是阿纳达瓦德汉南（U. K. Anandavardhanan）、卡娜·巴苏（Karna Basu）、卡利安·查特吉（Kalyan Chatterjee）、提托·科迪拉（Tito Cordella）、尚塔·德瓦拉贾（Shanta Devarajan）、马丁·杜文伯格（Martin Dufwenberg）、德瓦贾提·高斯（Devajyoti Ghose）、印德尔米特·吉尔（Indermit Gill）、鲍勃·霍基特（Bob Hockett）、卡拉·霍夫（Karla Hoff）、路易斯－费利佩·洛佩兹－卡尔瓦（Luis-Felipe Lopez-Calva）、史蒂文·卢克斯（Steven Lukes）、阿纳迪·曼尼（Anandi Mani）、阿吉特·米什拉（Ajit Mishra）、斯蒂芬·莫里斯（Stephen Morris）、德里克·尼尔（Derek Neal）、马丁·奥斯本（Martin Osborne）、让－菲利浦·普拉托（Jean-Philippe Platteau）、大卫·罗森布拉特（David Rosenblatt）、瓦伦丁·塞德勒（Valentin Seidler）、阿玛蒂亚·森、克劳迪娅·塞普尔韦达（Claudia Sepulveda）、尼兰·塞蒂（Neelam Sethi）、迈克尔·辛格（Michael Singer）、拉姆·辛格（Ram Singh）、吉安卡·斯帕诺罗（Gianca Spagnolo）、沙布·苏布拉马尼扬（Subbu Subramanian）和乔根·威布尔（Jorgen Weibull），我要对他们表示感谢。其中，迈克尔·辛格和沙布·苏布拉马尼扬通读了几近完成的手稿，他们的详尽意见对书稿的最后一轮修订有着重要的参考价值。

我还要特别感谢康奈尔大学，它提倡的多学科交融的精神，对与本书相似的一类工作非常重要。在康奈尔我接触到了行为、推理和策略领域一些全球最出色的理论研究者，他们就是我在经济系的同事。但更令康奈尔大学与众不同的是，它还拥有一大批相关领域的学者，他们互相之间成了学术知己，形成了既严肃广博又热切友好的学术氛围。要列出这些学者，名单会很长，但我必须感谢玛丽·卡岑施泰因（Mary Katzenstein）、彼得·卡岑施泰因（Peter Katzenstein）、艾萨克·科瑞蒙尼克（Isaac Kramnick）、伊丽莎白·罗林斯（Elizabeth Rawlings）和亨特·罗林斯（Hunter Rawlings）。历史长河中，在不同时间、不同地点都产生过伟大的学术突破，但我一直坚信古希腊才是现代学术世界的摇篮。虽然我对古希腊时代和其中的一些主要人物非常痴迷，但对其知识的掌握却从未达到学术研究应有的水平。正是亨特·罗林斯在这方面的渊博学识使我感到羞愧，促使我持续不断地阅读，并试图迎头赶上。

仅仅表达谢意是不够的，我也需要表示歉意，特别是对法学领域的理论家和学者。在写作本书时，我已经深切地感到自己对法学文献的掌握不够。虽然我关注的焦点是法学和经济学两个学科的交叉领域，但我希望对法学知识的掌握能赶上经济学。当决定写作本书时，我就开始阅读法学方面的文献，但很快我认识到法学家的论述方式与经济学家有着很大的差异，它们通常繁复冗长得多。因此，尽管试图尽最大努力对法学文献有更好的把握，我仍意识到自身存在的缺陷。

另外，有三个短期访学需要特别提及。在这些短期访学中，向不同群体的听众发表演讲、与不同背景的学者交换意见，都对我产生了重要的帮助。2016 年末，我度过了三周美好的访学时光，其中一周在墨尔本的莫纳什大学，两周在孟买的印度理工学院。沿着墨尔本的雅拉河和孟买的波瓦湖长距离散步，为思考提供了绝佳的环境（尽管波瓦湖边有豹子出没的警示牌）。2017 年 5 月中的一周，我又到刚刚成立、位于日内瓦的阿尔伯特·赫希曼民主研究所举办了讲座，与那里的学者进行了富有成效的讨论。

尽管在世界银行的时候，我还没有真正开始着手写作本书，但在繁忙日程的缝隙之间，我还是开始了断断续续的相关工作。对我而言真正幸运的是，当时工作在我周围的人天性乐于助人、富于幽默感，他们使办公室高效运转的同时，又保持着快乐的氛围。我特别要感谢拉维恩·库克（Laverne Cook）、印德尔米特·吉尔、韩玉娥（Vivian Hon）、格雷丝·索伦森（Grace Sorensen）和王斌涛（Bintao Wang）。在我搬到纽约、开始撰写本书后，格蕾丝·李（Grace Lee）和张鹏飞（Pengfei Zhang）提供了得力的帮助，而在伊萨卡完成书稿的最后阶段，孙豪昆（Haokun Sun）成为我的研究助手，给予我很大帮助，我非常感谢格蕾丝、豪昆和鹏飞。

与普林斯顿大学出版社的合作是一段美妙的经历。当我开始与该出版社打交道时，它在彼得·多尔蒂（Peter Dougherty）的领导下，社内气氛和谐愉快。不知道彼得是否还记得，我在 20 世纪 80 年代出版的最早著作之一，他当时正是我的（年轻）编辑。对于本书而言，与我紧密合作的是萨拉·卡罗（Sarah Caro），她敏锐、热诚，在项目的各阶段都提供了详尽的建议，是一位不可多得的编辑。我还要感谢普林斯顿大学出版社邀请的两位优秀匿名评论人和詹妮·沃克维奇（Jenny Wolkowicki）的许多意见、建议和鼓励。

所有家庭成员都被我"诱哄"着对书稿的各部分进行了阅读和评论，我要感谢卡娜·巴苏、迪克萨·巴苏（Diksha Basu）、萨布南姆·法鲁基（Shabnam Faruki）和迈克·麦克利里（Mike McCleary）。最后，我妻子阿尔卡通读了整部手稿，在我修订和重写的过程中，有的部分她还读了不止一遍。毫不夸张地说，我娶了一个我遇到的人中最聪明的那一个，尽管这会有不利之处，但是当你写一本书又希望获得批评意见时，这就成了无与伦比的优势。

在前言中，就如何阅读本书提供一些建议是很合适的。本书将围绕一个中心主题展开，前4章依次论述法和经济学的标准模型，该模型存在的问题和矛盾，对博弈论的简单介绍，再提出本书的中心内容：焦点方法（focal point approach）。第5章介绍这个新方法的一些应用，并分析了法和社会规范之间的关系。因此，如果想要了解本书的核心思想，可以将书的前5章作为一个虽简略但完整的部分。

最后3章的内容更具探索性，可以有选择地阅读。它们展示了如何将焦点方法应用于探讨现实生活中的各种问题：如腐败的盛行、极权主义的起源和风险、全球治理和全球秩序面临的挑战。书中的论述并不是要给出最终的答案，而是提供一个分析的基础。为了吸引读者，我尽量将这些章节写得简明扼要。我对简洁的偏好，也来源于对经济学理论及其优美的简洁特征的兴趣。

　　当然，上述偏好还有另一个来源，即文学作品。自从我在《巴黎评论》（*Paris Review*）1982 年夏季刊上读到英国诗人菲利普·拉金（Philip Larkin）的访谈后，我就深切地意识到简洁的必要性。他说，当接触到别人的诗歌时，阅读而非倾听是更明智的，因为那样你就会知道"你距离终点有多远"。

第1章 导论

1.1 实践与学科

为什么有这么多的法律制定了却没有得到执行？经济学家和法学家对这一问题有着持久的兴趣。但更耐人寻味、在哲学上更棘手的，其实是上述问题的反面。即为什么还有这么多的法律如此有效？为什么这些法律能够由国家的工作人员加以执行，而且得到了公民的遵守？毕竟，法律只不过是纸上的一些文字而已。一旦有人停下来认真思考，他不免会困惑：为什么只是一些"纸上的墨迹"（ink on paper），就可以改变人们的行为？为什么新颁布的限速法规就能迫使司机开得更慢，而且如果有少数人不这样做，就会有交通管理人员追在他们后面并开出罚单？

传统的法和经济学通过回避来处理上述问题。本书的目的就是要直面"纸上的墨迹如何引发行动"这个难题，在接下来的各章中，我将阐述并解释上述谜题，然后试图给出一个解决方法。这会使我们因之质疑并拒绝标准的方法，取而代之的是一种更丰富、更有说服力的法和经济学方法。这种新方法以博弈论为根基，极大地丰富了我们对以下问题的理解：为什么有这么多法律能够有效？为什么又有这么多法律未能实施，被束之高阁？鉴于法和经济学对于一系列实际领域的重要性，例如从竞争和合谋、贸易和交换、劳动和监管，再到气候变化和冲突管理，正确展开分析的好处是巨大的。本书将有助于探索横跨经济学和法学的关键领域，对于理解发展与和平、停滞与冲突都是至关重要的。

社会科学不同学科之间的边缘地带往往少人问津。尽管有些鼓励实践的不同宣言，但跨学科的研究仍然不多，因为它往往受到已有方法和意识形态差异以及一些固执己见的阻碍，而不易成功。

在这片荒芜的土地上，法学与经济学的融合显得格外突出。自20世纪60年代该研究领域形成以来，法学家和经济学家的著作日益显示出对彼此存在甚至互相需要的认识，法和经济学这个学科也越来越引人注目。对这一领域的需求是如此明显和巨大，它不应受阻于跨学科研究面临的一般性障碍。法律一直在不断地被制定和执行，一个人不必是经济学家或法学家，也会发现拙劣设计的法律可能导致经济活动停滞不前，而精心设计的法律则可以推动经济活动迅猛发展。由于上述原因，法学和经济学的融合甚至在这个学科有正式名称之前，就已经成为一个活跃的互动领域。例如在美国，对商业集团合谋的关注可以追溯到19世纪末。1890年的《谢尔曼反垄断法案》(The Sherman Antitrust Act)、1914年的《克莱顿反垄断法案》(Clayton Antitrust Act)以及1936年的《罗宾逊-帕特曼法案》(Robinson-Patman Act)，均成了运用法律来规范市场竞争和防止合谋行为的里程碑。

正如经常发生的那样，实践先于理论。虽然当时还没有法和经济学这门学科，但政策制定者和实践者发现了一些小的原则（small principles），并据此采取了行动。例如，美国的立法者和政治领导人很快就意识到，虽然遏制企业的合谋对国内的消费者有利，但阻碍了美国企业在全球市场的发展。在与其他国家的生产商竞争并向其他国家的消费者出售产品时，让本国的公司可以合谋、固定价格或者采取一些违反国内市场反垄断保护的其他做法，可能是更为有利的。这就导致了 1918 年《韦伯 - 波莫雷内法案》（Webb-Pomerene Act）的出台，根据该法案，只要企业能够证明其大部分产品是销往国外的，就可以豁免不得合谋的法律条款。后来日本从中借鉴经验，在制定反垄断法时也对其从事出口的卡特尔企业豁免了相关的法律规定。

让法律的市场影响力得以体现的标志性事件，是盟军在日本二战战败后不久，迅速对其实施了一项精心设计的反垄断法，即通常所称的 1947 年《反垄断法》（Antimonopoly Law）。日本后来对该法进行了修订，以重振本国企业。

虽然不像美国的经验那样直接，但法和经济学的实践对日常生活的重要影响，可以追溯到更久远的历史。人类在学会书写后不久就开始制定法律了。最著名的早期法律铭文是《汉谟拉比法典》，这些法律用巴比伦的阿卡德语（Akkadian）写就，在第六位巴比伦国王汉谟拉比（逝于公元前 1750 年）统治期间制定，并刻于石头之上。法典中的某些理念一直延续至今，例如证据的重要性和被告的权利。它还教给了我们一些流行的复仇准则，最著名的是"以眼还眼"。这些法律准则存续了下来，但并非没有争议。在近四千年后，据信甘地这样警告我们："以眼还眼，会造成世界的失明。"

事实上，甚至在人类发明书写之前，法律的概念就可能已经存在了，它采取的是口口相传的惯例形式。有人认为，从广义上讲法律先于人类［参见 Hadfeld（2016）的讨论］，实验表明，卷尾猴也有公平观念，甚至有惩罚不公平参与者的倾向。然而在本书中，我将避免使用如此广泛、无所不包的法律概念。

法律的起源、什么是法律以及人们为什么遵守法律等问题，一直为人们争论不休。上述讨论的大部分内容，又都围绕着支持或反对"法律实证主义"的巨大争议而引发（参见 Kelsen，1945；Hart，1961；Raz，1980），它们主要是为了回应奥斯丁在 1832 年提出的命题（Austin，1832），他认为"在一个特定的政治社会中，如果某一法律规定能够恰当地反映这个社会中拥有最高统治权的某些人或某些群体的已有命令，那么该法律规定就是合理的"。奥斯丁把最高统治权定义为："这些人或这些群体的命令通常得到习惯性地服从，与此同时他们却不习惯服从其他任何人"（Dworkin，1986，第 33 页）。但是，为什么这些命令能够得到服从呢？拥有了最高统治权的人和群体又怎样才能避免服从其他人呢（在一定程度上的确如此）？奥斯丁以及后来的法学家和哲学家都未能很好地解答这些问题。

虽然奥斯丁和哈特（Hart）都是法律实证主义者，但哈特认为法律是"规则"（rules），这有别于奥斯丁关于法律是"命令"（command）的观点。"法律是规则"意味着并不需要一个最高权力拥有者或更高的权力机构来执法，有一种义务要素自然内生于法律。在这种观点下，法律的概念是一种与生俱来的正义感和公平感。

出于本书的目的，没有必要对法律下一个正式的定义（并且无论如何，这样的定义也不存在）。通常的情况是，即使没有对一个学科进行正式定义，我们仍有可能探讨并进一步发展它，这里也是如此。只需要指出以下内容就足够了：法律由社会中关于合法行为的规则组成，一个守法的社会或一个法治的社会是一个所有社会成员都遵守法律的社会。我并不假定法律天生具有公平和正义的特性。在我的论述中，既可能存在高贵和公正的法律，也可能存在不公平和压制的法律。事实上，我希望本书能表明一些早期的辩论和争论是不必要的。一旦发展出以博弈论为基础的法律研究的新方法，我们就会看到，一些辩论很难站住脚，因为它们基于的方法论存在缺陷，同时受到了有限词汇量的限制。随着现代博弈论的兴起，我们能够创造出有助于辩论的概念和术语，从而消除由于言语粗糙的论述引发的一些争议。科学进步的很大一部分是基于语法和词汇精度的不断提高，这一点常常未被人们意识到。

新的研究方法将使我们了解一个社会如何变得守法。据称英国前首相戈登·布朗（Gordon Brown）曾说过（World Bank，2017，第95页）："在建立法治的过程中，最初的五个世纪总是最艰难的。"戈登·布朗的评论通常被视为一个笑话，但其实并不是。它指出了重要的一点，即法律要扎根、法治要盛行，就需要普通民众信仰法律而且相信别人也信仰法律。这种信念（belief）和元信念（meta beliefs）可能需要很长时间才能在社会中根深蒂固。上述观点对于本书的主题至关重要。

顺便提及，虽然上面这段话通常被认为是戈登·布朗说的，但似乎并没有他说过上述言论的实际记录，唯一的理由是他并未质疑这一说法。但话又说回来，如果你处于他的境地，有这样一段令人难忘的话归于你名下，可能你也不会主动出来澄清。

回到法律起源的问题上，正如我们今天所知，法律早在古希腊时期就有了非常具体的形式。雅典的梭伦和斯巴达的吕库古通常被视为"西方法律和政治思想的奠基人"（Hockett，2009，第 14 页）。梭伦于公元前 638 年生于雅典，在城邦陷入混乱时，他成为雅典的执政官。他在创建一个针对所有公民的法院中发挥了关键作用，但从本书的角度看，更重要的是他致力于那些使经济生活成为可能的法律，这些法律鼓励专业化和交换，并在贸易中采取明确的立场，允许某些商品的交易，又禁止其他商品的交易。它表明不仅国际贸易，甚至连保护主义也有着悠久的历史。

与梭伦相对应的是斯巴达的吕库古，他常被视为《斯巴达宪法》的奠基者，提出了有关社会平等乃至财富再分配的理念和规则。当吕库古登上权力宝座时，斯巴达的财富分配极其不平等，据称他因之开始制定规则来平衡土地的占有。除了这些重要的经济规则，吕库古还制定了一些特殊的法规，例如男性需要在公共场合集体进餐。要想了解吕库古的详细情况，麻烦在于吕库古坚信法律不应被写下来，而是应该作为一种需要被人们遵守的精神准则。[1] 这导致了一个难以避免的后果，即许多人质疑吕库古法律的存在，更严重的是，一些历史学家甚至质疑吕库古本人的存在。

---

1 这与博弈论学者通常持有的观点形成了鲜明对比，他们认为法律要有明确的形式，从而不仅为所有人所知，而且人们知道其他人也知道法律，人们又得知道"人们知道其他人也知道法律"，以此类推，由此形成一种所谓的共同知识（common knowledge）。Hadfeld（2016，第 26 页）对此进行了明确的阐述。在本书提出的法和经济学方法中，共同知识扮演着非常重要的角色。

1.2 法和经济学的诞生

幸运的是，法和经济学学科的出现并没有引发类似的存在与否的争议。人们已就此形成了一种合理的共识，即该学科产生于 20 世纪 60 年代，其标志是一些经典论文，其中最引人注目的是科斯（Coase，1960）、卡拉布雷西（Calabresi，1961）和贝克尔（Becker，1968）的论文，尽管该学科的起源也许还可以追溯到更早以前。[2] 在随后的岁月里，法和经济学明显成为一门极具影响力的学科。正如桑斯坦（Sunstein，2016，第 53 页）最近指出的："法和经济学已经革命性地改变了法律思维，它很可能被认为是过去一百年里法学领域中最具影响力的知识进展。该学科的研究还对美国、欧洲和其他地方的监管者如何处理反垄断、环境保护、交通安全、医疗保健、核电监管和工人权利等议题产生了重大影响。"人们还可以毫不费力地继续指出法和经济学在许多其他领域的影响力，从金融和银行业相关监管措施的制定，到财政政策的形成以及用法律规范财政赤字等。显然，这是个非常值得关注的学科。

然而，在法和经济学理论的应用中仍遇到了一些问题，这些问题提醒我们该领域仍存在的不足。最大的挑战之一是法律的执行。许多经济体，尤其是新兴经济体和发展中经济体，长期面临的一个问题是法律往往得不到执行。例如在印度，由于该国在独立后热衷

---

2 一般认为，法和经济学领域首次可辨识的运动可以追溯到 19 世纪末，尽管对这样的说法仍存在争议。当时的美国经济学家试图解决州际铁路管理当局面临的难题，努力促进市场竞争和开展反垄断监管的工作（Hovenkamp，1990；Mercuro and Medema，1997；Medema，1998）。有意思的是，与 20 世纪 60 年代的研究相比，早期的法和经济学运动更关注不平等，并与主流的市场经济学保持着距离。

于立法、其被殖民的历史甚至被殖民前的经历等原因，造成了印度的法律极其复杂（参见 Roy and Swamy，2016）。由此产生的一个普遍现象是，法律常常在纸面上无可挑剔，却执行不力，印度人似乎集体倾向于对法律视而不见。

另一个相关的挑战是腐败。腐败在许多发展中经济体和一些发达经济体中普遍存在，它不仅对普通民众的生活造成困扰，而且会导致不合理和破坏性的经济后果。但什么是腐败？它可以有多种形式，但归根结底，腐败是一种违犯法律的行为，它或由个人所犯，或与官员和执法人员合谋进行，正如在贿赂案件中发生的那样。是什么让一些法律生效，而另一些则被违犯而产生腐败？标准的法和经济学还无法给出令人满意的答案。

无法有效地理解腐败行为以及由此造成遏制腐败方面的无能，是法和经济学的重大失败之一。法和经济学标准模型存在的漏洞，可从以下现象中观察到：那些被委托执行法律的人往往执法不严或容易受贿，这导致了一个哲学上的难题——"谁来监督监督者？"。上述问题又会引起在一国内部级别越来越高的权力部门各自应该扮演何种角色的困扰。当前，腐败经济学已成为一大课题，很大程度上独立于法和经济学学科。本书试图构建法和经济学的新基石，并据此对腐败问题展开更多探讨。

1.3 机构和执法者

与现代法律相对应的关键部分是其执行机构——警察、法官、法院等。事实上，我们经常通过执行机构的存在与否来区分法律和社会规范。人们一般认为，社会规范可以在没有正式机构的情况下得到执行，而现代国家是对应于法律的重要概念，正是国家赋予法律以权威。

有些读者可能会察觉到，我在上面使用了"一般认为"这样的限定语，表达了我在此的疑虑，他们是对的。稍后我将对这个问题展开详细讨论。事实上，我的这种怀疑源于一些人类学家的著作。他们的研究展示了在一些所谓的原始社会，如赞比亚巴洛策人的社会，其规范有多么复杂、执行得有多么正式（Gluckman，1955；Hadfeld，2016）。

值得指出的是，在传统法律思想关于国际法的讨论中，执法机构的存在与否一直是中心议题。的确，就全球层面而言，在协调国家之间的关系、国际贸易冲突和货币战争等跨国领域，并不会像一个国家在处理其内部冲突那样存在一个强制执法者。虽然有海牙国际法院（International Court of Justice，全称为联合国国际审判法院），但其执行法律和法规的能力值得商榷。我们试图通过创设各种国际机构，模拟建立全球层面的法院和司法系统，但它们的影响和作用是有限的。出于这个原因，各国经常自行建立机制来惩罚违反全球规则的行为。美国 1996 年的《赫尔姆斯－伯顿法案》（Helms-Burton Act）就是一个很好的例子。美国想要孤立古巴（从而伤害其经济），因而制定了上述法律，不仅要排斥古巴，甚至要惩罚与古巴进行贸易和投资的其他国家。这不仅是一种将法律主动权掌握在自己手中的方式，也是试图创建一种尚不存在的全球管辖权的尝试。

一些国际组织，如国际劳工组织（ILO）、世界贸易组织（WTO）和布雷顿森林机构（Bretton Woods institutions，指世界银行和国际货币基金组织）被设立，以明确应对全球问题，它们将一些法律和规则应用于劳工实践、国际贸易关税，乃至全球货币和财政政策的管理。这些措施是否奏效仍然存在争议，但所有人都清楚，在我们这个迅速全球化的世界里，仍缺少全球性的执法机制。1492 年哥伦布在美洲登陆，1498 年达·伽马在印度登陆，从 15 世纪末开始，长途海上航行变得越来越普遍，对于国际执法的需求也日益增长。此后，海上的小冲突不断加剧，其中一个最著名的事件是 1603 年 2 月 25 日凌晨，荷兰人在新加坡海峡劫持了葡萄牙船只"圣卡塔琳娜号"（Santa Catarina）。当时有一位律师被要求为荷兰人的劫持行为进行辩护，他的名字是许霍·德赫罗特（Huig de Groot），也就是后来为人们熟知的格劳秀斯（Grotius）。此一案件使格劳秀斯在 1604 年参与了国际法的编纂以及对这一主题发表了相关的著作，这被视为国际法的学术研究起源。

全球化继续深入、新的多国行动和倡议也不断产生，其中最重要的是欧盟和欧元区的出现，以及最近一些国家试图脱离欧盟或欧元区。伴随着这些全球化现象，对国际法及其执行机制等相关议题的研究变得日益迫切。[3] 虽然本书并不直接讨论这些议题，而是更多涉及方法论的探讨，但最后一章的确关注了其中的一些问题。

1.4 本书安排

在我从事产业组织理论和租金管制的研究并试图了解反垄断法

3　近年来，我在世界银行的政策制定工作中，曾参与了对多国协议的一些探讨，参见 Basu (2016a)、Basu and Stiglitz(2015)。

和其他法律的影响范围和效力时，我对法和经济学产生了兴趣。[4]事实上，有两个问题一直令人困扰。为什么法律制定了以后会有效？简而言之，公民之所以遵守法律，是因为害怕如果他们不这样做，警察会抓住他们、治安官会惩罚他们。但为什么警察和治安官要履行他们的职责呢？毕竟，正如本章开头提到的，法律只不过是一些纸上的墨迹，是议会定下的规则、是国王下令刻在石头上的铭文，或者是当今世界的某种电子文件。

通过参与政策的制定，我以一种不寻常的方式重新激发了对法和经济学的兴趣。2010 年我在担任印度政府的首席经济顾问时，有个问题总在我的案头出现，那就是腐败。一个接一个的腐败丑闻爆发，除此之外还有大量没有被新闻曝光但我们不得不处理的腐败事件，它们更为持久、更让人头痛。在印度，腐败已经成为一个难以回避的沉重话题。

印度建立了一个向贫困家庭提供粮食补贴的庞大体系，目前该计划被奉为用于保障穷人"获得粮食的权利"。但有广泛的证据表明，贫穷家庭的这一权利经常被剥夺，要么申请被拒绝，要么被要求行贿以获得应得的补贴。强有力的经验证据指出，政府为补贴贫困家庭而募集的粮食中，有超过 40% 的粮食漏出了该系统，被相关的商店出售以盈利，而这些商店原本是为了服务穷人设立的。[5]

在许多其他领域也有类似的现象，人们被迫为了应得的东西而行贿。你参加了驾驶考试，表现良好，但是当你即将拿到驾照

4　我曾（1993）简要讨论过上述问题，并提出了一些想法（Basu，2000）。有关租金管制的研究，参见 Basu and Emerson（2000）。

5　参见 Khera（2011），以及 Jha and Ramaswami（2010）。

时，官员会索贿。你提交了所得税返还的申报表，但也会被要求贿赂某人以获得最终证明。这样的例子不胜枚举。在探究腐败问题的过程中，我了解到根据印度法律，即 1988 年的《预防腐败法案》（Prevention of Corruption of Act），受贿者和行贿者被视为同等有罪。

由此，很容易得出贿赂在印度如此普遍存在的原因之一。因为一旦贿赂发生，行贿者和受贿者的利益就完全一致了。如果他们被抓，双方都将被罚款或入狱。毫无疑问，在印度行贿者和受贿者在事后都会串通以掩盖贿赂行为。这一情况反过来又鼓励官员接受贿赂。对我而言，很清楚应当改变什么。一个人被要求为他有权得到的东西支付贿赂时——我称之为骚扰式贿赂（harassment bribe），我们必须区别受贿者的罪行和行贿者的罪行。我提出了修改 1988 年法律的建议，认为在骚扰式贿赂中应该区别对待受贿者和行贿者。

在我加入政府几个月后，带着新来者的天真，我写了一篇短文表达了上述观点，并发表在财政部网站上（Basu，2011b）。愤怒爆发了，议员们纷纷质疑我不道德的想法，并向总理和财政部长写信，要求他们解释我的不当行为。

幸运的是，我被委任起草对这些议员的答复。因此我阻止了一些迫在眉睫的危机，但攻击仍在新闻媒体和电视上持续。我在 2015 年《政策制定的艺术》*一书中对此有详细的描述，所以在本书中就不再赘述相关的细节。但事件的简单结果是，通过这一非同寻常的方式，我又回到了法和经济学的领域。

在没有充分了解背景的情况下，我就参与了关于印度腐败控制

---

* 中文版见中信出版社 2016 年版。——编者注

的法律辩论，这显然并不合适。因此我决定，既然我打算探讨腐败问题，是时候进行大量阅读了。这让我以一种更宽广的视角研究上述议题。我马上认识到，违法行为常常明目张胆、广泛存在。以合谋的方式逃避法律的现象，不仅仅有贿赂。我也发现了大量形同虚设的法律。[6]这不可避免地带来了一个问题：为什么有些法律会得到遵守，而有些却遭受忽视？显然，我们对此还没有答案，而更重要的是，我们甚至还缺乏必要的方法去理解上述现象。法和经济学对现代经济生活做出了巨大贡献，但显然也有不足之处。

本书将围绕法和经济学领域中一个重要的"断层线"（fault line）[*]问题展开论述，即我所指的"纸上的墨迹"问题（Basu, 1993），我认为这一问题涉及整个传统或新古典法和经济学的根本。本书将重点关注这个"断层线"问题，并据此精心重构法和经济学的基础。这的确就像是要在这个研究领域动一次大手术，但在开始时我就必须强调，这并非指责该领域过去取得的所有成就都有缺陷。这就有点像在数学领域，我们也会不时发现其基础存在的某个缺陷。当在学科中突然发现了一个悖论或难题，我们试图理解它，并认识到它不是由于粗心或印刷错误造成的，而是学科基础中存在的一些深层次问题的反映，上述情况通常就会发生。我们是否可以看到这个过程的终结（即学科的最终完善），仍存在争议，正如目前数学的基

6　Debroy（2000）估计，从联邦政府到州政府，印度有超过 3 万部法律，但其中的相当部分在积聚灰尘，更糟糕的是，这些法律有时被策略性地使用以骚扰民众。

*　"断层线"（fault line），原为地质学用语。由地壳构造板块相互挤压和冲撞在地壳表面形成的断裂，被称为断层线。经济学家借用了这个概念，用以指经济体系中形成的深层次断裂和根本缺陷，参见拉古拉迈·拉詹，《断层线》，中信出版社 2011 年版。——译者注

础也还存在缺陷。有意思的是，这并不意味着必须全盘否定我们已受的教育，但未来之路仍然坎坷。我们应该意识到，一些曾被认为是最坚实的知识也许并非如此可靠，我们必须放弃和修正一些已有的认识。

法和经济学的情况也类似，随着断层线问题的纠正，我们将有可能拥有一门更强大的学科。一些传统的知识将不再有效，但学科内容变得更为丰富，它将赋予我们新的洞见，使我们能够避免以前无法有效解决的矛盾和悖论。

本书面向无须有法学、经济学或博弈论预备知识的非专业读者。出于这个原因，我偶尔会转向一些关键概念和基础知识的介绍。对于训练有素的法学家或博弈论专家而言，这些简短的论述将是多余的，最多算是一种温习的消遣。但我希望通过这样的方式，让本书对更多的读者具有价值。从初学者到专家，他们可能都有兴趣看到一些熟悉的框架被拆除，又被重建。

为了本书的完整性，下一章将简要介绍法和经济学的标准或新古典模型，接着分析构建模型时面临的一些矛盾。然后，论述转向如何重构模型，我们将充分利用传统法和经济学已有的积累，并在此基础上重构。重构学科绝非易事，我充分意识到此项任务不可能在本书或任何单独一本书中完成。但我确实希望对应该如何修改传统模型提供一个更全面的描述。

在本书中我将使用博弈论的工具，从同时（instantaneous）或正常式博弈（normal-form game）开始，然后过渡到参与者可以随着时间推移而展开策略互动的博弈，即扩展式博弈（extensive-form game）。我将介绍相关的研究工作，并对它们加以评价。有一些杰出的研究者，包括法学家和经济学家，他们均对本书论述的断层线问题有着深刻的见解。我将评论他们的论著、指出他们研究的异同之处。从本质上说，学术事业从来都是集体努力的结晶。

一旦构建了理论的基本框架，我也会偶尔偏离主题，讨论法和经济学领域的一些次要话题，例如芝加哥学派和耶鲁学派之间的差异［Sunstein（2016）对这两个学派之间的争论有过简短清晰的综述］，个人理性和道德的作用，如何最好地遏制腐败，如何改善法律的执行，等等。

尽管我试图做到全面论述，但我必须接受一个事实，即我们将不断遇到有待解决的问题。一个新模型也必然有其自身无法回答的问题。在论述的过程中，我将尽可能清晰地指出这些问题。有些未决的议题将留待最后几章中探讨，我将尽量清楚地展示上述问题，同时希望那些更有能力的研究者能够接受挑战，继续推进此项研究。

第 2 章　法和经济学简史

2.1　法律及其执行：一些案例

本书有一个雄心勃勃的计划，它认为目前法和经济学的主要部分均存在第 1 章所述的断层线问题，这也解释了为什么该学科尽管取得了不少重要进展，但仍在一些根本方面受到挑战。法和经济学的缺陷在发展中经济体表现得尤为突出。在许多发展中经济体，经常发生的情景是纸面上的法律很好，但并未在实践中得到执行。对此的已有解释通常是腐败、治理不善以及某些政治领导人缺乏决心等。本书的主要目的是关注理论概念上的不足，这一不足存在于当代法和经济学的绝大部分领域以及该学科的思考方式之中。本书试图对"法律如何影响人们的行为？法律为什么会影响人们的行为？以及为什么它又常常失效？"等一系列问题，提供一个更为深入的理解和解释。

然而，最大的挑战不在于发现问题，因为问题一旦被指出便不难掌握，而在于发现了学科的根本缺陷后还能重建学科。这是一项艰巨的任务，它需要我们利用多个学科——法学、博弈论、经济学和哲学——来解决一些有趣的逻辑难题。但是，如果能为法和经济学构建一个新的理论概念框架，也会带来丰厚的回报，它将帮助我们制定出更好的法律，使之具有良好的经济效果，法律的执行也更为有效。本书试图纠正前述的断层线问题，为处理法和经济学问题建立一个基本框架。这将开辟许多令人兴奋的新研究议题、带来新的可能，本书对其中一些议题进行了探讨。但我也意识到，上述研究议程规模庞大且有很强的开放性。因此，大量的工作仍将留待未来研究的开展。

　　正如第 1 章指出的，法和经济学的新古典模型可以追溯到很远的历史。但在 20 世纪 60 年代，罗纳德·科斯（1960）、圭多·卡拉布雷西（1961）和加里·贝克尔（1968）等人为建立该学科的正式框架迈出了开创性的步伐。[1] 贝克尔（1968）建立了一个完整的犯罪和惩罚模型，在特定意义上，此项工作对后来的研究及其受到的相关批评（包括我们在本书中将要探讨的内容），都至关重要。贝克尔并未试图创建一个法和经济学的框架，而是简单地使用了新古典经济学的一些主流方法，分析如何更好地控制犯罪行为（包括腐败）。但由于他建立的是一个数学模型，从而形成了一个正式的理论框架，并迅速成为法和经济学的模板。

　　当我说本书是关于法和经济学的专著时，它与"经济学"的结合至关重要。法学家和法哲学家长期以来一直试图将法律的作用、

1　另见 Becker and Stigler（1974），Cooter and Ullen（1988），Baird、Gertner and Picker（1994），Mercuro and Medema（1997），Schafer and Ott（2005），Persson and Siven（2006），以及 Paternoster（2010）。关于犯罪和惩罚更广泛背景的精彩讨论，请参阅 Murphy and Coleman（1997，第 3 章），这些探讨已经超越了法和经济学的层面，进入法哲学和伦理学的领域。

正当性的基础以及遵守法律的原因等内容概念化和形式化，其中最著名的是哈特（1961）。我评论并借鉴了其中的一些论述，但我从事的法和经济学研究，主要遵循贝克尔、卡拉布雷西和科斯运用的方法，而非哈特。因此，在下一节中我将抱着谨慎的态度，介绍经济学家构建的犯罪和惩罚模型背后的核心思想。要了解这些思想，从实际问题入手是有益的，我们将从实际法律执行中的一些具体问题开始。

这些例子主要来自我作为印度政府顾问的经历。印度目前有一个受到法律支持的庞大计划，[2] 试图为所有公民提供最低限度的粮食，当然政策针对的目标是穷人。该计划运行如下：首先，印度政府根据 1964 年颁布的《粮食公司法案》（Food Corporations Act），成立了一家国有企业，即印度粮食公司，该公司负责执行政府的粮食价格稳定计划和面向穷人的粮食补助计划。其次，印度政府每年都会宣布粮食的"最低支持价格"（Minimum Support Price），农民有权根据这一价格向印度粮食公司出售粮食。通常情况下，最低支持价格设定得足够高，以吸引农民将粮食卖给政府。在一些邦，有着大量收购农民粮食的窗口，粮食收储系统运转良好。政府，即印度粮食公司在这个计划下收购了大量的大米和小麦。但也有一些邦和地区，粮食的最低支持价格纯粹只是个概念，因为这些邦和地区根本没有

2　2013 年的《国家粮食安全法案》（National Food Security Act），通常被称为《粮食权利法》（Right to Food law），是印度政府保护穷人免受粮食市场极端变化冲击的政策措施之一，也是印度粮食政策的重要组成部分，这一话题一直受到经济学家的关注（参见 Johnson，1976）。

相应的窗口收购农民希望出售的粮食。[3]

　　政府收购粮食的一部分会被存储起来，作为未来粮食短缺时的储备；但绝大部分准备出售给那些获得政府颁发的"贫困线以下"证书的家庭。对"贫困线以下"家庭的粮食销售通过所谓的"配给商店"或"公共分销商店"来完成，在全国大约有 50 万家这样的商店。印度粮食公司以低于市场的价格将粮食出售给上述商店，并下达指令，要求商店以低于自由市场的预定价格，并根据政府规定的每个家庭所得的最高限额将粮食出售给贫困家庭。该计划依据的理念是：贫困家庭有权利以低廉的价格获得一定数量的基本食物。印度在这个配给体系的设计上已付出了巨大的努力，目前该配给体系已经成为议会颁布的法律的一部分。

　　然而，问题是这部法律遭到大规模的违犯。有很好的研究表明：过去十年中，在该体系下由印度粮食公司配给的粮食中，有43%~54% 的漏出（Jha and Ramaswami，2010；Khera，2011）。有意思的是，不同类型的粮食还存在着不同的漏出率，小麦的漏出率要明显高于大米。在 2004—2005 年，粮食的总体漏出率达到了峰值，当时为贫困家庭发放的粮食中有一半以上没有分配给这些家庭。从那以后，情况虽然有了好转，但也只是略有改善。这些都是非常值得关注和分析的问题，但我在此的目的仅仅是表明这部善意的法律

3　因为粮食的最低支持价格设定得相当高，所以农民向政府出售粮食的积极性很高，但印度政府通过在大部分区域内不设置粮食收购窗口的方法，有效地控制收购粮食的过剩量（尽管政府中没有人会承认这一策略），这的确给印度不同地区的农民造成了不公平的竞争环境，应该受到批评，但这并非我在本书中想挑战的内容（当然，我作为政策制定者曾经想对此加以改革，但未获成功，在此仅做说明）。

如何被肆意践踏的，[4] 它本可以对印度社会产生巨大的积极影响。

问题不在于法律的意图，而在于其设计。大量的粮食漏出意味着穷人没有得到应有的援助，国家的财政平衡却因此承受了本不应有的压力。法律执行如此糟糕，直接原因显而易见。因为在这部法律以及之前的粮食配给计划中，均假设政府官员和相关的参与人员，包括配给商店的店主，都会勤勉有加、一丝不苟地实施计划，即从印度粮食公司得到有补贴的粮食，然后主动把它卖给穷人。[5] 不幸的是，个人理性起了干扰作用。许多店主从印度粮食公司那里得到粮食，却将其中一部分拿到公开市场上销售，以获得更高的价格；与此同时拒绝穷人领取补贴粮食，谎称粮食已经卖完或者还没有运达。此外，也有将粮食掺假卖给穷人的情况发生。

作为政府顾问，我曾提出相应的解决方案。对配给商店店主的行为至少要有更现实的认识，所以不能把补贴的粮食直接交给他们。相反，粮食补贴应该以补贴券、粮食券或纯现金的形式直接发给穷人，作为他们的一项小额基本收入；然后允许他们从私人商家那里购买所需的粮食。通过将补贴发到穷人手上，并让他们直接从农户或私人供应商那里购买粮食，上述漏出就会大大减少。而且，如果穷人发现街角商店卖的是掺假的粮食，他们就会去别处购买。的确，他们可能不会把得到的所有补贴都花在粮食上，但至少这些补贴是给了穷人，而不是像现在这样给了配给商店的店主。

4　我在《政策制定的艺术》中曾详细描述和评论了这一粮食配给体系。

5　腐败与治理结构甚至政治制度之间的联系已得到广泛探讨（例如参见 Mishra，2006；Rose-Ackerman and Palifka，1999，2015）。对我而言，在印度的经历特别具有启发意义，因为这是我从学术文献中所获知识的一种实际应用。

　　当然，我目前关注的问题与上述方案并无密切关系。我想指出的是，发展中国家的法律往往效果不好，并非因为其意图欠佳（当然，无论是富国还是穷国，有时候都会存在这样的法律），而是法律往往并未得到有效的执行，此外干预政策的不当设计也加剧了问题的严重性。

　　我在印度参与的另一个与法律相关的辩论，在第 1 章已有提及，是与 1988 年印度颁布的《预防腐败法案》有关，它涉及如何用法律处理贿赂行为。这一立法之所以令人关注，是因为从某种意义上说，它是一部元法律（meta law），即一部确保其他法律得以更好执行的法律。它试图通过控制贿赂政府官员的行为，堵住其他法律执行中可能产生的漏洞。我的观点是，一旦对普通公民和公务员（如警察、治安官和其他政府官员）都采取更为现实的看法，我们就可以发现这部法律是存在缺陷的。关键问题在于：根据该法律尤其是第 12 条，行贿者和受贿者将被视为犯有同样的罪行、接受同等的惩罚。[6] 如果相关条款能做出修改，打破行贿者和受贿者同等有罪的规定，而只惩罚受贿者，那么面对贿赂的官员就会预期行贿者更有可能揭发，如此他们一开始就不敢接受贿赂。[7] 这部法律与我们想探讨的话题密

6　值得指出的是，根据该法第 24 条，行贿者确实也有免于处罚的豁免权。然而多年来，这一豁免条款实际上只适用于那些想对官僚实施诱捕行动而故意行贿的人，他们主要是一些记者（Basu，2011b），除此之外根据印度法律，行贿者和受贿者同样有罪。

7　关于贿赂和执法者弱点的议题，已有大量文献探讨过，其中一些参见 Basu、Bhatacharya and Mishra（1992），以及 Basu、Basu and Cordella（2016）。最近也有分析贿赂问题和执法者动机的研究，参见 Pethe、Tandel and Gandhi（2012），Abbink、Dasgupta、Gangadharan and Jain（2014），Spengler（2014），Suthankar and Vaishnav（2014），Dufwenberg and Spagnolo（2015），Oak（2015），Dharmapala、Garoupa and McAdams（2015），以及 Pani（2016）。

切相关，它提醒我们如果模型没有合理地刻画国家工作人员的行为，就会带来严重的问题。[8]

通过对每一部立法的深思熟虑，我们或许能够做得更好，正如上文所述的印度政策显示的那样，可以努力确保穷人有足够的粮食或者有效地遏制贿赂行为。但更重要的是，这些案例让我们意识到，目前标准（或新古典）的法和经济学概念及模型还存在根本缺陷，而且这种有缺陷的思考方式已经渗透到现实的政策世界。因此，在我描述上述缺陷并试图纠正它之前，简要介绍一下法和经济学的标准模型是有益的。

2.2　传统法和经济学简介

如果有人打算创办一家新企业，开采有价值的矿物，例如开采煤矿。首先，假设开采煤矿是一种合法活动。因此，此人要考虑的仅仅是这项投资是否具有商业价值。标准的经济学模型告诉我们，此位投资者会大致计算在地下发现有价值煤矿的概率以及他能得到的预期收益；再估算企业的总成本，包括租用或购买必需的设备、劳动力成本等。将前者（预期收益）减去后者（总成本），就可以得到此项投资的预期净收益或净利润，可称之为净收益 B。标准的经济学理论告诉我们，如果 B 是正数，企业家就会考虑开展此项投资；

8　在此处及以后详细讨论这个话题时，我不会涉及关于贿赂和其他形式的腐败能否提高经济效率的争论，有些经济学家对此持肯定的观点。无可否认的是，在某种直接意义上腐败确实可能有助于经济效率的改善。但我的观点是：贿赂和腐败严重损害了一个社会的道德形成并导致信任受到侵蚀，由此对经济、社会和政治生活的质量极其有害。当然，对于如何更好地遏制贿赂和其他形式腐败的争议，无须在此做出定论。

否则，就会放弃这个煤矿项目。

上述关于理性决策的标准观点存在着缺陷，有一些批评正确地指出了这些缺陷，挑战了上述理论中隐含的人们天生自利、具有无限计算能力等假设，并质疑人们的行为是否仅仅由利润驱动，或者也会受到嫉妒、耻辱、追求社会地位等其他因素的影响。这些批评非常重要，并产生了大量的研究文献，[9] 但这并非我关注的焦点。在本书中，除了此节有一些对自利的评论外，我均认为理性行为人的假设是有效的。在后面的章节中，我会对更为宽泛的人类行为问题进行一些探讨。

接下来，假设政府出于对环境的考虑颁布了一部新法律，宣布煤矿开采非法。它进一步规定，任何被发现采矿的人将被罚款 F 元。给定警察的数量和治理能力，假设采矿行为被抓获的概率是 p。由于新法律的实施，上述投资者或企业家的计算和决策条件也会改变。很容易得出，煤矿项目想要继续，当且仅当：

$$B > pF$$

也就是说，当采矿的净收益超过相关违法活动的预期成本，简言之即"犯罪"成本时，采矿行为将会继续。这也意味着，如果政府急切地想要制止这种犯罪行为，它必须选择 p 和 F 使得[10]：

9　对此有大量的文献，从 Veblen（1899）到 Sen（1973，1997），Tversky and Kahneman（1986），Basu（2000），Bowles（2004），Thaler and Sunstein（2008），Gintis（2009），Kahneman（2011），Benabou and Tirole（2006），Ellingsen and Johannesson（2008），World Bank（2015）。

10　为了严格起见，需要指出我对于人们的偏好做了一个武断的假设：在收益相同的条件下，在犯罪和不犯罪之间，人们会倾向于选择后者。我想补充的是，我希望事实的确也是如此。

$$B \leqslant pF$$

以上是法和经济学标准模型最简要的描述。该模型在很多方面为我们提供了很好的帮助，给出了一些新的见解，并使我们摆脱了一些关于法律遵从性问题的模糊解释，早期的法学家曾对此问题争论不休。模型明确地告诉我们，政府可以有两个行动变量以控制犯罪，即 p 和 F。大多数情况下，对一国而言提高 p 比提高 F 的成本更高。因为要提高 p，即增加抓获罪犯的可能性，就需要更多的警察、更多的监控摄像头、更多的警用吉普车，等等。而提高 F 只需一个一次性的决定，即一旦罪犯被抓获和被判有罪，就会被罚款 F 元。

因此，从上述新古典模型能得出一个有趣的政策含义：如果我们将 F 提到很高来匹配较低的 p 值，这样对犯罪控制是最有效率的。换言之，虽然被抓获的概率很小，但一旦被抓获，惩罚就会很重。然而，我们能将此策略运用到何种程度是受到限制的。例如，许多国家，尤其是所有的工业化国家，都会制定有限责任的法律，以防政府施加过高的惩罚。[11] 在一些贫穷国家，即使没有这样的法律，但是因为罪犯可能非常穷困，也难以承担超过一定水平的罚金。当然我们还可以拓宽一下惩罚的内容，F 不仅可以是金钱上的罚款，也可以是施加酷刑，这样 F 就能被提到很高的水平。然而在大多数社会，类似的做法在道德伦理上是不可接受的。因此，F 必定会有一个上限。在这种情况下，政府必须提高 p 以确保 pF 至少与 B 一样大。简而言之，即使利用这种简单的模型，也产生了丰富的研究和政策议题；无论是讨论相关的政策设计还是对此的批评，均已有建构在

11　如果缺乏这样的限制，我们就会遇到 Stern（1978）强调的问题。

这个模型基础上的大量文献。[12]

　　上述模型受到了一些直接的批评，这反过来也帮助了模型的充实和完善。在这些批评中，有一个观点成为本书立论的基础，我将在本章的最后加以讨论。例如有研究指出，只要一个人受到处罚或罚款，就有可能进行贿赂。因此，上面的犯罪控制方程可能并不像乍看起来那么简单。罪犯一旦被抓获，可能会试图与警察讨价还价、进行贿赂。因此，我们需要一种贿赂理论，用以确定怎样一开始就阻止犯罪。而且，如果贿赂是一种犯罪，那么肯定会有人为了逃避贿赂罪的惩罚而行贿，这显然是一个二阶问题（即如何防止为了避免贿赂罪的惩罚而行贿）。按照同样的逻辑以此类推，又会产生三阶问题、四阶问题、五阶问题，等等。[13]

　　简而言之，对上述问题的探究能够产生非常多的研究议题，但我并不打算一一分析这些议题。本书想着重开展的工作，是为贝克尔模型构建一些概念基础，这些概念常常是隐含的，并被人们不假思索地接受。贝克尔模型建立在主流新古典经济学的基础上，它通常假定人们有清晰界定的偏好或效用函数，满足诸如人是自利的这样的标准假设，并断言每个人都倾向于消费更多。此外，它还假设个人的边际效用递减，或者更一般地说，具有凸性的偏好。

　　在上述情形中，道德并不起作用。上述模型中的罚款，就如同

12　例如参见 Rose-Ackerman（1975），Lui（1986），Klitgaard（1988），Bardhan（1997），Mishra（2006），Borooah（2016），Burguet、Ganuza and Montalvo（2016）。

13　Cadot（1987），Basu、Bhattacharya and Mishra（1992）探讨了上述观点和相关的争议。另参见 Mookherjee and Png（1995），Hindriks、Keen and Muthoo（1999），Rahman（2012），Chernushkin、Ougolnitsky and Usov（2013），以及 Spengler（2014）。

商品或服务的价格。[14] 如果你被告知，车速超过 65 英里 / 小时是非法的，若超速将被罚款 100 美元。那么在贝克尔模型中，这就等于说，超过 65 英里 / 小时的速度行驶的价格是 100 美元。贝克尔模型表明这是一个强有力的假设，可以帮助我们深入理解人类的许多行为。[15] 正如库特（Cooter，2000，第 1577—1578 页）指出的，经济学家与法学家使用的方法截然不同，"几乎所有经济学家……都是道德实践的怀疑论者……对法律开展经济分析的成功，展示了怀疑论模型的力量"。这也是所谓的耶鲁学派和芝加哥学派之间的方法论差异（参见 Calabresi，2016；Sunstein，2016）。就卡拉布雷西而言，虽然其关于风险和侵权法的著名论文（Calabresi，1961）仍存在争议，但他应属于芝加哥学派。[16]

需要指出的是，虽然我们把法律的经济方法起源与加里·贝克尔和 20 世纪 60 年代其他几位学者的研究联系在一起，但它的根源还可以向前追溯到法哲学家汉斯·凯尔森（Hans Kelsen，1945）的研究。凯尔森强调，法律是对国家官员而非普通公民的直接命令，国家官员被要求在普通人违法时采取某些特定的行动（如惩罚）。而正是这种对官员行动的恐惧，使得普通百姓会依法行事。我在本章最后一节对法和经济学新古典方法的批评，贯穿了本书的大部分内

---

14 从道德哲学的角度对在法和经济学中运用此类理性行为人模型的批判，参见 Nussbaum（1997）。

15 法律之所以有效，仅仅因为它是由制裁支持的命令，这通常被称为"强制性法律理论"（imperative theory of law）。对此的详细评述，请参见 Raz（1980）。

16 Calabresi（1961，第 502 页）援引 Pigou（1920）的说法，这是"资源分配的正当性"问题，并指出"解决问题的基础是某些确定的基本伦理假设。其中之一，也许是最重要的是大体上人们知道什么对自己最好"。如果卡拉布雷西是一位新古典主义经济学家，那么他就不会使用"大体上"这个词。

容，也针对凯尔森的开创性工作，以及上面引用的 20 世纪 60 年代的论文。

在某种程度上，博弈论比新古典经济学的要求更低，因为它并不需要假设人们具有消费更多的无止境欲望。但它假设每个人都被赋予了外生给定的偏好、效用函数或收益函数，人们会选择行动以使其最大化。

上述基本假设受到了各方批评，例如对自利的假设，如果人们的确如此，那么飞机上发布的安全声明"在帮助他人之前，应该先将自己的氧气面罩戴好"，将是多余的。幸运的是，事实并非如此。教科书中关于人类理性的其他观点，如一致性，也受到了质疑，如森（1993）的一些著作以及最近来自行为经济学的挑战（参见 World Bank，2015）。法学家已经意识到了这一点。例如有研究发现，人们在纳税时并不总是遵循纯粹的成本收益分析（Posner，2000），他们指出，"虽然基于自利原则的经济学模型预言，人们倾向于按照低税率纳税，但在一些国家如美国和瑞士，人们实际纳税的税率却高得多"（McAdams，2000，第 1579 页）。我需要补充的是，新古典经济学家不必为这些发现感到沮丧，因为在许多发展中国家和新兴经济体，甚至一些发达国家（在此最好不提及它们的名字），个人确实表现出高度的理性，他们纳税的实际税率与新古典经济学预测的一样低。

这些批评非常重要，其中很多来自法学家[17]，我将在本书后几章

17　Calabresi（2016）最近的反思性论文是一个很好的例子。Posner（2000，第 3 章）超越了自利假设，讨论了激励人们如何行为的一系列动机。当然，行为经济学对此也有非常丰富的讨论。

讨论其中的一些内容。但我个人认为，新古典主义的假设虽然并不总是有根据的，却发挥了有益的作用。我首先想指出的是，主流法和经济学存在的断层线问题是其内部的不一致性，而不是这些假设。我认为在主流法和经济学的分析中，某些部分与另一些部分中的假设相冲突。换言之，我在尝试一种更直接的批评。我不是在质疑这些假设，而是表明这些假设综合起来是不一致的。或者说，无论你的意识形态是什么，无论对犯罪和惩罚采取怎样的规范立场，你都难以捍卫新古典的法和经济学模型，因为它有内在的缺陷。

基于以上论述，除非另行指出，在本书中我将保留主流新古典经济学关于人类理性的假设。当然，除了质疑新古典方法的假设外，也有人质疑这一方法的其他根本特征。根据对新古典经济学方法论背景的讨论，以下我将论述如何把新古典或芝加哥方法应用于犯罪和惩罚问题。[18]

法律为什么可能改变人类的行为？如上所述，在新古典法和经济学方法下，法律被认为是通过影响个人从不同行为中获得的收益来改变其行为的，这也正是法和经济学领域的经济学者和实践者所持的假设（参见 Baird、Gertner and Picker，1994）。麦克亚当斯（McAdams，2000，第 1650 页）指出："通过施加责任或惩罚，国家改变了个人行为的收益，从而使遵守而不是违犯法律成为人们的占优策略。"在书的同一页，麦克亚当斯继续论述："法律影响个人行为因果链的第一环，是正式的法律制裁条款提高或降低了个人行为的成本。"用博弈论的术语，即法律改变了博弈的规则。因为博弈是由其

18　在本书中，我不区分法和经济学的"传统方法"、"新古典方法"和"芝加哥方法"，可以互换使用。

规则描述的，所以我们也可以说法律改变了人们参与的博弈。[19]

上述看法与法学家的观点非常一致，尤其是那些跳出自然法学派的学者，他们可被广义地称为法律实证主义者。对他们而言，法律就是一系列的行为规则，通常由国家或统治者发布，并规定了人们违反规则可能受到的各种惩罚和制裁。与早期学者杰里米·边沁（Jeremy Bentham）和约翰·奥斯丁的著作相呼应，近代的法学家和哲学家如凯尔森（1945）和哈特（1961），更清晰明确地表述了这些观点，通常也使相关的研究更为完善，例如哈特对主要规则和次要规则的区分。需要强调的是，哈特比早期的学者走得更远，尤其是他超越了奥斯丁的命令理论（command theories）和凯尔森的基于制裁的理论（sanction-based theory）。[20] 正如一些评论家指出的，由法律和社会规范引导的行为是否应有区别，哈特留下了一些模棱两可的判断。这是本书稍后将讨论的主题之一。

将法律视为一系列的博弈规则，类似的观点也可溯源到一些更早的思想流派，不过也有一些严谨的学者并不认为法律实证主义和早期理论（如自然法）之间存在明显的区别（例如参见 Starr，1984）。

在我继续展开论述之前，有必要向读者介绍博弈和博弈均衡的基本概念，因为这些概念将在以后的章节中被不断提及，所以尽可能地排除相关的歧义非常重要。

19　Robson（2012，第 1 页）在其书中清晰地阐述了现代法和经济学的核心思想："法律规则通过改变参与市场过程的个人面临的激励，来影响市场结果。"

20　然而，从 Lacey（2004）为哈特所写的精彩传记中，我们可以有趣地发现，根据哈特的笔记，他的论述更多是从基本原理出发，而不是针对早期学者的回应，这与我们直接阅读他 1961 年的经典著作获得的印象正好相反。

2.3 博弈论简介

博弈论是对互动理性（interactive rationality）的分析。当你做出理性决策时，如果对方是自然界事物或机械装置，它们并没有能力或意图想胜过你；但如果对方也像你一样具有理性，并试图猜测你可能会做什么，情况显然就不同了。因此，当你根据天气预报并决定是否要带雨伞时，你通常不必担心大自然会根据你是否带伞而改变它关于下雨的决定。但 1962 年当苏联在古巴部署弹道导弹，约翰·肯尼迪在谋划他和美国应该做些什么的时候，他肯定思考了很多赫鲁晓夫在想什么。毫无疑问，赫鲁晓夫也在考虑肯尼迪会怎么想。这是一个典型的博弈论问题。[21] 用奥曼的话说，即"互动决策理论"，它也许是对博弈论这门学科更准确的称呼（Aumann，1987，第 2 页）。

在博弈论的场景中，你可能犯的最大错误就是没有考虑其他参与者的理性。几年前，我为《科学美国人》杂志撰稿，面对的是一些可能不熟悉博弈论的读者，我用在印度听到的一个故事说明博弈论的中心思想（Basu，2007）。有一个卖帽子的人，从一个村庄赶往另一个村庄，在途中他感到昏昏欲睡，就把帽子集中放在一棵阴凉的树下，睡着了。当他醒来时，沮丧地发现所有的帽子都不见了。原来是一群猴子把帽子都带到树顶，并戴上了帽子。他又气又急，摘下自己的帽子扔了出去。众所周知，猴子是最好的模仿者。很快，

---

21 需要澄清的是，即使是在天气预报的例子中，关于穿什么衣服的决定也可以被认为是一个博弈论问题，尽管有些琐碎，但本质上看这是一种单人博弈。从这个意义上说，标准的个人决策只是博弈论的一种特例。

所有猴子都扔下了它们的帽子。卖帽人松了一口气，捡起帽子就走了。

40 年后，他的孙子也成了一个帽商，在带着货物从一个村庄赶往另一个村庄时，也想打个盹，于是他放下帽子就睡了。当他醒来时，发现猴子们已经把帽子都带到树顶，并戴上了它们。他很绝望，该怎么办呢？然后他就想起了爷爷的故事。他松了口气，摘下自己的帽子扔了出去。然而，这时有一只猴子蹿下树来，捡起帽子紧紧地夹在胳膊下，然后走到卖帽子的人跟前，狠狠地拍了他一巴掌，说："你以为只有你有爷爷吗？"

这个故事的寓意揭示了博弈论思维的本质。当你在做出自己的决策时，也要考虑别人的理性。许多政府福利项目出了问题，正如我们在本章前面看到的，是因为政府在设计这些项目时，没有考虑那些实施项目的代理人也有自己的想法和愿望，例如印度粮食配给体系中的配给商店店主。

形式上，要描述一个博弈，需要定义三个构成要素。[22] 首先，我们需要指定一组参与者；其次，对每个参与者而言，都有可行的策略或行动集，参与者必须从中选择其一；最后，一旦所有参与者选择了各自的行动，每个参与者都会得到相应的回报或收益，这就是所谓的收益函数。每个参与者的目标，就是做出选择以最大化自己

---

22 我在此描述的是一种正常式或策略式博弈。在本书的第 4 章，我们将会遇到扩展式博弈并对它做简要的介绍。对博弈论和法律之间的互动更为全面和杰出的研究，参见 Baird、Gertner and Picker（1994），他们探讨了扩展式博弈、不完全信息以及合作型讨价还价理论等议题。的确，一个有趣的问题是：为什么合作博弈没有像本节所述的非合作博弈论那样得到广泛应用，可参见 Maskin（2016）以了解要改变这种状况我们需要跨越的一些障碍。

的收益，这种最大化自身收益的行为被称为理性行为。大多数博弈论模型建立在假设所有参与者都是理性的基础上，并假设这种理性已经成为参与者的共同知识，这意味着所有参与者都知道"所有参与者都是理性的"；所有参与者都知道"所有参与者都知道'所有参与者都是理性的'"；所有参与者都知道（所有参与者都知道"所有参与者都知道'所有参与者都是理性的'"），我相信读者肯定希望就此打住，但基本上所有这些高阶假设都必须成立。[23]

一个博弈的均衡结果是什么？有许多不同的方法来回答这个问题，我们将在后面遇到其中的一些类型。但这里有必要介绍一个可能是应用最广泛的概念——纳什均衡。在博弈中，每个参与者都有一组策略或行动可供选择，如果没有一个参与者可以通过单方面地偏离他的选择得到更好的收益，即为纳什均衡。

让我用一个例子解释刚刚引入的概念，这可能是博弈论中最著名的例子，即"囚徒困境"博弈。这个博弈的名字来自一则寓言故事，囚徒困境博弈中有两个参与者，参与者 1 和参与者 2，每个参与者必须在行为 A 或行为 B 之间做出选择。行为代号的命名以有助于记忆，稍后将指出 B 代表"不好的行为"。每个参与者通过选择获得的收益，参见博弈 2.1 中的表格或收益矩阵。参与者 1 在行之间选择，参与者 2 在列之间选择，收益矩阵中显示了他们各自的收益。在收益矩阵中的每对数据，左边的数字是参与者 1 在行之间选择获得的收益，右边的数字是参与者 2 在列之间选择获得的收益。我通常以

23　上述高阶假设并非总是成立的，关于理性的共同知识的存在或缺失往往会造成关键性的差异（Aumann，1976；Basu，1977）。关于高阶知识在不同领域的作用，有一些引人入胜的论述，参见 Rubinstein（1989），Morris and Shin（1998），Gintis（2010）。

美元作为收益的单位，但也可以用"幸福"或"效用"为单位。

博弈 2.1　囚徒困境博弈

很明显，在囚徒困境博弈中，理性参与者最终选择的结果将是（B，B），因为无论对方选什么，选择 B 对每一个参与者来说都是更好的策略。这个结果对双方来说都是悲剧性的，因为他们本来有机会都获得 7 美元，但最终只获得了 2 美元。这是一个熟悉的故事，我们在生活的许多不同领域和场景中都会遇到，例如"公地悲剧"，即每个人都利用自然环境来满足他的个人利益，但最终导致了糟糕的集体行为，比如过度放牧。在朗西曼和森（1965）对卢梭的"共同意志"（general will）的解释中，我们也看到了同样的观点。

很容易看出（B，B）是一个纳什均衡。因为参与者 1 如果单方面偏离 B 而选择 A，那么他获得的收益就将从 2 变成 1，所以参与者 1 不会因改变选择获得更好的收益。参与者 2 面临的情景也是一样。

囚徒困境博弈也存在一个问题，虽然其纳什均衡的结果极其令人信服，几乎没有人会对此提出异议。因为无论对方做什么，你都会选择 B。但这个问题的博弈论特征，或参与者在做决策时的互动本质，就不那么显而易见了。为了说明这一点，让我介绍另一个相关的博弈，即"旅行者困境"博弈（Basu，1994b），它也是我在书中展开讨论时一个有用的例子。

旅行者困境博弈也来自一个故事，两位旅行者从一个偏远的岛屿度假归来，每个人都购买了同样的乡村纪念品，他们发现这些物品在托运中都被航空公司损坏了，因此要求赔偿。航空公司经理给出了这样的赔偿规则[24]：因为不知道这些纪念品的真实价格，所以让每位旅行者写下一个数字，即从 2 到 100 的整数。如果两人写的是同样的数字，经理会将其作为真实的价格，然后以美元赔偿他们。如果两人写了不同的数字，经理会以较低的数字作为物品的真实价格加以赔偿。与此同时，还有额外的奖励和惩罚，写较低数字的人将获得额外的 2 美元（作为诚实的奖励），写较高数字的人将被扣去 2 美元（作为惩罚）。因此，如果两人都写 97，则每人都将获得97 美元。如果旅行者 A 写 97 而 B 写 50，那么 A 将获得 48 美元而B 将获得 52 美元。

容易得出上述博弈唯一的纳什均衡是（2，2），即 A 和 B 都会写下 2。很明显在旅行者困境博弈中，参与者只要可能，总是最好选择一个恰好低于对手所写的整数。因此，没有人可以通过偏离原先选择而获得更好收益的唯一一对策略是两人都写 2。

这一博弈事实上建立在极其严格的推理上，每个参与者都是理性的，理性也作为参与者的共同知识，根据这个共同知识，双方都会预料到（2，2）的结局。为了理解这个结果，先假设从旅行者写下 100 开始。如果两人都写 100，那么每人都将获得 100 美元。这是一个不错的赔偿结果（毕竟乡村纪念品其实很便宜）。然而，一个旅行者很快就会发现，如果两人都写 100，那么自己最好是换成写 99，因为那样就会得到 101 美元。然后，因为两位旅行者都是理性的，

另外一位也会换成 99。在这种情况下，两人都会得到 99 美元。但是更进一步，又有一位旅行者会写 98（因为这样会得到 100 美元），同样另一位旅行者也会这么做。这个逆向归纳法的逻辑是残酷的，最终的结果是两个人均只能得到 2 美元。

另一种推理方法如下：首先，很容易看出 100 不是合理的选择，因为无论对手怎么选，你写 99 的所得至少与写 100 的所得一样多，在对手的某些选择下实际所得会更多。因此，由于两位参与者都是理性的，所以双方都会把 100 从可选的策略中去掉。接着，一旦你划掉了 100 这个选项，又很容易看出写 98 会比写 99 更好，你就会去掉 99 这个选项。同样，这也是个残酷的过程，最终只会导致一个可能的结果（2，2），这就是"重复剔除劣势策略"的逻辑，这种推理方式导致的最终结果与上述"可理性化"（rationalizable）逻辑是一样的（Bernheim，1984；Pearce，1984）。

上述推理过程不足为奇，因为旅行者困境博弈就是被设计成使所有的形式推理都得出相同的预测结果，这样做是为了故意造成与人们直觉的冲突（Basu，1994b，2007）。[25] 有大量实验和理论文献表明，这些形式化的博弈论预测是不正确的。[26] 例如，逆向归纳法的论证假设理性是两位参与者的共同知识，即 A 知道 B 是理性的，B 也知道 A 是理性的；A 知道（B 知道 A 是理性的），B 也知道（A 知道 B 是理性的），以此类推，无穷无尽。我们质疑这种假设的合理性，

---

[25] 在哲学家 Martin Hollis（1994）设计的类似博弈即姜饼博弈（Gingerbread game）中，其哲学含义更为明显。

[26] 例如参见 Goeree and Holt（2001），Wolpert（2008），Pace（2009），Gintis（2009），Arad and Rubinstein（2012），Manapat、Rand、Pawlowitsch and Nowak（2012），Capraro（2013），Morone、Morone and Germani（2014）。

稍后我将有机会探讨其中的一些问题。

上面两个博弈，让我们马上意识到了对法律的需要。市场这只"看不见的手"，据称会使个人的自利行为导致社会的最优结果，显然在这里并不成立，因此促使我们采用法律之手。[27] 如果仅依据上述法和经济学的新古典方法，该如何做到这一点呢？这里的思路是利用法律使社会转向更好的结果。正如麦克亚当斯（2000，第1650页）指出的："通过施加责任或惩罚，国家改变了个人行为的收益，从而使遵守而不是违犯法律成为人们的占优策略。"[28]

很容易看出，法律干预如何能在囚徒困境博弈中发挥作用。[29] 假设国家通过了一部法律，规定行为 B 是违法的，任何选择行为 B 的人都必须支付相当于 2 美元的惩罚。这一惩罚可以是实际罚款 2 美元，或者囚禁一段时间以造成相当于 2 美元的痛苦。这样就改变了原有的博弈，相应的收益矩阵参见博弈 2.2。新的博弈与原先的唯一区别是，当有人选择行为 B 时，他的收益将被扣除 2 美元。

---

27 在形式化的理论中，社会最优可被精确地定义，它采用的是最早由帕累托提出的概念，即"帕累托最优"。在一个"帕累托最优"的社会，不存在任何的机会，能使一个人处境变得更好的同时而不让其他人的处境变得更糟。

28 在 Coase（1960）、Calabresi（1961）、R. Posner（1977）和 Schauer（2015）的作品中，也有类似的观点。

29 囚徒困境博弈的核心任务之一，是显示政治制度如何发挥作用以使人们能够真正实现自身的利益。正如 Swedberg（2005，第83页）所言："（囚徒困境博弈可被看作）一个例子，表明可以改变现有的制度安排，以便参与者能够最大化他们的个人利益。"他清楚地意识到了法律的特殊作用，继续补充道："在这个特殊的例子中，现有的制度安排就是美国的司法体系。"

博弈 2.1　有惩罚的囚徒困境博弈

在新博弈中，选择行为 A 成了占优策略，无论对手选什么，你选 A 的所得都比其他选择要好。这样博弈的结果就被改变了。参与者获得了更好的社会结果（A，A），这也是一个纳什均衡。如果听任一个社会发展，可能会陷入一种糟糕的结果，而法律则可以使其偏离原有的轨道，以达到一种更优的社会处境，这就是法律最重要的目标之一。[30]

对于旅行者困境博弈，也可以进行类似的法律干预。例如制定一部法律，规定如果你选择任何数字 n，则必须支付（100 - n）的罚金。换言之，如果你选择 100，不需要支付任何罚金；而你所选的数字越小，支付的罚金就越多。如果将此罚金加到旅行者困境博弈中的参与者收益上，很明显这一改进的旅行者困境博弈会有一个新的均衡结果，参与者会选择更大的数值，即（100，100），它现在也成为一个纳什均衡。

这些例子说明了法和经济学的传统观点，法律的作用是改变社会中的博弈，在囚徒困境博弈中，博弈 2.1 被改变成了博弈 2.2。正如上面的例子所示，法律能够使社会达到帕累托更优的结果，或者

30　这并非法律的唯一目标，事实上还有正义、公平和个人自由等相关的其他目标，这些目标有可能与前面所述的"帕累托最优"目标相冲突，其中一个最著名的例子是"自由悖论"（Sen，1969）。参见 Gaertner、Pattanaik and Suzumura（1992）。

是一个更公平公正的结果，或者是其他任何我们想要追求的结果。简而言之，这就是传统、新古典或芝加哥的方法。正是此方法中简洁和清晰明了的模型，使得模型方法脱颖而出，迅速成为开展法和经济学研究甚至政策设计的试金石，赋予了法和经济学应有的地位。

2.4 "纸上的墨迹"批判与新古典谬误

传统方法具有刚才提到的所有优点，但仍然存在根本的缺陷。要认识到这一点，考虑一部由国会或其他机构讨论并出台的新法律。一旦新法律颁布，事实上只不过是一些纸上的墨迹，或者在今天的世界中，则是一些电子文件。它通常规定：你不应该做诸如此类的事情，如果你这样做，将被罚款或被判入狱，等等。

由此产生的问题是：为什么仅仅是纸上的墨迹，也会影响个人能够选择的行为和获得的收益。如果每个人都选择忽略纸上的墨迹，做与之前同样的事情，所得的收益事实上并不会改变。举例而言，如果每个人选择的行为与没有法律的情况下完全一致，显然他的收益与原先也是相同的，仅仅因为纸上的一些文字，并不能马上影响人们的收益。因此，考虑到我们一般认为人们能够自由地选择行为策略和相应的收益，那么简而言之，新法律并不能马上改变人们参与的博弈。这就是我指出的"纸上的墨迹"问题（Basu，1993）。[31] 传统法和经济学的模型显然需要对此做出回应。

为了更深入地理解这个问题，我们要回到关于犯罪与惩罚的贝克尔模型。首先，为什么我们会认为博弈被新法律改变了？这可能是因为人们认为，在新法律出台之后，同样的采矿行为，先前可获得 B 的收益，现在则只能获得 B – pF 的收益。

所以乍一看，企业家的收益函数似乎被改变了。加里·贝克尔在创建这个著名的模型时，肯定也是这样想的。但很显然，如果收益的确发生了变化，那是因为警察试图抓住非法采矿的企业家，而且也成功地使其被罚款 F 美元。然而，即使没有法律，警察也可以做同样的事情。如果在法律颁布后，每个人都像在法律颁布前一样行为，那么他得到的收益也不会发生变化。因此，法律，即那些纸上的墨迹或者电脑上的文字，并不能直接影响人们参与的博弈。如果所有的参与者在法律颁布前后都采取同样的行为，则必然获得同样的收益。法律（或纸上的墨迹）并不能带来变化。

类似的情况也存在于有关限速的法律中。假设有个国家颁布了一部新的限速法规，规定人们行驶时速不得超过 100 公里，如果被抓到超速则处以一定数额的罚款。初看起来，这似乎改变了人们参与的博弈。之前，当你决定以每小时 100 公里以上的速度行驶时，会根据节省的时间、车子打滑的风险等因素来综合计算相应的收益。现在，在所有上述因素之外，你似乎还得加上被罚款的预期成本。

31　事实上在某些情况下，法律既不存在电子形式，也不存在书面形式。我们发现了 12 世纪 Ranulf de Glanville 记录的一个有趣观察："虽然英国的法律并未记录成文，但将它们称为法律似乎也不荒谬，这些法律旨在解决庭前会议上提出的一些问题，由大臣建议、获得国王的首肯。就此而言，那些能够愉悦国王的，就是法律"（Hall，2002，第 2 页）。

但这事实上暗含着一种假设，即交警会像机器人一样，只要法律有规定，就会实施罚款。

法和经济学的新古典方法之所以产生错误，是因为它下意识地假设执法者被排除在博弈之外，或者将他们视为机器人，会自动按照法律的要求行事。[32] 如果相关方——司机、交警、治安官、首相——都参与到博弈中，事实上也的确应该如此，那么显然法律并不能直接改变博弈。因为每个人如果均像以前一样行为，那么即使法律颁布之后他也会获得相同的收益，仅仅写下法律并不能马上改变人们的收益。[33] 这就是传统法和经济学方法的缺陷，这一缺陷动摇了我们的许多分析，并损害了我们在此概念基础上制定的政策。

让我们停下来想一想，法律是如何改变囚徒困境博弈的。[34] 这是因为，当一个参与者选择坏的行为 B 时，会被罚款 2 美元。但谁来执行罚款呢？在大多数正常情况下，必须有人去做，即警察、交通管理员或治安官。但是，如果有这样一个人可以参与进来，对新法律不允许的行为进行惩罚，那他为什么没有成为博弈最初描述的一部分呢？换言之，囚徒困境博弈 2.1 中描述的两人博弈，并没有完整描述社会上发生的事情。至少，还有一个人也参与其中，他拥有施加惩罚的能力，并在那里等着采取行动。如果他参与了博弈且有能

---

32 可以想象成一旦法律颁布，成百上千的机器人将立刻被设置到不同的行为模式。但这并非我们如今生活的世界。

33 毫无疑问，随着我们进入一个更加数字化的时代，将会发生一些变化。我们可以利用计算机和机器人监控和执行一些法律；可能的情况是，将这些机器调节至一种特殊模式，一旦新法律颁布，就自动地执行相应的变化（World Bank，2015）。然而，我们还远未接近这一目标，而且有理由认为，即使我们进入了这样一个时代，人类的意愿和对人类行为的需求也永远不会完全消失。

34 类似的观察也适用于旅行者困境博弈。

力给其他参与者造成痛苦，他也应该是博弈描述的一部分。

如果我们描述的是一个完整的博弈，将所有参与者都包括在内，即除囚徒困境博弈中的两位参与者外，还包括有权力实施惩罚或制裁的人，那我们会发现法律不一定能改变博弈。这是因为即使没有法律，第三位参与者也可以实施惩罚。因此在法律通过后，三位参与者依然会像法律颁布之前那样行事，三个人每次选择的行为都可以获得与法律颁布之前相同的收益。于是，我们又回到了对标准法律观念的"纸上的墨迹"的批判。所以如果一开始就完整地描述了博弈，我们会发现法律并不能改变博弈的结果。

贝克尔模型对博弈的描述要么是不完整的，要么假设了国家的代理人——警察、治安官和法官——总是会按照法律的要求行事。然而，如果假设国家的代理人会自动执行其职责，那么芝加哥或新古典模型便使用了一组不一致的假设，即把普通人视为严格的理性行为人，总是会选择合理的行为以最大化其效用或收益；而国家的代理人却被假设成总是机械地执行其任务。简而言之，传统模型要么是不完整的，要么是建立在一套不一致的假设之上，即假设人们都是完全理性的，但在刻画国家工作人员时隐含地违反了这一假设。

换言之，一旦我们要完整地描述博弈，将普通参与者和国家工作人员都包括在内，为了使传统法和经济学的模型成立，就必须做出一个奇怪的假设，即普通公民是新古典意义上最大化自身收益的行为人，而国家工作人员则是时刻等待执行国家法律的公正代理人。由于新古典模型非常坚定地认为所有参与者都是个体效用最大化者，因此上述假设的二分法并非有意为之，这种不一致性是不知不觉地溜进了 20 世纪 60 年代初出现的法和经济学模型，并导致了明显的缺陷。即使我在批评的同时，也想强调 20 世纪 60 年代发展起来的传统法和经济学的重要性，它给予我们一个有价值的原型。正如我将在后面章节中展示的那样，这是一个很好的起点。虽然这一模型现在需要被暂时搁置，但一旦它内在的根本缺陷得到修正，我们就可以建立一个更丰富、更一致的模型。我将在第 7 章论述，这个模型还可以引入其他邻近学科的观念，例如心理学和社会学，以建立一个反映人类各种动机的更真实模型，由此更严谨地描述人们想法的形成，这点也正是从哈特到当代法学家一直强调的。

如果我们将上述工作溯源至法学和法哲学的文献，可将本书的尝试归属于通常所说的"影响研究"。如同弗里德曼（Friedman，2016，第 2 页）所言："法律体系中的这些法令会产生什么样的作用或影响？我所说的影响，是指某些特定的法律、规则、信条或制度与行为之间这样或那样的因果联系。"[35]然而，我试图比标准的影响研究更进一步。再引用弗里德曼（2016，第 2 页）的话，"影响研究"的典型问题是："简单的离婚法律更容易导致家庭破裂吗？侵权规则和医疗事故案例会导致医生行为的改变吗？"

本书不仅提出了新的法律或法律修正案会对民众行为造成何种变化的问题，而且还提出了另一组问题：例如简单的离婚法律是否会使法官更容易判决离婚？如果的确如此，为什么？为什么新的限速法（例如驾驶时速不得超过 100 公里/小时），会使交警做出让超速的司机停车并对其开罚单的行为？为什么交警不会对时速超过 100 公里的驾驶者置之不理，甚至对时速不到 100 公里的人进行罚款？

35　这对提高法律的有效性具有重要的现实意义（参见 Bull and Ellig，2017）。

这些问题引发了许多哲学上的困惑。最大的挑战不是对现实规则进行描述，而是对它们做出解释。为什么交警会执法？为什么交通主管部门的负责人会惩罚那些不执法的交警？显然，这些问题属于"影响研究"的范畴，却很少被问及；即使被问及，相应的回答也常常是一带而过就转变了话题，因为人们下意识地觉察到这些问题会把我们带入困境。然而，通过运用现代博弈论的基本概念，我们可以对这些问题给出更明确的答案，从而发展出一种新的法和经济学方法。这是我在接下来两章要做的事情。

第3章 法和经济学的焦点方法

3.1 信念的显著性

传统方法存在的缺陷足以引人注目。传统法和经济学有两个基本假设：一是人们拥有外生给定的偏好、效用函数或收益函数，而人们总是试图最大化自身的效用或收益；二是一部新法律通过改变人们行为的收益，也就是通过改变人们参与的博弈来影响结果[1]；上述两个假设互相矛盾。一旦我们完整描述生活中的博弈，不仅包括普通民众，而且包括国家的代理人，那么法律本身并不能改变，至少不能以任何明显的方式改变个人的可行选择或者个人的收益函数。简而言之，如果我们完整地描述人们参与的社会博弈，那么在相当重要的意义上，这一博弈并不会仅仅因为制定一部新法律或者修订一部已有法律而被改变。

然而，这引发了一个棘手的问题，在这种情况下，法律究竟是如何改变行为和结果的？乍看起来，法律只不过是一些纸上的墨

---

[1] 或者，这就等同于人们常说的"通过改变博弈的规则"。

迹，难以改变人们参与的博弈；这些批评就会导致法律对人们行为没有任何影响的结论。但是，法律当然会影响人们的行为。我们只要简单看看周围，就会发现大量法律产生效果的例子，它们改变了人们的行为，导致的社会结果与没有法律的情景下大不相同。的确，法律在社会上经常被忽视，那些常被载入大部头的法律，并未得到执行，只是在堆积灰尘，这样的情景在发展中国家尤其普遍，当然也不限于发展中国家，正如第 2 章讨论的那样。然而，事实上法律仍然经常对行为产生影响，任何因超速驾驶或违规停车而被罚款的人都知道这一点。鉴于第 2 章提出的"纸上的墨迹"这一批评，我们目前面临的挑战是如何理解和解释："法律为什么能影响行为"和"法律如何影响行为"。正如第 2 章指出的，这属于一种"影响分析"（Friedman，2016），但比通常的影响分析更为根本。

对于法律为何能够影响人们的行为，传统方法基于收益函数变化或博弈改变给出的答案，很难成立，似乎只有一种可能的方式来解释法律如何影响行为，即法律通过改变人们的信念——关于其他人会做什么或不会做什么的想法，来改变人们的行为。如果法律既不能改变博弈的规则，也不能改变所有人在采取原先行动时的收益，那么它能改变我的行为的唯一途径，是我预期法律的颁布会改变其他人的行为，由此我的最优行为也要随之改变。如此一来，我们就必须解释为什么法律会改变其他人的行为。敏锐的读者可能已经开始意识到：如果其他人的行为会发生改变，那也是基于同样的理由，因为其他人也预期其他人（包括我）的行为会发生改变。

如果新的限速法规定最高时速为每小时 70 英里，当我的车速超过这一限速时，就预期会有警察让我停下来并对我处以罚款。正是这种信念使我决定以低于每小时 70 英里的速度行驶。但是，如果我的车速超过每小时 70 英里，警察为什么会拦住我呢？这可能是因为，在新的限速法颁布后，警察认为如果他不因我的超速而让我停车并罚款，警察局长就会解雇他或者拒绝给他加薪。当然，我们还要解释警察局长的行为。由此看来，人们的行为如果要发生改变，信念就必须有一个内在一致的结构，其中每个信念都由其他信念支撑，这就使得社会转向了不同的行为模式。

法律的力量，即使它可以得到手铐、监狱和枪支的支持，其根本并非来源于其他，而是社会中人们——从普通民众到警察、政客和法官——的头脑所具有的一系列信念构造，这些信念相互交织，其中一些被加强、一些被削弱，由此便生成了力量和权力的大厦，有时这个由信念构成的大厦如此强大，似乎能凌驾于所有个体，从而创造出一种自上而下的神秘命令的幻觉。事实上，共同体最重要的成分，包括其权力和力量的最重要成分，只不过是普通人对日常生活和凡俗事务的信念和预期。从这个意义上说，我们都是信念共同体的成员。

上述观点的萌芽，可以追溯到历史的较早阶段，较为确切的是 18 世纪中期，特别是大卫·休谟的著作。在其讨论政府的文章中（1742 [1987]，第 4 篇第 6 段），休谟论述道："一位暴君如果没有任何权威而只是令人恐惧，那么，任何人都没有理由惧怕他发怒，因为作为单个的人，他的体力所及不过数步之远，他拥有的更大权力不是建立在我们的信念之上，就是建立在其他人认定的信念之上。"在此休谟指出，重要的是我的信念、我对他人信念的信念以及他人对我信念的信念。

另一位杰出的作家弗兰兹·卡夫卡（Franz Kafka）抓住了政治权力面目模糊以及起源于普通人日常生活的信念和行为之中的本质特征。在其杰作《审判》的大量描述中，存在着一个无所不在却模棱两可的权威。

休谟和卡夫卡具有非凡的洞察力，他们的认识是完全正确的，但并没有将其赋予正式的形式或结构。当我在强调休谟的特殊洞见时，将我与另一位哲学家拉开了距离。这位哲学家论著广泛且被视为关于法律和君主学说的权威，他就是托马斯·霍布斯（Thomas Hobbes）。这一印象是正确的。

霍布斯的贡献是开创性的，没人能否认这一点。著名的政治哲学家诺伯托·博比奥（Norberto Bobbio）认为，霍布斯是有史以来最伟大的自然法理论家之一。[2] 然而在我看来，霍布斯不知不觉地陷入了 17 世纪早期的陷阱，就像新古典经济学家在 20 世纪中期落入了同样的陷阱，即把统治者的权力视为社会的外生变量。[3]

要进一步拓展休谟的洞见，需要来自博弈论的思路和概念，它

---

[2] 虽然，在谈到 1988 年为纪念霍布斯诞辰 400 周年举行的大量会议时，博比奥指出，"越来越多的会议其实是为了促进旅游业而组织召开的"（Bobbio，1989，第 197 页）。

[3] 从霍布斯的著作《利维坦》第 26 章 "论民法" 中可以清楚地看出这一点（Hobbes，1668［1994］），虽然他的论述有着令人困扰的含糊不清之处。如同 Goldsmith（1996）在分析霍布斯的法律时指出的，在《利维坦》中霍布斯把法律当作对 "有义务服从" 的人所下的命令（第 274 页）。在这种情况下，就无法解释为什么我们还需要执法者。此外可以明确的是，在霍布斯的构想中，法律是由公民所选的君主或议会制定的。而且，议会一旦被选出，就获得了弹性的自由裁量权，使其可以超出公民的控制。换言之，议会似乎演变成了一种外生的权威。霍布斯在他的时代，以对数学的崇拜和注重数学方法的应用著称，但他对法律和君主权威的分析表明，对数学的欣赏并不会自动转化成对逻辑的精通。站在另一个角度，Cooter（1982）曾提到过 "霍布斯定理"，认为它是站不住脚的，但同时又承认它是一种 "具有启发性的谬误"（第 18 页）。

们在 18 世纪尚未为人所知。我们需要做的，就是给休谟的基本洞见赋予正式的结构，建立现代的法和经济学理论，这就是我现在准备进行的工作。[4] 但在此之前，我们需要对焦点和均衡有一个初步的了解，它们是我用来解释人类信念如何相互支撑的主要工具。

3.2 焦点和均衡入门

本节的大部分内容，对于许多经济学家而言，都属于他们熟悉的领域。但是为了让所有读者都能了解法和经济学的新理论，并弄明白对有些法律未能有效执行做出的新解释，有必要详细阐述焦点的基本思想。焦点是从现代博弈论中产生的一个有点神秘的概念，它在直观上显而易见，却很难定义。尽管焦点缺乏具体的定义，但它是一个被视为在现实中有用的概念，可以用来解决许多实际问题。

在前面的介绍中，我们已经遇到了博弈中的均衡概念。在大多数情况下，当讨论均衡时，我将使用纳什均衡的概念。所谓纳什均衡，正如我们已经看到的，是每个人选择的行为或策略形成的均衡状态，在这一状态下，给定其他人的选择，没有人有理由单方面偏离去选择另外的行为。

4　在 19 世纪和 20 世纪，有些作家和学者抓住了休谟思想的不同方面，但从未把握到其全部的内容。近年来，此领域已经有了更多的研究工作。Lukes（1974）和 Havel（1986）根据人们对彼此的信念，阐述了有关政治权力乃至极权主义的看法。Havel 据此认为，被压迫者和传统上被认为的压迫者其实是一种共谋关系（Basu, 1986）。我在这里提出的思路根源于博弈论，类似的探讨参见 Lewis（1969）, Cooter（1998）, Sunstein（1996a, 1996b）, Posner（2000）, Mailath、Morris and Postlewaite（2007, 2017），McAdams（2015）。我（1993, 1998, 2000）也曾以不同形式讨论过其中的一些观点。在本书的后面，我将回到上述的一些著作，阐述它们与目前工作的联系。

应用均衡概念会遇到的一个重要问题是，生活中的许多情况存在多重均衡。假设有两个开着快车的人来到一座荒岛上，岛上有很好的高速公路，他们在岛上定居下来（在博弈论中，当我们使用抽象的、说明性的例子时，最好不要浪费时间问为什么会出现这种奇怪的情况）。现在，每一位新居民必须决定他将在路的哪一侧行驶。我把这个博弈称作"岛屿博弈"。假设没有人喜欢撞车事故，那么每个人必须选择的唯一策略是要么"左侧行驶"，要么"右侧行驶"。

显然，如果每个人都决定在左侧行驶，那么在左侧行驶符合你的利益。同样的逻辑也适用于右侧行驶。换句话说，岛屿博弈有两个均衡：每个人都在左侧行驶或每个人都在右侧行驶。要明白这一点，请注意如果每个人都在左侧行驶，而你单方面决定改变你的策略，那么就可能出现撞车事故而使你自身的处境更糟。同样，对于每个人都选择在右侧行驶的情景，你也最好选择右侧行驶。还可以在此类博弈中补充一种选择，即个人可选择"混合策略"，即一个人可以选择"我在某些时间左侧行驶、某些时间右侧行驶"，这样也能导致其他的均衡。例如在岛屿博弈中，如果所有的人都选择"在一半时间内左侧行驶、在另一半时间内右侧行驶"，这也是一个均衡，尽管是一个会产生撞车事故的可怕而混乱的均衡。但在这个均衡中，也没有任何人可以单方面改善他的福利。

我们很容易构建有多个均衡的现实博弈（甚至无须使用混合策略）。在所有这些不止一个均衡的博弈中，问题在于即使参与者足够聪明、能够弄清楚有哪些均衡结果，也没有万无一失的办法能保证所有人都会收敛于相同的均衡。以岛屿博弈为例，一些人完全有可能认为，你会选择左侧行驶均衡，而另一些人则认为你将倾向于右侧行驶均衡，如此的结果将是灾难性的。简而言之，在存在多个均衡的情景下，人们可能会陷入坏的均衡，也可能陷入无法达到任何均衡的混乱状态。

这就是焦点的想法可以发挥作用的地方（Schelling，1960）。焦点的概念产生于人类普遍存在的心理能力，特别是那些具有共同文化背景的人群，这种心理能力使他们中的每个人在面临从多个均衡中择其一的问题时，都能猜出其他人可能会选择什么。尽管上述定义有些神秘，但焦点被证明非常有用，而且的确有研究者认为这一概念可能来源于进化（Binmore and Samuelson，2006；也参见Sugden，1989；Young，1993；Janssen，2001）。

在岛屿博弈中，如果到达的人都来自德国，则每个人都可以推断其他人将使用他的历史经验在右侧行驶，因此就会选择在右侧行驶。在这种情况下，如此推理是可行的。从根本上说，焦点就是一个显著的纳什均衡，可以帮助人们协调一致地行动。问题是没有确切的方法找到哪一个均衡才是焦点。例如，如果新来的人中一些来自英国、一些来自德国，可能就没有明确的方式确定哪个是焦点，尤其是如果这些人在英国脱欧公投后不久前往该岛。

焦点的概念尽管存在模糊性，但它不仅对理解人类行为非常重要，而且也可以应用于实际。在许多情况下，人们可以有意创建焦点。最好的例子就是在机场见面。假设有两个人决定某个时间在机场见面，但忘了指定具体地点。这样他们就被锁定到了一个博弈中，每个人必须选择一个地方去等待。如果他们都选择了相同的地方，他们会相遇并很开心；如果他们选择了不同的地方，他们就会很沮丧。

这个博弈显然有多个纳什均衡。对于机场中的每个地方，如果两人都选择了那个地方，那么他们的选择就构成一个纳什均衡。但问题源于这样一个事实：这样的均衡点太多了，以至于很难协调并确保两人都朝着同一个均衡点前进。幸运的是，许多机场当局通过有意创建一个焦点来解决这个问题。他们只需要在机场任意一个显眼的地方做个标志，写上"会合地点"就可以了。

机场的做法并非必须，但效果非常好。放置标志的地点会被旅客或博弈的参与者看作一个焦点均衡。所以，如果我和朋友打算在机场见面，但事先没有约定在哪个地方见面，我就会在"会合地点"标志下面等待。因为我知道她也会在"会合地点"标志下等我，她也知道我会在那儿等她。虽然人们并不太理解为什么焦点方法如此有效，但重要的是它确实起作用了。

一旦我们意识到焦点，只要简单地环顾四周，就可以看到焦点这个概念在我们的日常生活中应用得有多广泛。例如，我们在日常对话中就常常使用它。假设有一群朋友计划第二天（即星期天）在当地的咖啡馆喝咖啡、聊聊天。所有人都说星期天有空，任何时间都可以。其中一个说，"既然这样，那我们就定在星期天下午4点吧"。然后他们就散了。到了星期天，他们在4点见了面，度过了一段美妙的时光。

这一切究竟是如何发生的？这些人在星期天所做的就像在参与一个博弈。每个人必须选择一个他将出现在咖啡馆的时间。如果他们都选择了相同的时间，就构成一个纳什均衡。那么他们是如何通过所有人都选择相同的时间来解决协调问题的呢？他们之所以能做到这一点，是因为前一天那个人所说的最后一句话创建了一个焦点。所有人都知道其他人会在星期天4点出现，所以在4点出现符合每个人的利益。如果上述情景发生在巴西或印度，朋友们都会在 4 点半出现，但这并没有改变上述故事要阐述的观点，即语言通常通过创建焦点来引导行为。

关于如何创建焦点，尚没有明确的定义，焦点并非一个没有歧义的概念。在上面的故事中，如果参加聚会的有日本和印度的朋友，那么应该在 4 点还是 4 点半到，他们之间就可能产生一些混乱。

由于焦点是一个我将在众多场合讨论的概念，这里再用另一个例子进一步阐明这一概念。有两位参与者坐在一块画有 16 个正方格的木板上，如博弈 3.1 所示有 4 行 4 列。每位参与者必须选择一个方格。如果两人选择相同，每人均得到 1 000 美元，否则他们将一无所获。我称之为"方格博弈"，如博弈 3.1 所示。

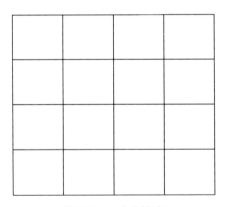

博弈 3.1　方格博弈

显然，这一博弈有 16 个纳什均衡。两位参与者很有可能无法在任何一个方格上达成一致，那就什么也得不到。如果两人的选择是完全随机的，那么每个人的预期收入是 62.50 美元，也就是 1 000 乘以 1/16，即在我任意选择一个方格后，对方选择我所选方格的概率。

在这个博弈中，焦点显然是非常有帮助的。

在此博弈中，创建焦点均衡的一种方法是在任意一个方格中放置一个可见的标记，比如一块黄色的石头。一旦做完标记，就无须再说什么了，因为它很可能被当作一个焦点。两位参与者都将选择放有黄石头的方格，并获得 1 000 美元。鉴于各个方格之间实际上没有什么区别，那么放一块黄色的石头，就可以清楚地将其中一个方格与其他方格区分开来，而人们的思维很快就会聚焦于它，每人都知道对方也会这么做。参与者因此解决了协调难题并选择同一个方格。[5]

让一些人感到困扰的是，对于什么构成了焦点，我们并没有一个明确的定义，却仍然在使用它。有人可能会觉得，如果缺乏一个明确的定义，就不可能像我在本书中所做的那样，广泛地使用"焦点"这个概念。我对此的回应是，一些原始部落在没有能力定义马的情况下，就开始捕捉马了（实际上他们也捉到了马）。"马"对他们来说是一个很重要的种类，尽管他们还无法给出一个明确的定义，并通过这个定义来验证有关的动物是否为马。但"马"这个概念仍

---

[5]　Myerson（2004，第 93 页）以一个更生动的例子描述了同样的思路，并提出了关于公平的微妙问题。他观察到："有一群选手，每个人被要求单独在一张纸上写下一位选手的名字，如果他们都写相同的名字，每人将得到 100 美元，被写下名字的选手则得到 200 美元；否则他们都得到 0 美元。这些选手以前从未见过面，但在他们比赛之前，有人走了进来，把一个闪亮的大皇冠戴在一位选手的头上，然后走开了。"这就可能创建了一个焦点，即那位被戴上皇冠的选手。因为这位选手可能是被任意选择的，也可能不是，这个例子由此提出了一些有关公平和公正的有趣问题（也参见 McAdams，2015，第 3 章）。如果其中一个选手获知了上述思路，将皇冠戴在自己的头上（一些独裁者就知道并使用这样的策略），上述问题在道德上就会更加难以处理。尽管大家可能讨厌这位选手的大胆和狡猾，但由于他已经获得了某种显著性，每个人还是会被诱使写下这位选手的名字。

然有效，这是因为人类头脑中有一些共同的分类，使他们能够在无法确切定义术语的情况下达成一致。当然，这也会导致错误。可能的结果是原始部落既有人追骡子又有人追马，结果两者都没有捉到。事实上，我们也会遇到此类问题，焦点定义的模糊性将帮助我们理解不稳定的集体行为。稍后将看到，焦点的这种模糊性让我们对违法和冲突行为有了重要的洞见。

3.3　作为焦点的法律

现在回到第 3.1 节的末尾，我想提出的中心思想是，迈向有更完善基础的法和经济学理论的第一步，是认识到法律通过影响人们的信念产生作用。这种影响可以采取复杂的形式，如改变人们自身的信念，或者改变人们关于他人信念的信念，诸如此类。而一旦认识到这一点，显然形式化这一方法的途径就是焦点。成功的法律可以在我们日常生活参与的博弈中创建一个新的焦点，从而改变人们的行为。此类博弈通常被称为"生活博弈"（Binmore，1994），我有时也称之为"经济博弈"。

经济博弈或生活博弈是对参与博弈的每个人所选行为和策略的完整描述，[6] 我们所说的"每个人"，是指参与博弈的所有人，不仅包括普通公民，还包括警察、法官、陪审团和总理。在这样的博弈中，所有个人或参与者都可以选择自然法则允许的行动、行为或策略。并且，给定所有个人的行为选择，每个人都会获得收益

6　Mailath、Morris and Postlewaite（2017）将它们称为"物理法则"允许的所有行为和策略。

或效用（为方便起见，我们可以美元为单位）。正如我们已经看到的，它也被称为收益函数。这个术语在此处有用，因为法和经济学可被看作研究法律如何影响经济博弈中的结果和行为的学问。

正如第3.1节所述，在生活博弈中，法律不能改变可供个人选择的行为或策略，也不能改变个人的收益函数。它能做的就是改变个人对他人行为的信念。这些信念的改变可以促使个人做出不同的行为，从而使社会达到一种新的均衡。在新的均衡中，人们的行为不同，得到的社会结果也不同。换言之，法律影响行为和结果的唯一方式，便是让社会转向一种新的均衡或一套新的行为。法律只是一种工具，使某些特定的均衡和行为获得显著性。基本上，新法律要想有效，就必须创建一个新的焦点。

现在，我们可以表述法和经济学焦点方法的核心观点：法律在一定程度上是通过在生活博弈或经济博弈中创建新的焦点起作用的；而且，这也是法律影响个人行为和集体结果的唯一途径。需要强调的是，我并不认为这是法律经常起作用的方式，而是法律总在起作用的方式。理解这一点很重要，因为有一些杰出的法学家，他们也利用焦点的概念来理解某些种类法律的运作方式，从而对法和经济学做出了显著贡献（例如参见 Cooter，1998，2000；McAdams，2000，2015）。[7] 然而，我提出了一个更普遍的主张。这源于一个重

---

7 Posner（2000，第3页）提出了同样的观点，他措辞讲究地问道："我们能否根据提高非法律合作合意形式的可能性和破坏非合意形式的可能性，来评估不同类型的干预措施？"也参见 Geisinger（2002）。

要概念上的差异，即法学家论证时使用的焦点概念，与我采用的研究路线之间存在着不同，稍后我将回到这个议题。

我提出的观点是，法律的制定，就像在前述的方格博弈中放置一块黄色石头，它并未改变博弈。法律颁布的前后，参与者可选择的策略是相同的，博弈规则是相同的，参与者选择不同的可能行为能得到的收益也是相同的。但是，新法律就像黄色石头一样，会影响博弈和结果。它通过改变我对他人的预期和他人对我的预期来实现这一点。新法律也可能影响更高阶的信念，即关于信念的信念。值得再次强调的是，这并不是说法律总是会起作用，而是说如果法律起作用，就会按照这样的方式起作用。

上述观点有一个有趣的对立结论。由于应用法律造成的结果总是均衡的，那么这种结果也可以在没有法律的情况下发生。简而言之：任何通过制定法律产生的可能结果，也都可以在没有法律的情况下发生。[8] 如果有一部禁止言论自由的法律，能够限制住人们的言论自由，那么即使没有这部法律，也仍有可能限制住人们的言论自由。正是出于这个原因，我（2000）曾指出，如果我们想看看某个社会是否有言论自由，仅研究该国的法律是不够的，因为通过非正式的社会制裁或排斥的威胁，可以产生同样的结果。印度的种姓制度并没有法律的支持，但在印度的许多农村社区，种姓制度对人们

8　毫无疑问有许多例子表明，普通公民、企业以及行会，经常成功地制定监督自身行为的自我执行规则（Bernstein, 1992；Greif, 1993；Greif、Milgrom and Weingast, 1994；Myerson, 2004；Dixit, 2004, 2015）。这也解释了自发秩序的可能性，关于自发秩序有大量的研究文献（例如参见 Elster, 1989；Sugden, 1989；Ellickson, 1991；Hadfield and Weingast, 2013）。

行为的约束与法律一样有力（Akerlof，1976）。[9]

　　考虑第 2 章中概述的印度《国家粮食安全法案》，该法案规定，穷人应该得到粮食券，并可用它从私营粮店购买粮食；粮店又可将粮食券交给银行以换钱。如果这部法律确实如我提议的方式发挥作用，那么即使这听起来很奇怪，整个体系其实也可以在没有法律的情况下运转。如果社会就保障穷人有粮食达成共识，那么在没有法律的均衡下，有一些人可以印制粮食券，把它们送给穷人，穷人再用它们在市场上购买粮食。然后，粮店店主拿着粮食券到银行兑换现金。简而言之，假设法律是有效的，如果在没有法律的情况下每个人——公民、警察、法官——的选择完全与他们在有法社会中一致，那么他们的行为也会构成一个纳什均衡。因此，他们可以在没有法律的情况下维持这一均衡结果。如果这种推理听起来与我们的想法格格不入，那只是因为关于法律的标准观念不幸已成为我们思维的一部分，并损害了我们清晰地看问题的能力。

　　为了更好地理解这一点，让我们回到囚徒困境博弈。如何利用法律使参与者避免糟糕的博弈结果并让社会达成更好的结果，是法和经济学这门学科的核心议题之一。然而，如果我们正确地描述了博弈（这里的例子是囚徒困境），即完整地描述了生活博弈，那么答案很简单：参与者和社会并不能摆脱糟糕的结果。

　　但是，对于囚徒困境博弈，我们仍在探讨如何处罚参与者的不

9　我将在本书第 5 章详细阐述其中的一些观点。初看起来，上述命题听起来可能有些玄妙，让人想起 Frank Hahn 对凯恩斯主义政策的诙谐描述："一些经济学家对政府的宏观政策，采取了一种相当奇怪甚至可说是自相矛盾的立场。这里的奇怪之处在于：这些政策是在无须此类政策的模型背景下展开讨论的。"

合作行为，以引导他们达成更好的博弈结果。这一事实表明，我们并未真正认识到上述囚徒困境博弈其实并非生活博弈的真实描述。毕竟实施惩罚至少还需要一个人，如警察或交通管理员，他们也应参与到博弈中，进行监督和惩罚。如果存在这样一个人，那么这个人一开始就应该成为博弈模型的一部分。

让我们沿着上述思路继续，我将创建一个有些人为设计的博弈，目的不是解决一个实际的问题，而是要说明新的方法。因此，让我们假设还有第三个人——警察，或参与者 3。前两个人仍像以前一样参与囚徒困境博弈，但第三位参与者（即警察）也要做出选择。如果他选择行为 L，参与者 1 和参与者 2 得到与原有囚徒困境博弈相同的收益（即博弈 2.1）。如果他选择行为 R，参与者 1 和参与者 2 则得到有惩罚的囚徒困境博弈下的收益（即博弈 2.2）。换句话说，参与者 1 和参与者 2 会因为不当行为而受到惩罚。显然，参与者 3 的行为决定着参与者 1 和参与者 2 是否会因自身行为而受到惩罚。对于参与者 3（即警察）的行为来说，记住它们的一个好方法是将行为 R 视为严格执法，将行为 L 视为执法懈怠。

为了完成对博弈的描述，我们需要确定警察能得到的收益。因为这里的目标纯粹是说明性的，为了简单起见，无须创建复杂的故事。假设警察选择行为 R，那么不管参与者 1 和参与者 2 选什么，他的收益都是 1；如果警察选择行为 L，那么他的收益取决于参与者 1 和参与者 2 的选择；要是参与者 1 和参与者 2 都选 A，警察得到 0，对于参与者 1 和参与者 2 的其他所有选择，他将得到 2。上述各个参与者的行为及收益，在博弈 3.2 中被总结为两个收益矩阵。为了简单起见，我假设所有参与者的选择都是同时做出的。因此，这两个矩阵共同描述了此三人博弈的正常形式。

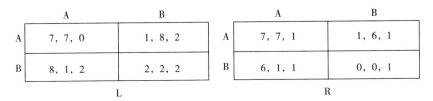

博弈 3.2　囚徒困境生活博弈 I

我将这一博弈称为"囚徒困境生活博弈 I"（Prisoner's Dilemma Game of Life I），因为它不仅包括囚徒困境博弈中的原有参与者，还引入了其他参与者（在这个例子中是参与者 3），新的参与者在需要时会被安排采取行动，这也解释了为什么将之称为生活博弈。这一博弈被称为"生活博弈 I"，是因为还有另一个版本，即"生活博弈 II"，稍后我将对此进行描述。"囚徒困境生活博弈 I"有两个纳什均衡，通过分析收益矩阵可以很容易看出这一点，这两个纳什均衡的结果是（B，B，L）和（A，A，R），对应的收益是（2，2，2）和（7，7，1）。

假设博弈达到了一个均衡（B，B，L），当然它也可能无法达成任何均衡，由此参与者所得的收益是（2，2，2），没有人可以通过单方面偏离原先的选择而获得更好的收益。但是总的来说，参与者 1 和参与者 2 在这个均衡中的处境不佳。在此，正是法律起作用的时候。假设颁布了一部新法律，宣布行为 B 是错误的，并声称任何选择行为 B 的人将被处以相当于 2 美元的罚款。这里隐含的意思是，警察将在现实世界中对犯错误的个体进行惩罚，也就是说，警察将会选择行为 R。

因此，在这里法律所做的只是简单地促使社会转向（A，A，R）这一均衡。根据上述的新分析方法，法律的力量完全来自它使（A，A，R）成为一个焦点的能力，从而每个人——公民和警察——的信念都发生了相应的改变，最终也改变了社会的均衡结果。法律就像在机场航站楼放置一个会合地点的标志，或者在方格博弈中的一个方格上放置一块黄色石头。在上述描述中，法律仅仅是预言，它从所有可得的均衡中选择一个均衡，说这个均衡将会发生。通过这样做，法律希望使这个均衡结果成为焦点。法律所做的就是建立一座信念大厦，如果每个人都相信，那么每个人的信念就会得到认可。

这里的关键，是要明白上述博弈并没有什么特别之处。法律在这一博弈中所做的，就是法律所能做的一切。也就是说，如果每个人都决定对法律视而不见，那么法律就不会有任何影响。另一方面，如果法律确实能够改变人们的预期，它就会产生约束效应，并给出有一个铁拳能自上而下控制社会的表象。这一幻象欺骗了一些最伟大的哲学思想家，但被杰出的休谟揭穿。法律具有的外生力量永远只是表象。法律能做的无非是影响个人的信念。无论这是好是坏，我们所有人都是信念共同体的成员。

法律使用命令的语言，但实际上只是对行为的预言。如果你做了坏事，警察会惩罚你；如果你做了坏事，警察不惩罚你，警察就会被警长惩罚。通过指出这样的结果，法律试图说服人们采取守法的行为。如果所有人被导向一个均衡，一旦人们相信别人也预期这种情况会发生，他们就被锁定在这个均衡中。

因此，这与传统法和经济学模型中发生的情况根本不同，如果生活博弈只有一个均衡，或者更确切地说，在该博弈中只有一个均衡结果会发生，那么法律就将无能为力。例如在上述博弈中，如果均衡（A，A，R）的收益是（7，7，–1），而不是（7，7，1），而其他所有收益都不变，那么该博弈的唯一纳什均衡结果将是（B，B，L）。在上述收益条件下，无论法律如何规定，都只会产生这种结果。因为法律并不能改变博弈，如果博弈只有一个均衡结果，那么人们注定会走向这一结果。法律并不能像传统法和经济学假设的那样，创建一个新的均衡，它能做的就是引导社会达到某种预先存在的均衡。[10] 我们可以指定一些人作为国家的工作人员，如警察、法官和总理，也可以指定一些人作为普通公民，但所有人都是生活博弈的参与者。最终，法律的效力取决于我们所有人持有的信念，即我们对他人的预期以及我们如何做出回应。[11]

法律经常影响公民行为和社会达成结果的事实表明，生活博弈一般具有多重均衡。实际上，与许多经济学家的看法相反，经济生

---

[10] 至少不是传统法和经济学认为的那种直接方式。正如我们稍后将看到的，法律可能会以某些方式创造新的均衡，但这一过程与传统法和经济学的设想有很大不同。

[11] 以下来自 Auden 相当抒情的诗歌（来自他的 "Law, Like Love"）：

"有人说，法律是我们的命运；

有人说，法律是我们的国家；

有人说，有人说，

法律已不复存在；

法律已无影无踪；

总是愤怒的人群，

激愤不已、喧嚣不已；

法律是我们，

是那个总是软弱、愚蠢、柔软的我。"

活中很可能充斥着各种均衡。[12] 它使得制定经济政策成为一个挑战，也成为令人兴奋的冒险。的确，如果经济博弈碰巧只有一个均衡，那么法律就无法起作用，因为经济只有一个落脚点。迈尔森（2006，第12页）明确阐述了这一点："我认为有关制度的正确数学模型，必须承认解决方案的多样性；因为现实的制度显然取决于文化规范、正当性的传统观念等因素，这些因素对真实博弈中的经济结构并没有一个明确范围的影响……也不可能只容许一个主导解决方案。"[13]

重申一下，我只是增加了关于个人信念的层面。正如经济学家

12　关于多重均衡在现实生活中合理性的优秀论文，尤其是在发展中经济体背景下的讨论，参见 Hoff and Stiglitz（2001）。有许多研究试图解释"贫困陷阱"和"贫困的持续性"（参见 Bowles、Durlauf and Hoff，2006）。不同寻常的是，尽管"不平等陷阱"也是基于多重均衡提出的概念，但它描述的是一个社会陷入了收入分配不均和经济效率低下的均衡（参见 Bourguignon、Ferreira and Walton，2007）。在此社会中，穷人的孩子接受公立教育成为工人，而富人的孩子接受特殊教育保持富裕（Roemer，1998）。这种情况下就有可能出现"不平等陷阱"，使得社会的总体收入低于正常的情景。有意思的是，上述均衡的产生，有赖于经济、社会和政治等各种因素的相互作用，它与本书其他地方的讨论相呼应。

13　类似本书的方法，迈尔森（2006）使用了"焦点效应"概念解释制度。但有趣的是，他将焦点中"点"的想法扩展到"集值解"的概念，就像 Basu and Weibull（1991）使用的"约束集"。如果在我们当前的场景中使用这种方法（当然也是合适的），那么我们需要关注的是"焦点约束"（focal curb）的概念，也就是一个显著的约束集，使所有参与者知道博弈的最终结果将出现在这个集合中。在这种情况下，一部新法律将使社会产生一系列可能的结果，而不是一个定义明确的结果。我将在第3.5节中对此进行更全面的阐述。"集值解"的想法很重要，因为现实生活中的博弈是如此复杂，以至于要精确描述所建议的行为几乎是不可能的，法律通常只能对有限数量情景下的行为进行规范。接着，我们必须通过类比和解释，从一个案例扩展到另一个案例，Levi 的论文中有相关的探讨（参见 Levi，1949；另见 Swedberg，2014，第4章）。为了形式化，"集值均衡"的概念十分有用，它为模糊性和机动性留下了空间。哈丁（1989）对宪法作用的概念化提出了同样的观点。对他而言，一部宪法与其说是一份契约，不如说是推动达成协调的帮手，它在人群中形成了相互强化的行为预期。

描述的那样，经济通常可能有多个均衡，现实中也确实如此。[14] 当然，最终只有一种情况会发生。断言经济存在众多可能发生的结果，对于一些经济学家来说，只是一个实在论问题。也就是说，经济学家能够分离出来的是一组可能的结果，其中也包括最终发生的结果，而且通常不止一个。一个不仅懂经济学，也懂心理学、政治学、社会学、海洋学、气象学以及其他许多学科的大师，也许能够判断哪个均衡将是实际发生的唯一结果。但仅从经济学的角度，宣称均衡的唯一性就显得过于自负了。换句话说，在生活中的大多数情况下，我们利用经济学家使用的分析工具，即使借助于诸如法学、政治学等邻近学科的知识，也不得不承认存在众多均衡的可能性。对于根据我们的学科知识以及从该学科角度对世界获得的了解，我们可以较有把握地指出，这些结果集合中的哪些结果将会发生。

焦点方法依赖于法律的表达功能或暗示力量，而不依赖于人类任何其他的非理性，它纯粹只是一种利用建议促进协调的手段。这种暗示的力量不仅为研究者所探讨，也被我们日常生活的观察者所描写。在奈保尔的经典小说中，主人公比斯瓦斯先生去亲戚在小镇上开的一家利润丰厚的卖酒商店工作，他很快就发现，"朗姆酒其实都是一样的，只是价格和标签不同，'印第安少女''白公鸡''长尾小鹦鹉'，"奈保尔接着用洞察人类弱点的非凡能力指出，"每个牌子都有它的追随者"。（Naipaul，1961，第61页）

当然在现实中，有些情况下法律仅仅通过给行为贴上标签，就能对人们的行为产生影响。它们构成了对法律表达功能进行相关讨

14　关于在现实环境中如何存在多个均衡的描述，参见 Basu and Van（1998），Platteau（2000），Hoff and Stiglitz（2001），Morris and Shin（2001），以及 Basu and Weibull（2003）。

论的基础（Sunstein，1996b）。

现在让我总结一下。为什么有些国家的法律（或部分法律）会得到遵守，而另一些国家的法律却经常遭到藐视，这在法和经济学上一直是个难题。事实上，这一问题基于长期存在的哲学辩论。"解释为什么我们应该遵守自然法则，或者确切地说，为什么我们应该遵守任何一套准则，是哲学中最持久的问题之一。"[15] 我试图回应这些历史悠久的同类问题，当然包括大卫·休谟时代提出的问题。利用博弈论的概念，我认为，一旦认识到那些被我们创造出来而施加于彼此的社会压力只不过来自我们头脑中的信念，就能理解为什么我们经常会做法律要求我们做的事情，尽管这可能不符合我们自身的利益。正是这种社会的自我执行机制，赋予了法律通常拥有的巨大力量。社会规范也是如此，信念为法律和社会规范影响人类行为提供了共同的基础。由法律形成的社会秩序，与没有法律时形成的社会秩序（Ellickson，1991），两者之间的差距也许并不像初看上去那么大。

3.4　法律的执行

改进后的法和经济学方法，使我们对法律如何影响经济结果的理解更为深入和准确，并得出了重要的见解。从传统的法和经济学方法转向焦点方法，有些类似于从经济的局部均衡分析转向一般均衡分析。局部均衡分析方法假设所研究的特定市场之外的变量保持

15　引自《斯坦福哲学百科全书》（*Stanford Encyclopedia of Philosophy*）中"雨果·格劳秀斯"条目，参见 https:// plato.stanford.edu /entries / Grotius /。

不变，即使市场内的行为会发生变化。这是一个便利但有缺陷的模型。因为我们的确知道，市场内部的变化往往会影响市场以外的变量，这些变量又可能反过来改变市场内发生的事情。在某些情况下，局部均衡分析得到的结果确实与整体经济的实际情景是不一致的。在主流经济学中，从局部均衡分析向一般均衡分析的转变发生在 19 世纪末，这归功于许多经济学家的贡献，其中最著名的是瓦尔拉斯，尽管一般均衡模型更为细致的工作，是在 20 世纪中叶由肯尼斯·阿罗、杰拉德·德布鲁和其他人做出的（Arrow and Debreu，1954）。虽然像所有研究一样，关于一般均衡的研究课题仍在进展中，但从传统的局部均衡分析到一般均衡分析，极大地提高了经济学这门学科理解从增长和繁荣到饥荒和衰退等经济和社会现象的能力。

　　法和经济学也有类似的潜力。传统的法和经济学方法将注意力集中在整个经济博弈的一个部分，却将一些重要的参与者排除在外，并假设他们是自动的执法者。法和经济学的焦点方法所做的，是描述整个经济博弈，包括警察和法官；然后试图解释法律如何起作用以及为什么能起作用。正如我们所见，这一视角的转变迫使我们改变分析范式。原有的范式将法律视为改变收益函数和博弈规则的工具，而在新范式下法律则被认为并不具备上述能力，它的作用就像是改变博弈参与者信念的催化剂，通过信念的改变影响参与者的行为。

　　法和经济学焦点方法的一个重要贡献是，它有助于我们更好地理解：什么时候以及为什么有如此多的法律未能得到执行？这些法律只存在于纸面上而失去真正的效力。为什么这种情况在一些社会中更多地发生，尤其是在发展中国家和新兴经济体？

一些法律未能得到执行的第一个原因，是试图将经济引向一个非均衡点。一部被采用的法律要求人们以某种方式行事，那么它要具备让每个人都愿意按照法律要求的方式行事的性质，如果至少有一个人会根据自身的利益以不同的方式行事（即法律要求的行为不能构成一个均衡），那么法律显然将不会在实践中得到落实，至少不是以可持续的方式。简而言之，法律必须能够自我执行，所有人——公民和国家工作人员——都应得到一样的对待，都被视为是理性的。当然，这就是许多主流微观经济学背后的假设。但有趣的是，传统的法和经济学对所有普通公民都严格遵从这一假定，但对国家工作人员却明显违反了上述假定。

如果颁布的法律试图把整个社会引向一个非均衡的结果，因此不能构成一个焦点，那么它注定不会得到执行。用一个有趣的例子就可以看到这一点，如果对上述"囚徒困境生活博弈 I"稍做改动，将参与者 3（警察）左边收益矩阵中的所有收益都改成 2。现在假设颁布一部新的法律，要求参与者 1 和参与者 2 均选择行为 A，参与者 3 选择行为 L。那么这部法律永远不会得到执行，因为参与者 1 和参与者 2 如果预期其他人会遵守法律，再选择遵守法律就不符合他们自身的利益。这部法律注定难以执行，是因为它想要达到的目标结果并不是该博弈的均衡。与传统方法不同，法和经济学的新方法断言，法律永远无法创造出一个均衡，它仅能引导社会达到某种预先存在的均衡。我们经常犯的一个严重错误，是没有认识到法律的上述局限，试图超越这一局限并引导社会达到某个并非均衡的结果，因此也不可持续。在这种情况下，我们的法律注定会失败。[16]

法律难以执行的第二个原因，在于许多政府的法律经常模棱两可甚至自相矛盾，不同法律要求的各种行为之间互相冲突，不违犯法律是不可能的。[17]用焦点方法来看，问题就更为突出，因为如果法律互相冲突，就没有确定的办法创建焦点。矛盾的信息不仅可以因法律相互之间的公开冲突引发，也会以其他更微妙的方式传递。这是由于法律往往通过符号和信号提出建议，即所谓的表达模式。正如桑斯坦（1996b，第2021页）观察到的，"行为具有表达性，它们承载着意义……如果一位律师在法庭上系了一条很显眼的领带，常常意味着他的自我形象和对待他人的态度与众不同"。这些信号可能与言语行为相矛盾，由此造成混乱。

政府有时出于马基雅维利式的原因，给出十分复杂的信号，让公民对正确的行为方式感到困惑。但更常见的是，相互冲突的信号往往是长期积累、相互矛盾的各种法律的后果。制定法律的议会也意识到了这一点，这也是法律经常会附加说明条款的原因之一："另有其他法律规定的除外"。[18]但是，当相互矛盾的法律都有附加说明条款时，这些条款就没有什么帮助了。

16　这里无须再做进一步探讨，因为我在此提出的内容已在机制设计文献中有充分的讨论（例如参见 Myerson，1983；Maskin and Sjostrom，2002；Arunava Sen，2007）。

17　正如 Hadfield（2016，第289页）在她的新书中观察到的，"穷国和发展中国家并不是没有正式的法律规则和制度。事实上，通常是规则和制度太多了，以至于没有人能够完全遵守。"

18　这里有一个实际的例子："尽管其他法律中有正在生效的相反规定，也不得用银行的资产向中央政府支付任何费用"，这句直接引自《印度银行监管法案》（India's Banking Regulation Act，1949）。但是，看一家银行通过引用这一法律条款来逃避未向中央银行支付其他法律要求的费用的责任，将是十分有趣的。

法律没有得到执行的第三个原因，在某种程度上与第二个原因有关，涉及焦点的一般性和开放性问题，即不同群体的人对什么能够构成焦点，缺乏明确的共识。相同的信号可能被一组人接收并被当作焦点，却被另一组人忽略。例如我们知道，拥有共同群体身份的参与者更容易协调到一个焦点上（Habyarimana、Humphreys、Posner and Weinstein，2007；另见Boettke、Coyne and Leeson，2008）。反过来，这也意味着当一群人相当习惯了一个焦点后，一个新焦点的出现实际上会使协调问题变得更为困难。

假设在前述的方格博弈中，一个社会习惯了在大多数情况下选择左上角的方格，也就是说，当两个人参与这个博弈时，他们都有可能选择左上角的方格。简而言之，正是这一社会规范帮助人们可以经常赚到1 000美元。现在假设有人为了帮助大家，把一块黄色石头放在另一个方格内，再让人们参与这个博弈。协调完全有可能变得更为困难，一些人预期放黄色石头的方格会成为焦点，而另一些人则继续认可旧有的习俗，将左上（西北）角的方格作为焦点。

上面的例子并不像乍看上去那样抽象。克兰顿和斯瓦米（Kranton and Swamy，1999）在一篇重要的论文中，讨论了殖民时期印度的农业信贷市场。这是一个非正式的市场，遵循的是社会规范。[19]它能够运行，但效果有限，存在着违约和经常性的信贷短缺。为了改进市场，印度的英国统治者在孟买德干建立了相应的民事法庭，其结果

---

19 Acemoglu、Johnson and Robinson（2005）以类似的想法，指出文化如何能够促进社会协调以达到特定的均衡。从这个意义上说，社会习俗可以做法律所做的任何事情，并且正是由于这个原因，它也会妨碍法律的有效性。

却是这一市场的运行恶化和效率下降。[20] 根据历史记录，克兰顿和斯瓦米指出农民并没有从中受益，这可能有许多原因，包括改革的零敲碎打。但也有可能的是，事实上更有可能的是，当试图用法律和法庭取代习俗和规范时，就产生了两个焦点。这样做非但无助于问题的解决，反而可能让事情变得更糟糕，至少在一段时间内是如此，直到两个竞争的焦点中出现一个赢家而获得显著性。[21] 这就解释了为什么第1章中引用的戈登·布朗的论断如此具有洞察力。有鉴于焦点概念中自我实现的因素，人们可能需要很长一段时间，才能放下风俗习惯和社会规范等其他工具，开始把法律视为最显著的行为协调手段。

再举个类似的例子，如果希思罗机场的一位官员决定，与其让人们走很远的路才到标有会合地点的地方，不如在不同的地方放置两三个这样的标志。若果真如此，整个安排就会失败。

一旦认识到法律的焦点基础，我们就必须格外小心以确保法律可以变得显著。这可能需要对民众进行教育和其他形式的说服。即使如此，我们也必须接受法律生效需要时间的事实。然而，在这个过程中存在着风险。如果所需时间太长，民众可能会忽视法律，当这种情况发生时，法律可能会完全失去效力。事实上，当个别法律失效时，民众就会开始相信法律是可被忽略的。在一些没有人在意

20　Weber and Camerer（2003）发现了一个有吸引力的微观证据，他们通过实验指出，具有不同组织文化的企业合并将导致绩效下降。

21　Posner（2000，第4页）提出了类似的观点，他写道："拟议的法律规则的合意性……不仅依赖于集体行动问题是否存在和法律制度能否有效运行，还取决于已有的非法律体系解决集体行动问题的方式，以及法律对这种非法律体系的干预程度。"

法律的发展中国家，情况确实接近于此。[22] 我认为这种状况是完全理性的。如果众所周知，在机场没人会关注汇合地点的标志，那么你去往汇合地点并在那里等朋友，就是不明智的。你更好的选择是根据朋友对书籍和啤酒的喜好，去书店或者酒吧。

这是困扰新兴工业化和现代化国家以及发展中国家的一个问题。它们中的大多数长期依赖于社会规范、封建习俗和文化实践，以使某种形式的经济生活成为可能。简单的经济功能，例如贸易和交换，也需要一些基本的规范和习俗。事实表明，上述这些功能的运行，并非完全由个人最大化效用和积累财富的动机驱动（Basu，2000，第4章）。因此，要么通过封建社会的判决（feudal pronouncements），要么更有可能经过缓慢的演化过程，这些社会逐渐形成了特定的均衡筛选规范（equilibrium-selection norms），此类规范正是焦点，它们使经济生活成为可能。更确切地说，社会想要存在，就需要有这些基本的规范。

今天正在发生的现代化进程，通常采取的形式是将工业化国家的法律和规则输出到前殖民地和其他贫穷国家。而其中的一些工业化国家，正是这些前殖民地的宗主国。简而言之，这些输入的法律在现实中常与当地习俗和漫长社会演化历史导致的既存焦点产生竞争。要让民众放弃原有的规范并不容易。实际上，事情可能会变得更糟，因为在许多情况下，这些法律相当于在已有旧焦点的同时，

---

22 但上述情况绝非发展中国家独有，正如 Mailath、Morris and Postlewaite（2017）指出的，即使在20世纪的美国也有很多这样的例子。例如二战期间，土生土长的日裔美国人被监禁，他们的财产被没收。这均违犯了美国宪法，因而是非法的，却被包括最高法院在内的国家公务人员集体忽视。Acemoglu and Jackson（2015）给出了在英国和法国法律被集体忽视的例子。

又想创建新的焦点。这很可能是在发展中国家和新兴市场经济体法律经常被所有人忽视的原因。

人们在历史上发现了一些有趣的例子，表明一些殖民地的领导人是如何凭直觉掌握了这一点。1772—1781 年沃伦·黑斯廷斯（Warren Hastings）在统治孟加拉期间，将现代法律引入印度。正如罗伊和斯瓦米（Roy and Swamy，2016，第 17—18 页）观察到的，黑斯廷斯的努力是"史无前例和革命性的"。他的计划是"理解、重建和保存当地的宗教规范"。"黑斯廷斯开始使用的法律制度既不是一种全新的秩序，也不是一种完全传统的秩序。"他努力吸引印度教权威和伊斯兰教阿訇帮助推动这种转变，这显示了黑斯廷斯的战略思考能力，以及他对改变传统面临的挑战有着深刻的认识。

然而，黑斯廷斯的行为并不能与崇高的目标相混同。当纳瓦布法院的高级税务官南达库玛尔（Nandakumorr）对黑斯廷斯提起行贿罪指控时，最高法院的首席大法官却把此案转为对南达库玛尔的伪造罪指控，并判处其死刑，死刑于 1775 年 8 月 5 日执行。首席大法官是黑斯廷斯的朋友。

在关于焦点的讨论中，有一个重要的基本概念问题，理解它可以帮助创建一个人们更努力遵守法律的环境，这个问题涉及如何去除焦点，对此的相关调查和研究都很少。对于焦点是如何形成的，我们可能还没有完全了解，但这是一个受到许多关注的问题，我们至少对此有基本的了解；但对焦点是如何被去除或突然消失的，我们还知之甚少。然而，如果想要更好地实施新法律，这正是我们需要了解的。之前的显著性结果尽管可能并不完美却使一些行为协调一致，而新法律要更加有效，就需要去除这些已有的集体行动信念。

这一过程如此困难的原因在于，一旦人们习惯了某种行为，去掉协调标记可能不会改变任何事情。假设机场的会合地点标牌就在一家著名的汉堡店外面。如果许多年后，标牌被撤掉了，但人们仍然可以继续使用汉堡店作为会合地点。在此类问题中，记忆往往会留下难以抹去的痕迹。

然而，我们应当知道的是，法律能否执行很大程度上取决于一个社会持有的元信念。如果众所周知，一旦法律颁布，人人都会遵守法律，那么这种信念本身就可使法律获得显著性。简而言之，如果每个人都知道法律将得到遵守，法律就可能更有效。如果社会上不存在这种基本假设，那么颁布一部新法律，并不代表该法律必然生效。因此，在考虑遵守某一特定法律是否符合个人利益之前，就需要法律应该得到遵守的一种更基本的信念。

在这里我并非声称，任何人仅仅会因为这个原因遵守法律。因为我们仍然沿用主流的新古典主义范式。在此范式中，每人都有一个外生给定的偏好或效用函数，并做出相应的决策来最大化自身的效用。因此，人们是否遵守法律，将基于纯粹自利的最优决策。然而，一个人是否事先就相信法律应该得到遵守，这一点很重要。正是这种信念的存在，给了法律创造焦点的机会。如果人们缺乏这种基本信念，那么他们甚至不太可能注意到新法律，当然更不可能对此进行仔细考虑。如果你所生活的社会，并不知道红灯代表"停"、绿灯代表"行"，那么当你看见红灯时，不会停下；而在你看见绿灯（其他车看见的是红灯）时，你也许会停下而让其他车先穿过。在许多发展中国家，这种基本信念非常薄弱，法律难以执行的问题很大程度上根源于此。如果人们甚至一开始就对信号缺乏认知，那么信号就无法形成焦点。

如同第 2 章讨论的，为什么印度的《国家粮食安全法案》及其前身（向贫困家庭提供廉价粮食的政府指令）的效果如此之差，部分是因为上述原因，即该法律试图达到的结果可能一开始就不是纳什均衡。对于配给商店店主而言，以低于市场价格向贫困家庭出售粮食，并不符合他们的利益。如果我们假设警察不会抓住并惩罚不依法向穷人出售粮食的配给商店店主，上述判断就是成立的。而在其他社会，可能不会发生上述情景，这不是因为配给商店店主会本能地守法，而是因为他们担心，如果违犯了法律就会受到警察的惩罚。如果这的确是纳什均衡的一部分，那我们就必须解释为什么警察会试图抓住并惩罚犯错误的店主。

然而，法律也确有可能指向一个合适的纳什均衡。在此情景下，配给商店店主会将食物卖给穷人，因为他预期如果不这样做，就会被警察惩罚；而警察也会恪尽职守，因为他也知道如果失职，就会被治安官惩罚，以此类推。但是，如果在这个社会中违法行为非常普遍，人们就无法获得新法律将是焦点的暗示，你知道其他人不会把新法律当作焦点，因此你也不会；而其他人基于同样的原因，也不会把新法律当作焦点。

3.5 焦点约束

目前基于焦点概念提出的法和经济学的改进理论，可以从几个方面加以概括。首先，我使用了纳什均衡作为相应的均衡概念，是因为这个概念在博弈论和经济学中具有中心地位，也因为大多数其他概念，在某种意义上均由纳什均衡中蕴含的自我执行的基本想法衍生而来。

当我们将这种方法应用于更复杂的情况时，可能需要考虑集值均衡，在这一均衡下，每个参与者可使用的不只局限于一种策略，而是一组策略。为了明白这点的重要性，设想有博弈3.3。[23] 参与者1可以选择策略T（上）、M（中）和B（下）；参与者2可以选择L（左）、C（中）和R（右）。他们获得的收益显示在收益矩阵中。我始终假设参与者选择的是纯策略。[24]

显然，该博弈只有一个均衡（T，L）。[25] 如果参与者2选择L，那么参与者1最好选择T，反之亦然。但是现在假设参与者2说：我将选择C和R中的一个；那么对于参与者1而言，此时承诺选择M或B就是合理的；而且如果参与者1真的如承诺的那样做，则参与者2的确也会根据自身的利益选择C或R。因此重要的是，参与者1把自身的选择限制在策略集合 {M，B} 中，而参与者2也把自己的选择限制在策略集合 {C，R} 中，从而构成一个自我执行的均衡。这就是约束集（curb set）概念背后的大致含义（Basu and Weibull，1991），"约束"代表着"理性行为下的闭集"。更一般地说，参与博弈的每个人都有数目有限的可行策略，而一个约束集就是每个参与者可行策略子集的集合。在约束集下，每位参与者都相信其他人会留在指定的子集中，那么他也没有理由选择他自身指定子集之外的

---

23 该博弈来自 Basu and Weibull（1991）。

24 也就是说，他们不会使用带有概率的策略，例如，我选择T的概率是3/4，选择B的概率是1/4。

25 当然，该博弈有不止一个混合策略均衡。

策略。[26]

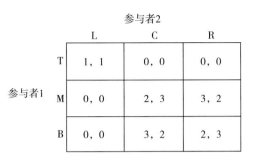

博弈 3.3 约束博弈

在法和经济学中，集值性（set-valuedness）是一个重要的概念。[27]事实上，正如迈尔森（2006）指出的，在理解制度时，考虑一系列行为选项而非单个行为选项，在某种程度上是更为合适的。为了理解这一点，假设在博弈 3.3 中，两位参与者陷于均衡状态（T，L），显然存在着一种情况，可试图利用法律使社会取得更好的结果。问题在于，其他的任何一点都不是自我实现的。假如参与者 2 选择行为 C，那么参与者 1 就会选择行为 B；而一旦参与者 1 选择了行为 B，那么参与者 2 又会转向行为 R；参与者 2 如果转向行为 R，那么参与者 1 则会选择行为 M，这将继续导致参与者 2 再转向 C，如此循环。

然而，即使这两位参与者并不知道社会能达到何种结果甚至能否达成结果，只要他们偏离了 {T, L} 选择，参与者 1 承诺选 M 或 B，

---

26 这仅仅为了表明，在参与者拥有无限数目可选策略的博弈中，"约束"的定义是这些可选策略的非空紧子集的笛卡尔乘积。在均衡中，如果每个参与者都相信其他人会留在各自的策略子集中，那么他也没有理由选择离开自身的策略子集。

27 毫不奇怪，约束只是集值均衡的一个特例，一些文献还探讨了其他的相关概念。例如参见 Bernheim（1984）、Pearce（1984）、Voorneveld（2002），以及 Arad and Rubinstein（2017）。

参与者 2 承诺选 C 或 R，那么两人的处境都将改善。在这种情景下，法律必须被用来直接引导社会指向所谓的"焦点约束"而不是一个焦点。"焦点约束"下，每位参与者在可得的一系列行为策略集中形成有序集合，该集合在理性行为下为闭集，[28] 每位参与者都对应一个约束集。

这就需要颁布一部法律，规定任何人不得选择 T 或者 L。如果参与者相信所有人都会遵守法律，那么遵守法律也就符合每位参与者的自身利益。在一个遵纪守法的社会里，参与者并不确切知道会发生什么，但都相信他们的行为将包含在 {M, B} 和 {C, R} 的集合中。

看看如何将焦点约束的概念应用于本章前面介绍的方格博弈，也很有趣。假设每位参与者被允许选择一组他可能使用的策略（从构成每位参与者可行策略集的 16 个策略中选出）。很容易看出，只要两位参与者均选择了同样的子集，这对子集就构成了一个约束集。而每当他们选择了不一样的子集，则不能构成约束集。换句话说，方格博弈存在很多约束集，虽然它也有大量的非约束集。

我们可以看到，法律在这个博弈中能做些什么。先从一个无法律的国家开始，每个人都不知道其他人可能会做什么，因此所有的行为选择都将被视为同等可能。在这种情景下，正如我已表明的，每个人的预期收益是 62.5 美元。现在假设颁布了一部法律，规定每个人只能选择西北角的四个方格，而不能选择其他的方格。这部法律不是指向某一焦点（一个方格），而是指向一个行为约束集（四个方格）。但有趣的是，每位参与者都会把自己的选择限制在上述四个

---

28 从这个意义上说，没有人会因为回应其他人的选择，而有兴趣跳出自身指定的集合。

方格中，它构成了一个约束集。因此，如果每个人都相信其他人会选择西北方格的集合，那么他也没有理由选择这个集合以外的方格。在这一情景下，法律可被认为是创造了一个焦点约束，而不是一个焦点。同样有趣的是，如果参与者相信人人都会遵守法律，那么每个人的预期收益将至少是 250 美元。因为如果一个参与者在焦点约束下从这四个可行的方格中随机选择，那么另一个人选择相同方格的概率是 1/4。所以，每个参与者的预期收益就是 1 000 乘以 1/4。

　　由于法律语言存在大量的模糊性，所以超越焦点走向焦点约束是十分重要的，它为适应法律和法律程序的内在模糊性创造了必要的空间。法律的模糊性是一个很大的议题。正如洛普基和维劳赫（Lopucki and Weyrauch，2000，第 1407 页和第 1409 页）观察到的："在关于法律程序的传统观点中，法院判定事实，然后将法律应用于这些事实以产生判决结果。"然后他们继续指出："这种传统观点如何与另一种观点共存，即认为法律程序可以被人们的法律策略严重操纵。"模糊性不仅出现在对法律的解释上，也出现在对人们行为的解释上，以判定他们是否违犯了法律。科尔（Cole，2017b）最近讨论了关于特朗普"旅行禁令"的有趣案例。根据法律，特朗普不能针对某一特定宗教发布禁令。因此，他的禁令纸面上针对的是特定的一些国家。然而，夏威夷和马里兰州的两名联邦法官判决禁止执行特朗普的命令，理由正如科尔（2017b，第 5 页）指出的那样，"该禁令将不可避免地针对穆斯林的信仰"。法官超越了禁令的字面意思判定特朗普旅行禁令的真正意图。他们注意到，特朗普在其竞选活动中多次承诺禁止穆斯林进入美国，也注意到他在 2017 年 1 月签署第一份禁令后，并没有提到穆斯林，但他抬起头说，"我们都知道这意味着什么"（Cole，2017b，第 6 页）。

在本书中，我没有深入探讨这些问题，但它们指出了一个事实，即认为法律能明确地引导社会走向一个焦点可能是不重要的。我们需要利用集值目标，例如焦点约束。事实上在未来的研究中，我们可能要更进一步，让法律引导社会走向一个包含均衡但并不一定形成均衡的行为域（domain）。例如在某些情况下，可能存在多个均衡，在其中某个均衡下参与者双方获得的收益微不足道，在另一个均衡下双方的境遇则好得多。我们可能希望利用法律，将社会从坏的均衡转移到好的均衡所在的区域，即使这个区域本身并非一个点值或集值均衡。

在这种情况下，法律不是将社会导向某一特定的均衡，而是导向若干均衡之一。法律在上述情景中并不是要创造一个焦点，而是试图创造一个用最佳术语描述的"负面焦点区域"（negative fiscal area），即指定一个社会不应达致的集合。换言之，法律不是令一个均衡结果获得显著性，而是将结果区分为不应达致的负面区域，以及可以达致的其他区域。此一其他区域可能不是一个点值均衡或集值均衡，而是一个没有更确定形式的区域。[29] 这里的希望在于，鉴于社会进行的是生活博弈，它最终会在这个不规则的区域内达到某种均衡。对这个想法的一个具体应用，发生在旅行者困境博弈中，我们将在第 7.2 节加以讨论。

29　法律内在的模糊性具有悠久的历史根源。Singer（2005，第 121 页）认为，早在康德那里"已经指出，将法律应用于事实远非一个按部就班的例行过程"。与此相反，它需要一种判断力（Urteilskraft）。虽然这可能会引起争议，也远远超出了本书的范围，但我认为模糊性不仅是法律的一部分，而且在使法律更有效和更公平方面也发挥着作用。

在这里，我想提出关于模糊性的更多初步想法，它可能值得在未来进一步发展和形式化。与经济学家和博弈论模型理论家的假设相反，事实上模糊性不仅存在于我们未来将要参与的博弈中，甚至存在于我们正在参与的博弈中。生活博弈允许这样一种实际情景，即在未来我们有可能以一定的概率参与博弈 A，同时又以一定的概率参与博弈 B。现实中的模糊程度将会更深，我们也许都不能确定未来会出现哪些博弈。所以，这并不是简单地将概率附加到一系列我们知道会在日常生活中遇到的明确博弈中。实际上，我们甚至常常不知道，在现实生活中会出现哪一些可能的博弈。这就产生了一个如何预先指定焦点的有趣问题。如果你不知道明天你和社会中的其他人将参与何种博弈，那么如何指定焦点呢？由于法律的作用是将社会导向焦点，于是在难以指定焦点的特定情况下，要想事先充分地制定法律，是不可能的。

解决上述问题的一种方法是发展出一个"焦点人物"或"焦点参与者"。假设有 n 个人预期明天将参与一个博弈，但他们不知道将会出现什么博弈，也不知道会从哪一组博弈中挑选出他们实际参与的博弈。他们能知道的是，无论出现哪种博弈，都可能存在多重均衡。为了确保他们不会陷入一种集体的次优均衡，一种办法是预先指定一个参与者作为"焦点参与者"。这里的想法是，在他们参与的博弈变得明确之后，"焦点参与者"将选择并指向一个特定的均衡，而其他参与者就知道这个均衡会是博弈的焦点。

这让我们产生了一个有趣的认识：理解为什么在法律之外或法律之上，我们可能还需要指定一位领导者。这位领导者就是一个"焦点参与者"，在众人参与的博弈明确后，他要求人们以特定的方式行动，引导大家达到一个特定的结果。这就是为什么在战争和冲突中，当人们必须面对突发和意外情景时，有一个明确的领导者是很重要的，最好将此位领导者理解为"焦点参与者"的角色。[30] 研究"领导者的作用"如何与"法律和习俗的作用"相互影响和交织，并将其模型化，将是一个有趣的议题。

虽然上述概念和想法还有必要继续完善，并赋予它们更为形式化的结构，但这超出了本书的范围。"超出了作者的能力"，这是经济学家常用的行话。但我希望越来越多更有能力的学者和实践者致力于法和经济学焦点方法在现实生活中的应用，他们应根据实际需要做出改进，并进一步发展这些思想以适应当时的环境。

30　在讨论自治村社的领导和保卫村庄所需的军事行动时，迈尔森（2017，第 6 页）指出："我们应该明白，军事行动需要一个领导者，他能够指挥人们在战斗中采取危险的行动。"在论述亨利·梅因（Henry Maine）经典著作中提及的"国家有必要将当地主要家族的土著酋长提升为正式的领导者"（Maine，1871）时，迈尔森讨论了这一问题。虽然这并非迈尔森想发展的分析方向，但我相信这些讨论已明确提出了这样的问题：为什么我们需要一个领导者？为什么人们要服从领导者？显然，一个人要做出服从领导的行为，必须有自愿的成分。"领导者作为焦点参与者"的概念，可以得到更为有用的发展，以丰富我们对此类情况的理解。

第4章　先行者优势

4.1　扩展式博弈中的法律

迄今为止，参与者——普通百姓和国家工作人员——在生活博弈中的所有互动，都被当作同时发生的，或在博弈论中被称为正常式或策略式博弈。在这些博弈中，参与者之间的互动并非严格地在同一个时点发生，但这些细节被隐藏了，从而表现为同时发生。然而，对于第3章中提到的博弈随着时间推移依次进行的现象，以一种更明确的方式予以展示是有益的，用更正式的术语来说，即扩展式博弈。正常式博弈与扩展式博弈的本质区别，在于扩展式博弈中先行的参与者往往具有以某种方式引导互动行为的优势，即所谓的先行者优势。但是，这种分析并不像初看起来那么简单，因为后动的参与者可能拥有最终决定权，也知道之前发生了什么。扩展式博弈不仅丰富了我们对法律如何塑造人们互动行为的理解，而且迫使我们面对一些哲学上的悖论。

为了对扩展式博弈加以说明，让我们对博弈3.2（即囚徒困境生活博弈 I）稍做变动。该博弈以如下两阶段进行。第一阶段：两位普

通的个人或公民进行普通的囚徒困境博弈；然后在第二阶段，警察
在四种行为中做出选择，即不惩罚任何人（行为 N）、惩罚参与者 1
（行为 1）、惩罚参与者 2（行为 2）以及同时惩罚两位参与者（行为
12）。在上述情况下，惩罚就意味着扣除被惩罚者 2 个单位的收益。
为了完整地描述这一博弈，我们还必须说明警察（参与者 3）的收益。
最简单的假设是，无论参与者 3 选择哪种行为，其收益不变，比如
固定在 2 个单位。而一个更为现实的假设，也是我在这里使用的假
设，便是警察每惩罚一个人就会失去 1 个单位的收益（这是他必须
举起警棍又把它放下带来的痛苦）。由此产生了下面描述的两阶段扩
展式博弈，也被称为"扫帚"博弈，因为它的样子看起来就像一把
扫帚（博弈 4.1）。

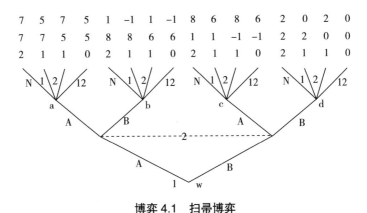

博弈 4.1　扫帚博弈

博弈树显示，参与者 1 先做出选择，在标记为 w 的节点上选择
A 或 B。参与者 1 选完后，参与者 2 并不知道参与者 1 的选择是哪
一个，在博弈树上以连接两个节点的虚线所示。接着参与者 2 也必
须在 A 和 B 之间做出选择。参与者 2 在做出选择时并不知道参与者 1

选择的结果，意味着相当于两人同时做出选择。[1]

这一博弈有数个（纳什）均衡，其中一个均衡是：警察（参与者 3）在所有情况下均选择 N，而参与者 1 和参与者 2 都选择 B。它导致了标准的囚徒困境结果。因为没有人（无论是公民还是警察）可以通过独自偏离而选择其他策略获得更好的结果，所以这的确是一个（纳什）均衡。

有趣的是，这一博弈还有其他均衡。其中一个是，参与者 1 和参与者 2 的策略都是选择行为 A；参与者 3 的策略是，在节点 a 选择行为 N、在节点 b 选择行为 2，在节点 c 选择行为 1，在节点 d 选择行为 12。换言之，参与者 3 的选择策略意味着，如果参与者 1 和参与者 2 中的任何一人选择了行为 B，就会受到惩罚。很容易看出，这个三人策略组合（三位参与者各有一个策略）也构成了一个纳什均衡，没有人可以通过独自改变自己的策略获得更好的结果。

假设颁布了一部法律，规定任何选择行为 B 的人都将受到警察的惩罚。请注意，如果参与者 1 和参与者 2 都相信这一点，那么他们就会选择行为 A。如果警察相信这一点，那么他也会按照法律的要求行事，否则对他不会有任何好处。在这种情况下，当公民都选择 A 后，警察就无须采取行动。新法律的颁布，只是将显著性赋予了上述均衡。旧有的均衡，即"公民选择 B 而警察选择不惩罚"仍是一个均衡。而我们预期守法均衡会代替旧均衡的唯一原因，是每个人都相信人人都会遵守法律，正如我们以上所见，法律创造了一

---

[1]　存在着一个令人困惑的哲学问题：对于两人同时行动，与两人按顺序行动（但第二个人不知道第一个人做了什么），两者是否等同？我曾（2000，第 2 章）讨论过这个问题，但在此可以忽略上述难题。

个新的焦点，并影响了人们的行为。

4.2 子博弈精炼均衡：一个技术枝节

值得指出的是，上述纳什均衡并不是扩展式博弈中所谓的子博弈精炼均衡。由于在本书中，我们已决定将纳什均衡作为恰当的均衡分析方法，因此这对我们来说并不重要。但是，如果一些读者认为我们的分析只基于纳什均衡做出的预测，那么有必要排除这种看法。因此，本节的技术论证说明，即使运用子博弈精炼均衡的概念，而不是相对粗糙的纳什均衡概念，我们也可以拓展上面的分析而得出相似的结果。子博弈精炼均衡的直观含义是：在纳什均衡中，并非每个参与者的策略都是可信的。事实上，那些参与者宣称在未来特定情境下会采取的策略，只会在一个值得采取的场合真正出现时才会被采取。简而言之，那些不值得采取因此也不可信的威胁策略，不会被任何人相信，因此也无法被用于实现各种实际目的。

为了快速了解子博弈精炼均衡是怎么回事，让我们回到第 3 章提出的囚徒困境生活博弈 I，即博弈 3.2。现在假设将这个博弈转换为扩展式博弈，先让参与者 3（警察）在 L 和 R 之间选择，然后再让参与者 1 和参与者 2 同时在行为 A 和 B 之间选择。这意味着参与者 1 和参与者 2 在选择的时候，已经知道面对的是左边的矩阵还是右边的矩阵。如果是左边的矩阵，那么他们显然都会选择行为 B；如果是右边的矩阵，他们则都会选择行为 A。换句话说，如果参与者 3 已经事先知道：要是他选择行为 L，博弈将会终结在（B，B，L），得到的收益是 2；要是他选择行为 R，博弈将终结在（A，A，

R），其收益是 1。这意味着参与者 3 一定会选择行为 L，而博弈的最终结果必然是（B，B，L）。我刚才描述的，就是扩展式博弈中子博弈精炼均衡的概念。在这一纳什均衡中，每个参与者宣称在博弈中未来可能出现的每种情景下采取的策略，都应符合其自身的实际利益。换句话说，不允许有不可信的威胁。如果参与者 1 和参与者 2 宣称无论发生什么情况，他们总是会选择行为 A，然后导致参与者 3 选择行为 R，那么它就不是子博弈精炼均衡。因为参与者 1 和参与者 2 所说的"即使警察选择行为 L，他们也会选行为 A"，是不可信的。

在上述博弈中，只有唯一的子博弈精炼均衡，它的结果是（B，B，L）。如果在这个生活博弈中，我们将子博弈精炼均衡当作正确的均衡概念，那么即使出台法律，也无法改变这一均衡结果，这对参与者 1 和参与者 2 来说都是不幸的。

如果我们希望将子博弈精炼均衡作为相关的均衡概念，那么有一个简单的方法拓展上述博弈分析，以显示法律影响行为的力量。这需要在该博弈中引入第三阶段，即再包括一个具有多重均衡的正常式博弈（我在 2000 年的文章中引用过这个例子）。比如，我们可以设想有第四个参与者，即治安官也在场。在扫帚博弈的两个阶段结束后，警察（参与者 3）和治安官（参与者 4）继续进行互动博弈，治安官需要在"无所作为"（即行为 S）和"实施惩罚"（即行为 P）之间做出选择，其中行为 P 意味着他试图对警察施以惩罚。相应地，警察也要在"无所作为"（即行为 S）和"采取防卫"（即行为 D）之间做出选择，以应对治安官的惩罚策略。假设这一结果以正常式博弈表示，称为"警察治安官"博弈，如博弈 4.2 所示。

博弈 4.2　警察治安官博弈

现在，我们可以设想这个完整的生活博弈，它既包括上述扫帚博弈，也包括第三阶段的博弈（可附加在扫帚博弈的每个终端节点上）。在第三阶段，参与者 3 和参与者 4 进行的是正常式警察治安官博弈（博弈 4.2）。总的说来，要描述整个博弈，我们必须获得扫帚博弈终端节点的收益，并加上博弈 4.2 中的收益。换言之，目前这个完整的生活博弈是一个四人、三阶段的博弈，其最终收益如上所述。

请注意，第三阶段的博弈有两个均衡，一个是"无所作为"的结果，该均衡下警察的收益为 4；另一个是"施以惩罚"的结果，该均衡下警察的收益为 1。根据这些结果的选择，在这个完整的三阶段经济博弈中，可构成不同的子博弈精炼均衡。如果颁布一部新法律，规定选择行为 B 将受到惩罚，那么确实可以导致警察惩罚任何选择行为 B 的人。因为如果警察不施以惩罚，那么在共同的预期下，参与者 4 就会在最后阶段采取行为 P，从而促使参与者 3（警察）选择行为 D，由此警察的收益将从 4 变为 1。因此，执法显然符合警察的利益。

当然，该博弈还有其他的子博弈精炼均衡，所以法律希望的均衡结果并不一定必然发生。但是正如前文所述，法律创造了一个焦点。只要这个焦点是一个均衡结果，法律就有可能被执行。

如果我们生活在一个法律具有显著性的社会，这就意味着人人预期守法的结果会发生，而且每个人都能预期到人们的这种预期，那么法律就会影响人们的行为。如果生活博弈只有一个均衡，那么法律就不会产生任何效果。因为不管法律怎么规定，社会都将走向那个得到了均衡支持的唯一结果。从本质上说，这就是法和经济学的焦点方法。

4.3 作为空谈和烧钱的法律

一旦我们把生活博弈或者经济博弈看作随着时间推移进行的互动过程，就为将焦点方法用于法律以创建更丰富、更复杂的模型开辟了新的路径。在本节中，我将探讨两种途径，它们并非焦点方法的新运用，只是博弈理论家创建概念的简单实践。

第一个引入的是博弈论中的"空谈"（cheap talk）概念，即在博弈的开始和进行中，人们能够交谈和发表看法，而这样做是无须成本的（参见 Crawford and Sobel，1982；Blume and Sobel，1995；Farrell and Rabin，1996；Ellingsen、Ostling and Wengstrom，2013）。乍一看，这种"无成本"的假设，应是无足轻重的。根据这种观点，颁布法律的行为就像一个或一群参与者在博弈中发表了公开声明，或是在纸上写下一些东西。显而易见，"空谈"与"法和经济学"有着天然的联系。[2]

第二个涉及所谓的"烧钱"（burning money）概念，它基于这样一种认识：制定一部法律对于参与这一进程的人而言，可能并非完全没有代价。至少，这需要人们付出时间和精力。如果到时候法

2　Mailath、Morris and Postlewaite（2017）用它来解释"权威"这个有趣的概念（也可参见 Zambrano，1999；R. Akerlof，2017）。

律并不能改变博弈的结果，正如焦点方法用于分析法律时指出的那样，那么这就像在"烧钱"（由此给烧钱的人造成了相当的损失）。幸运的是，已经有一些文献探讨了"烧钱能做什么"（Kohlberg and Mertens，1986；Van Damme，1989；Ben-Porath and Dekel，1992；Rubinstein，1991）。

对于上述两种途径，虽然在此我难以充分展开讨论，但显然它们都提出了分析法律对社会影响的方法，这是焦点方法的自然延伸。

首先考虑"空谈"的例子，如果制定法律确被视为是无成本的行为，那么有些人就会认为它是无关紧要的。然而，"空谈"也可以被视为一个信号，表明那些进行"空谈"的参与者（在此例子中即参与法律制定的人），在博弈的未来阶段打算做什么。[3] 换句话说，新法律的颁布，就是这个（或这群）参与者在博弈中未来要做的事情的免费公告。

"空谈"能够产生多大的效果，很大程度上取决于法律颁布之前的子博弈。如果原有的子博弈只有一个均衡，那么"空谈"就无能为力了。然而，如果存在几个均衡，法律就可以表明颁布法律的人打算做什么，以此影响其他人的行为。它与焦点方法之间存在着密切的联系。和以往类似，这里也是通过在原有的子博弈中颁布法律

3　在现有的情景下，我仍然坚持主流假设，即博弈过程中发生的对话或所说的言语仅仅是引导未来如何行动的信号，并不能改变博弈的收益。但有文献指出了这样的事实：对话和言语能够提高部分听众的预期，通过产生预期、负罪感和负罪厌恶感，就会对听众和说话者施加相应的压力（例如，参见 Charness and Dufwenberg，2006；Ellingsen、Johannesson、Tjotta and Torsvik，2010）。同样，言语也能制造承诺。实验表明，人们不喜欢违背自己的承诺，即使他们并不关心他人所做的承诺（Vanberg，2008）。因此，立法者的行为确实可能受到他亲自制定的法律的影响。在本书第 7 章中，我将讨论在运用法和经济学时应该如何考虑这些"行为因素"。

来创建焦点的。然而，在这个例子中，制定法律的人也被明确地视为博弈的参与者，从而使焦点更为显著。这就像你和朋友要在机场见面，却忘了决定在哪里会合，而你的朋友就举起了一个牌子，上面写着："我在这里等你。"这可能会比一个不出面的机场管理局贴出的标有"会合地点"的牌子，更加引人注目。

更复杂的情况是，博弈存在两个均衡结果，两位参与者都渴望从他们当前悲惨的困境中解脱并达致更好的均衡结果，然而这两个均衡结果对于参与者而言并非相同。相反，其中一个均衡结果可能对参与者 1 更为有利（比如参与者 1 的收益为 4，参与者 2 的收益为 3），另一个均衡结果则对参与者 2 更为有利（两人的收益正好反过来）。在这种情形下，参与者 1 说："让我们走向第一个均衡结果"，但这也许并不会生效。因为，可以预料参与者 1 必然会这样说，但参与者 2 基于自身的利益并不会认同这一说法，所以人们会质疑参与者 1 的言论能否真正产生影响。

但是，如果在所有较好的均衡结果中，各个参与者的处境都是相同的，那么此时一位参与者（即法律制定者）的宣言也许能够创建一个引人注目的焦点，因为他会宣称在未来的阶段自己将不带个人私利地采取行动。简而言之，此位法律制定者的可信度将受到考验。[4]

这里暗示着一个引人入胜的研究议程，即需要有一个模型，它

---

[4]　这与独裁者或仅仅是政府的可信度概念密切相关，它很大程度上取决于在一个集体中实际会发生什么（Myerson，2008；Schauer，2015，第 7 章）。在迈尔森的论述中，可信度不仅仅指向之前子博弈已存在的均衡，而且还是独裁者将自己与未来某种特定行为捆绑起来的工具，因为他背离承诺就会失去可信度。

不仅包括焦点的影响，甚至包括焦点的创建。换言之，最终我们可能不仅希望通过模型知道，机场张贴了会合点标志之后会发生什么；而且希望把张贴标志的人和张贴标志的决策过程也纳入模型。简而言之，法律产生的过程也很重要，如果过程合理，就会给予法律原本可能没有的正当性。

第二个模型认识到法律的制定确实有成本，它就像烧钱一样。虽然这个模型在某种程度上更容易处理，但最终带来了一个哲学难题。首先，让我假设对于从事法律制定这一活动的人来说，其代价是高昂的。然而在法律颁布之后，它可能就像纸上的墨迹，对随后的子博弈并没有任何实质性影响。如果法律颁布后，人们的所作所为与没有法律时一样，并得到同样的收益，换言之，法律没有改变博弈，那么类似于烧钱一样的法律颁布，又如何能改变博弈的结果呢？答案是必须向其他参与者发出关于未来的信号。

这在博弈论中被称为"前向归纳法"，前向归纳法的作用通常以"性别之战"的例子来说明（参见 Osborne and Rubinstein，1994，第 6 章；Battigalli and Siniscalchi，2002；Govindan and Wilson，2009）。让我用第 3 章的"囚徒困境生活博弈 I"替代上述例子，来阐明这一点。

假设在上述博弈进行之前，参与者 1 可以选择颁布一部法律，规定公民应选择行为 A、警察（参与者 3）应选择行为 R。事实上在前向归纳法中，法律说了什么并不重要。重要的是，对参与者 1 来说，制定法律的代价高昂。在此假设参与者 1 是立法者，他为制定法律付出的成本是 1。在这一设定下，存在一个两阶段博弈。第一阶段：参与者 1 选择"颁布法律"（烧钱）或者"无所作为"；然后在第二阶段，其他参与者继续进行囚徒困境生活博弈 I。

　　在这个博弈中，颁布法律的人也是博弈的一部分，这一完整的博弈被称为"有法律颁布的经济博弈"，参见博弈 4.3。

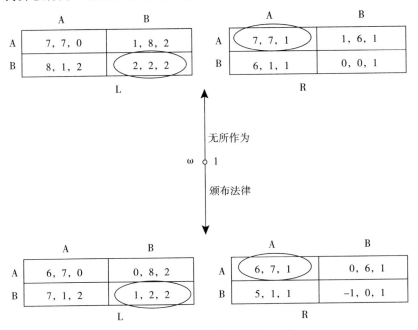

博弈 4.3　有法律颁布的经济博弈

　　博弈从节点 ω 开始，参与者 1 可选择"无所作为"或"颁布法律"，对参与者 1 而言，后者的成本是 1。一旦做出这个初始选择，参与者 1、参与者 2 和参与者 3 就会继续进行囚徒困境生活博弈 I。"颁布法律"后进行的囚徒困境生活博弈，与"无所作为"后进行的博弈之间的唯一区别是，参与者 1 的收益将减少 1，这是他不得不承担的立法成本——烧钱。因此，如果没有颁布法律，三位参与者的行为（A，A，L）将带来收益（7，7，0）。而如果颁布法律，三者同样的行为将带来的收益是（6，7，0）。

这个博弈将如何进行？要回答这个问题，注意到如果参与者1选择"颁布法律"（烧钱），那一定是他预期到，这样做得到的最终博弈结果将会是（A，A，R），而非（B，B，L）。烧钱（颁布法律）的行为是值得的，因为它向其他参与者发出了一个信号，参与者1现在预期博弈结果将走向（A，A，R）。因此，法律有助于将经济拉入对公民更好的纳什均衡结果。在这个例子中，法律是非常有效的。法律的作用纯粹只是发出一个信号，表明颁布法律的人会做什么，并预期其他人会做什么，这成为驱动每个人行为的强大力量。

简而言之，这是个关于信号的故事。只想在生活中取得成功又对理论缺乏耐心的务实者，可能会止步于此。这也是功利的人在生活中表现得如此糟糕和令人失望的原因。许多有趣的哲学问题是由前向归纳法产生的，即使我们无法解决这些问题，也有必要认识到，在我们的现实生活和工作中需要保持适度的怀疑精神。

基于上述推理，很快就会出现一个令人困扰的问题：如果烧钱可以让参与者达到他想要的均衡，那么为什么还需要烧钱呢？因为他即使不烧钱，但他能够这么做的事实，也足以向其他人发出信号，表明他想达到怎样的结果，从而适当地影响其他人的行为。换句话说，不烧钱也可以自动将经济导向均衡状态，在这种情况下，本来需要烧钱的参与者境遇将会改善。因此，并无必要颁布法律，仅仅是某位参与者能够颁布法律这一事实，就足以影响其他人的行为。

理性也会产生类似的问题。在一些博弈中，理性成为共同知识反而是不利的，因为参与者以理性的方式进行推理，可能会导致一种次优结果，第2章中描述的旅行者困境博弈就是这样的例子。它提出了以下的问题：如果其中一位参与者在进行旅行者困境博弈之前，举止明显地烧了一张美元钞票，然后坐下来参与博弈，如此反常的举止却有助于旅行者困境博弈达到更好的结果。因为这样的表现，即无缘无故地烧钱，是非理性的明显信号。而一旦知道这位参与者是非理性的，那么将我们带到次优结果（2，2）的推理逻辑就无法成立了。另一位参与者而后可能倾向于选择一个数值更高的数字，这也是第一位参与者会选一个更高数值的原因，这样双方的收益都会改善。[5]

这引发了一个相当深刻的问题。如果你可以通过表现得非理性来获得更好的收益，那么表现出这样的非理性，就是理性的。但在这种情况下，当一个人的行为不理性时，其实所有人都应该清楚，他这样做的目的是为了获得一些好处。因此，表现出非理性是一种理性行为这一现象相当令人困惑。它成为博弈论中一些悖论的核心问题，这意味着在某些复杂的情况下，"理性是共同知识"的假设可能并没有意义（Basu，1990；Reny，1992；Dufwenberg and Essen，2017）。

我们将以一个相当开放但不无困扰的方式结束本节，不过我已经提醒过读者。唯一的安慰来自这样一个事实：即使在数学中，正如我已经指出的，对于一些基本假设仍有一些开放式的争议，而且确实引起了一些令人困扰的悖论。尽管如此，我们依旧在使用数学并从中获得了巨大的好处。正是本着这种精神，我们必须继续开展

5　在产业组织理论中有许多这样的例子，人们由于表现得非理性而获得收益（参见Basu，1993）。类似地，在国际关系中人们也认识到，有时领导人表现得疯狂是值得的。但遗憾的是，对一些领导人来说，他们不仅仅是表面上疯狂。

对经济学、博弈论和法律分析的研究，继续利用我们的发现和研究成果，同时"竖起天线"，对潜藏于其下的哲学难题保持警觉，并努力解决它们。最后，即使科学实践，事实上也部分依赖于我们对玄学的癖好。

4.4 生活和复活

上文的讨论让我们转向另一个哲学问题，这个问题出现在博弈论经济学的所有实际应用中，也隐含在法和经济学中。但在大多数情况下，我们对这个问题采取了视而不见的处理方法。这一问题与生活博弈的含义有关，正如我们已经看到的，生活博弈是一种包括所有参与者在内的博弈，人们可在其中做任何大自然允许的事情。用梅拉斯等人（Mailath、Morris and Postlewaite，2017，第33页）的话说，"在任何可想象的情况下，他可以采取的所有可能行为"。[6] 就像宾默尔（Binmore，1995，第134页）指出的，约束生活博弈的是"自然法则而不是社会规则，对自然法则我们别无选择，只能遵守它；对社会规则我们通常可选择遵守，也可不遵守"。

当我们想研究制度的形成，例如社会规范、习俗和法律，或是治理实践，似乎很自然地会从生活博弈开始，然后试图理解我们所看到的是如何形成的（Binmore，1995）。这是梅拉斯等人（2017）采用的方法，也正是我在上面所做的。[7]

6　在此我引用了2001年工作论文的原始版本。

7　此外，这也适用于 Ali and Liu（2017），因为他们也清楚地认识到所有法律最终都是由其他参与者执行的。

生活博弈的麻烦问题是：它究竟是不是一个定义明确的博弈？为了能够进行严格分析，并使用正式的均衡概念，例如纳什均衡或子博弈精炼均衡，我们需要一个定义明确的博弈。即使在生活博弈中，参与者的集合也可以通过包括所有人而被恰当地定义，但对于"人们可以毫无限制地选择任何行为"的论断，仍然存在一些重要的疑问。麻烦源于这不仅是一种模糊不清的说法，而且会导致我们陷入悖论和不可能之中。

在转向悖论问题之前，对于把"物理法则或自然法则允许的所有行为"当作参与者可行的行为集的一部分是否恰当，可简单说明如下：当我们购买商品时，会计算想要购买商品的总价，在头脑中比较不同价格的不同商品；但（绝大多数人）绝不会计算偷走另一个人所买物品或者钱包的成本和收益，我们的思维甚至不会想起这个，尽管从物理法则上看，这是可行的。而且，我们不偷走他人的钱包，也不是因为最优化的策略使我们拒绝该选项，而是我们根本没有将它考虑在选项中。[8] 此外，类似的说法不仅适用于人类，也适用于动物。在对待马匹时，你会被告知不要站在它们的后面，因为它们会踢人，但靠近它们的嘴却没关系，因为它们通常不会咬人。这并不是说马不能咬人，而只是它们不想咬人，即使它们想要攻击你，也不会用嘴。这类例子，即那些在物理上可行但甚至不被考虑的行为，在刻画生活博弈中可行的行为集时，就会带来现实问题。[9]

8　关于这点的进一步讨论，请参见 Basu（1983，2011a）和 Myerson（2004）。

9　它也表明，行为经济学模型和依照现实构建的新古典模型之间的区别可能不像人们通常认为的那么明显，因为我们在新古典模型中描述的可行集（feasible set）通常会受到内在道德的约束。

因为在这种意义上，"什么可行"和"什么不可行"都带有模糊性，需要做出判断。解决这个问题的唯一方法是做出一些简单粗暴的假设。

一个把我们直接引入悖论的更大问题，源于这样的说法：生活博弈中的每位参与者被允许采取任何可能的行为，这是一个类似于困扰早期集合论的问题。早期集合论使用了全集的概念，即包括所有可能事物的集合，并以此作为起点。在这一假设基础上的操作，导致了一些著名的悖论，如"罗素悖论"。由于全集的存在被视为是自然的，所以超出了可检验的范围。逻辑学家花了一段时间才意识到，罗素悖论源于"存在一个包括所有事物的集合"这一隐含假设。[10]

让我们继续对生活博弈的讨论，进而延伸到对法和经济学的概念化。[11] 我们不能仅仅断言参与者可以做"任何事情"，因为根本就不存在"任何事情"这样的事情。因此，我们必须明确定义每个参与者可行的行为集，而非简单地摆手声称参与者可以做任何事情。但这也意味着，我们常常可以考虑那些因超出指定的可行集而不被允许的行为。

在构建法和经济学的博弈论模型时，解决这一问题的方法是

---

10 罗素悖论很容易理解。在"包括所有事物"的集合中，定义一个子集 X，它由不是自身元素的所有集合组成。现在，X 是自身的一个元素吗？如果是，那么它就不是自身的一个元素；如果它不是它自身的元素，那么根据定义，它就是自身的元素。根据我们掌握的知识，这在逻辑上是不可能的。上述矛盾源于"存在一个包括所有事物的集合"这一假设。因此，罗素悖论表明不可能存在一个"包括所有事物"的集合。

11 在法学理论中，对这类悖论的论述似乎很少，例外的情况参见 Hockett（1967）和 Jain（1995）。

现代集合论。我们必须首先指定所有参与者，对参与者来说所有可行的策略（和相应的收益函数），从而构成生活博弈。这意味着在博弈过程中，你不能突然复活（resurrect）一个原先在场边休眠（dormant）的新参与者（如警察或法官）；你也不能临时改变博弈规则，增减参与者的行为策略集，正如新古典法和经济学中曾经规定的那样。[12] 我称之为"复活法则"。简而言之，当我们在描述一场生活博弈时，我们并非断言，除了一开始指定的可行策略集，没有其他可能的策略；而只是简单地规定，没有新的策略会在博弈过程中生成或消失；也没有会复活的休眠参与者。

就本书提出的法和经济学焦点方法而言，上述问题对我们并没有确切的影响。因为我们一开始已明确定义了所要进行的实际博弈，而不是随意地引用生活博弈或经济博弈的概念。例如，在上文所述的囚徒困境生活博弈的不同版本中，整个博弈从一开始就被设定好了，博弈本身、博弈规则、参与者是谁以及他们能做什么，都没有任何模糊之处。然后，我们称之为生活博弈。一旦这个博弈被设定，我们保证不会从外部引入新的元素——新的参与者或者新的行为。换句话说，博弈满足"复活规则"。虽然这并不能解决悖论，但可以让我们绕过悖论。

令人安慰的是，法和经济学以及可能所有学科的表述，都

12　我在这里提出的观点，接近于 Binmore（1995，第 135 页）的建议："我们的经验知识和理论工具，都不足以让我们阐明和分析我们想要研究的'参与者进行的基本生活博弈'。如果想深入了解制度的运作，我们别无选择，只能发明关于生活博弈的可驾驭模型，而我们十分清楚这些模型是对现实情况的极端简化。"我的观点与上述论断唯一可能的不同是：我认为我们应该这样做，不是出于可行性的原因，而是如果不这么做，我们就会陷入哲学悖论的困境。

存在与其基础相关的开放式问题，并由此造成了困扰。事实上，我认为全集带来的问题，在某种意义上也是生活博弈的问题，不仅在建模中是难以避免的，在日常生活中也是难以避免的。

假设有人请你吃饭，主人在晚餐前一天问你，有什么东西你不吃。你说："只是不吃螃蟹。"结果在第二天吃晚餐时，你发现盘子里有两块木头，并听到主人说："好好享用吧。"如果你抗议说你不吃木头，主人可能会反驳，你前一天没有给出确切的答案。这个问题源于在你们的谈话背景中，存在未指定的全集。当你被问及不吃什么时，事实上有一个你必须从中选择的隐含集合。有时我们遇到这样的问题，就是由全集的模糊性引起的，因为不同的人在各自的头脑中有不同的全集。这类矛盾的出现，并不一定意味着某些人的思考或言语非常草率，而仅仅表明我们头脑中暗含的全集是不同的。我认为这是一个无法解决的问题，它也是某些跨文化冲突和误解的根源。这里的唯一希望是，这种元认识（meta realization），即我们之间的一些冲突是基于不可避免的哲学问题，可以使我们对彼此更加宽容，从而有助于避免更糟糕的后果。

回到法和经济学，要解决上述问题，意味着永远不会有终极模型，因为我们总可以把越来越多的维度和复杂性纳入其中。由于我用经济学中的一般均衡模型类比本书试图为法和经济学所做的工作，所以需要指出的是，同样的问题也存在于一般均衡模型中。并不存在终极的一般均衡模型，当一般均衡模型的构建已经包括了所有的商品和服务后，我们可以更进一步，把制度、政治和社会以及社会规范的内生形成等因素，再纳入模型。

在第3章中，法和经济学的焦点方法将所有执法人员（即我所称的国家工作人员）都作为博弈的一部分，但并没有将起草和颁布法律的行为纳入博弈，因此对于谁制定和颁布法律，留下了模糊之处。在本章中，我们稍稍拓展了范围，将立法者也作为一位参与者引入博弈，他将发出自己想要做什么的信号。但也可以更进一步，让会颁布哪部法律也由博弈内生决定。一般均衡经济学的范围是可以无限拓展的，法和经济学的焦点方法同样如此。因此，新方法应该被视为更好地理解社会和经济的起点而非终点。

第5章 社会规范与法律

5.1 规范、法律和信念

本章有两个目的。首先，前几章的分析把我们带到了一个重要问题的边缘。任何通过法律达致的社会结果，也可以在没有法律的情况下，由人们模仿此前法律规定的行为得以实现，因为这些行为一旦被所有人接受，就会变成自我实施的，那么区分法律和规范还有意义吗？本章第一个目的是对此给出肯定的回答。我将表明，尽管"社会规范要求的行为"和"法律要求的行为"在基本层面上是相同的，但某种意义上我们仍可以区分两者，我将通过一组实例来得出这一结论。其次，这些例子也服务于本章的第二个目的。到目前为止，许多分析使用的都是相当抽象的术语。但我力图向读者表明，这些概念也适用于我们现实生活中的许多问题。多重均衡、焦点和自我实施的行为是理解真实世界重要现象的有用要素。接下来的三节将分析如何区分社会规范和法律，我将举三个例子加以说明。

这里的大部分讨论将基于"社会规范"的概念，它通常也被称为"均衡筛选规范"。"均衡筛选"这一形容词的使用，是提醒读者还有其他类型的社会规范，它们将超越具有外生偏好的传统理性行为人假设。这些其他类型的社会规范的概念化，依赖于行为经济学的思想，即允许存在社会耻辱、道德、嫉妒和其他情感，而传统经济学教科书中理性假设下的人类，则没有上述情感。目前，我们指的所有规范都是"均衡筛选规范"，它也最符合经济学家的标准范式。稍后，我们将有机会质疑这个范式，尤其是在第 7 章中。

"均衡筛选规范"本质上是习俗和社会规范，是人们协调行为的手段，它用以放大特定的均衡，使人们知道其他人也会做同样的事情。因为在有多个均衡的情况下，哪一个均衡是其他人的优先选项，并不是显而易见的。[1]最简单的例子是应该在路的哪一侧行驶，有的乡村并没有这样的法律。印度的农村地区和村庄就是如此，在这些地方没有人执行任何交通法规。

在这种情况下有两个均衡，[2]即每个人都在左侧行驶，或者每个人都在右侧行驶。一旦两个均衡中的一个被定下来，那么任何人单方面偏离它，都没有好处。然而，这无助于决定两个均衡中的哪一个会发生，这就是社会规范的用处，规范可以起到创建焦点的作用。一旦规范建立（无论它来自何方），每个人就知道社会选择了哪个均

1　现有的文献非常丰富。例如参见 Akerlof（1976）、Granovetter and Soong（1983）、Platteau（1994）、Schlicht（1998）、Basu（2000）、Cooter（2000）、Posner（2000）、Benabou and Tirole（2006）以及 Fisman and Miguel（2007）。理解规范如何溢出和传播的有趣例子，参见 Funcke（2016）。我（1998）曾尝试对不同类型的规范进行分类。从法律理论的角度，对规范如何使群体陷入低效率结果进行的早期分析，参见 Posner（1996）。在实验室中创建社会规范并研究它们对非法行为（例如贿赂）的影响的最近研究，参见 Abbink、Freidin、Gangadharan and Moro（2016）。

2　我假设人们使用纯策略，每个人都选择一直在左侧或右侧行驶。

衡，根据均衡的定义，遵守均衡也符合每个人的利益。在印度的乡村，并没有规定哪一侧可以驾驶或通行牛车的有效法律，但人们确实会选择左侧。这是一个习俗，类似焦点一样发挥作用。不难看出这种乡村驾驶习惯来自哪里，它是在城市中执行的左侧行驶的全国性法律溢出到农村地区后成为习俗。对于那些第一次计划去印度旅行的人，我可能忍不住要提醒他们，不要太把法律的字面意思当真。请注意，当你在左侧行驶的时候，可能会有一辆离群的车径直朝你冲来。

根据前两章介绍的法和经济学的焦点方法，法律的作用归根到底，只不过是创建了一个焦点。因此在某种程度上，法律和社会规范似乎也没有什么区别。有些经济学家和法学家强调了焦点和相关概念在执法中的作用，[3] 因此这个问题也出现在他们的讨论中。麦克亚当斯在其最近的著作（2015，第 22 页）中论述道："因为法律充斥着各种要求，我们很容易忽视它的暗示性影响（suggestive in-fluence）……一些最早和非正式的博弈理论表明，如果个人与其他人共享协调其行为产生的收益，他们就会倾向于采取共同发现的具有显著性的行为，即焦点。在这种情况下，我认为法律是通过使特定结果变得显著来协调人们的行为的。"与桑斯坦（1996b）最早提出的概念相呼应，麦克亚当斯指出一些规范可能是由"规范倡导者"策划的，他和立法者一样，通过凸显焦点，引导社会达成特定的行为结果。

埃里克·波斯纳（Eric Posner，2000）的书中也明确提供了一

---

3 参见 Sugden（1995）、McAdams（2000）、Myerson（2004）、Hadfield and Weingast（2014）、Hadfield（2016）。

个关于法和经济学的博弈论方法，表明了法律和社会规范的相似之处："在没有法律和基本政府的世界中，某些秩序仍会存在……这些秩序表现为对社会规范的日常遵守，以及对违反社会规范的人施以集体惩罚，包括对离经叛道者的污名化和对无可救药者的驱逐。"（Posner，2000，第 3 页）

然而我必须指出，法学家的方法与本书主张的焦点方法，尽管都植根于博弈论，在使用焦点概念方面却存在一些关键的区别。为了让读者对问题有一个预先了解，需要指出我的方法和法学家的方法之间有何区别，这一区别体现在对限定词"在这种情况下"的使用上。在前述引用麦克亚当斯的论述中，他明确使用了上述限定词。而从本书所用方法的角度来看，这一限定词（即"在这种情况下"）是不必要的，因为法律除了通过创建焦点以实现协调外，别无他用，这是无条件成立的。

先详细阐述上述社会规范、焦点和多重均衡的概念是有益的。因为它们涉及第 4 章讨论的关于法律和焦点的有趣想法；也使我能够阐明如何将前几章构建的一些抽象概念应用于现实生活的具体问题。我将讨论三个例子：分别关于守时、歧视和劳动力市场实践。

5.2　社会规范与多重均衡：守时

社会规范在决定社会行为方面起着重要作用，但这在主流经济学中很少受到关注，至少在博弈论出现之前是这样。这并不难理解，为了便于进行逻辑严密、形式简洁的分析，经济学建立在个人试图最大化自身效用的假设之上，人们据此对所能获得的苹果、橘子、枪支和黄油等一系列物品做出选择。基于这一假设的经济学分析，可以解释我们经济生活中发生的大量现象。这是一项激动人心的研究成果，是大量智慧的结晶。但许多主流经济学家所犯的错误在于，为了便于分析他们就把其他人类情感抛在一边，而忘记了这些情感在现实中的存在。

在人类学著作中，展现社会规范力量的例子反复出现。即使缺乏任何正式法律和国家机器的支持，一些原始社会也取得了令人惊讶的组织水平。[4]幸运的是，随着博弈论成为经济学方法论的一部分，有可能在不失严谨的前提下分析一些与规范有关的更广泛问题。例如，由于多重均衡的普遍性日益明显（参见 Hoff and Stiglitz，2001；Samuelson，2016），人们自然而然地提出了社会如何应对多重均衡的问题。我们必须为惯例和规范留出空间。

让我以守时为例说明这些模型是如何运作的。人们在时间上成功地协调一致，对现代经济生活至关重要。[5]但是，当我和乔根·威布尔开始进行相关的研究时（Basu and Weibull，2003），我们很快发现，虽然社会学家和社会心理学家已广泛研究了这一议题，但经济学家很少分析它。这些社会科学的文章利用一些数据和可得的人类

4　其中最著名的是 Gluckman（1955）的著作。印度的种姓制度就是一个很好的例子，这一习俗韧性十足、执行良好（Deshpande，2011）。关于宗系结构如何促进乡村生活的组织的讨论，参见 He、Pan and Sarangi（2017）。Malinowski（1921）在其为数不多的发表在经济学杂志上的一篇文章中，对非正式法律进行了有趣的讨论。Akerlof（1976）关于印度种姓制度模型的文章也属于这种类型的著作，对我而言，它是促使我从事政治经济学研究的一个重要原因（Basu，1986，2000），也参见 Zambrano（1999）。社会规范的存在并不否定一些看似非正式的社会现象可能是由国家行动和法律造成的事实，Rothstein（2017）对种族隔离的研究就是一个显著的例子。
5　关于建立全球时间标准的一篇有趣文章，参见 Barrett（2007，第 6 章）。

学已有研究成果，表明不同社会、民族甚至性别之间，在守时习惯上存在着巨大和系统性的差异。例如有文章指出巴西居民就不如美国居民守时（Levine、West and Reis，1980）。一项针对 1928—1929 年印第安纳州拉什维尔市学生出勤记录的研究显示，男孩比女孩更经常迟到；而如果一旦迟到，女孩则会比男孩到得更晚，等等。这些研究还经常发现，在人们不太守时的社会中，手表和时钟显示的时间也更不一致。[6] 例如，莱文、韦斯特和瑞斯（Levine、West and Reis，1980）考察了巴西和美国钟表的状况，并猜测巴西人比美国人更不守时的原因是"巴西的公共时钟和个人手表的准确性都不如美国"。有人可能会质疑这一因果关系，但两者的相关性确实相当显著。

在从事此项研究时，我很好奇印度手表的时间是否像巴西的一样很不一致。但我为找不到相关的数据而沮丧。然而在研究期间，我去了一趟印度，在德里时有一个男人大步走到我跟前，用一句我已经忘了的印度常用语问我："打扰一下，先生，能用你的手表告诉我时间吗？"那一刻我意识到，其实我并不需要数据，因为我已经发现了人类学的证据。"用你的手表"已经渗透到了人们的日常用语中。这一事实表明，印度的时间跟巴西类似，取决于大家的手表而难以准确一致。

尽管历史、气候和许多其他因素都可能造成不同社会在守时方面的差异，但我们得出了一个有趣的结论，守时某种程度上也是一种均衡筛选规范。不守时的社会仅仅是因为它陷入了不守时的均衡

6　当然，这不是指我们的手表和手持设备的时间经常统一调整的数字时代。

之中，在守时上表现出不同行为的两个社会之间，其实并不需要有根本性的区别。虽然还没有对模型的全部细节进行深入讨论，但我们仍可以比较清楚地得出上述基本结论，这也是均衡筛选规范通过创建焦点发挥作用的一个很好的例子。

守时是一种单独行动并无多大用处的行为。如果一个需要达到法定人数的会议要开始，你自己准备投入多少努力以做到守时，取决于对别人守时程度的预期。在一个以"迟到"著称的社会里，你单方面的守时努力是不值得的，因为你无法一个人开会。同样，你要和某人打网球或者和学校的朋友一起做作业，也是类似的情形。因此，守时和迟到本质上是一种社会规范。即使两个非常相似的社会，在守时上也可以有相当不同的表现。

守时行为很容易用一个简单的模型加以形式化。假设有两个人打算在上午8点见面。对他们来说，守时意味着在"8点或之前出现"。不守时则意味着在"8点或之前出现"的概率为 p（<1），而迟到（例如8：30出现）的概率就是 $1-p$。如果会议按时开始（而不是延迟了半小时），每个参与者可获得 B 单位的收益。然而，做到守时对参与者而言是有成本的。你可能不得不乘坐更早的火车，或者提前停止阅读犯罪惊悚小说，以确保能在早上8点前到达。简单地说，守时将导致每个人付出代价 C（>0）。

显而易见，现在两个人都被锁定在下面的博弈中。想象你可以在行之间选择，而对方在列中选择。每个人都可以选择"守时"（P）或者"不守时"（U）。因为这个博弈是对称的，所以只需显示你的收益（博弈5.1）。

106

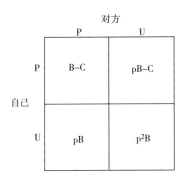

博弈 5.1　守时博弈

如果两人都明确选择 P，会议将准时开始。你会得到 B，但由于守时付出的努力，所以 B 将减去 C，这就是收益矩阵左上角方格中的"B-C"。如果你们两人中的一个是守时的，那么会议按时开始的概率是 p，而如果你是不守时的那一位，则无需支付守时成本 C；如果你是守时的那一位，则需支付成本 C。这就是回报矩阵中的"pB"和"pB-C"。如果两人都不守时，每个人获得的收益则是 p^2B，我把这一结论留给读者验证。

由于 p 小于 1，因此完全有可能满足以下条件：

$$B（1-p）> C > pB（1-p） \tag{1}$$

如果（1）式成立，那么显然可得：

$$B - C > pB \tag{2}$$

和

$$p^2B > pB - C \tag{3}$$

107

现在，不等式（2）意味着如果对方守时，那你最好守时；不等式（3）则意味着如果对方迟到，那你最好也迟到。换言之，这个博弈有两个纳什均衡：两个参会者都守时，或者两个都不守时（迟到）。

这正是社会规范的作用。如果身处一个守时的社会，你有理由期待参会者会准时出现。因此，你也会选择守时（P）。类似地，在一个以迟到为常态的社会里，你就会选择不守时（U）。社会规范只不过是一种惯例，帮助你猜测其他人可能会做什么。守时并不一定是人们固有的特性或遗传倾向，它只是对社会环境的一种反应。[7]

与上述模型相关的一个最引人注目的例子来自近代历史。以下是一名欧洲游客在 20 世纪初访问某国时留下的描述该国严重不守时习惯的报告（在引用中我故意暂时隐去该国的名称）：

> 在他出版的回忆录中，卡特德克，一位访问了该国的荷兰人，引用了一系列事件说明这个国家令人困扰的迟到现象。例如，他特别要求在涨潮时运来维修必需的物品，却没有按时送到；一名工人只出现了一次，就再也没有回来……事实上，卡

7　记得在 20 世纪 80 年代末，我在普林斯顿拜会著名经济学家、诺贝尔奖得主阿瑟·刘易斯。为了不让他久等，我及时赶到了他的办公室外。他身体状况欠佳，妻子一直陪着他，她打开门让我进去。我清楚地记得刘易斯的第一句话："你们印度人太准时了。"这让我一时有些不知所措，因为我来自的国家一向以对待时间随随便便著称。我不禁怀疑，是否因为他年纪大了，把印度人和日本人搞混了？我马上意识到他说的是在美国的印度人，他们通常在硅谷、医院和大学工作。事实上，这些印度人摆脱了过去的习惯，为适应周围环境而变得守时，正如上述博弈预期的那样。即使印度，我在近三年（2009—2012）的政府工作期间也能感觉到，至少在新德里，守时的状况正在迅速改善。导致这一现象的原因很难说，但与 10 年前或 20 年前人们熟悉的情况相比，政府部门的守时程度明显提高了。这部分归因于 Sunstein（1996b）所说的"规范倡导者"，一些高层领导往往可以通过自己的行为树立榜样，从而推动这样的变化。

> 特德克的挫折感是这个国家的大多数外国工程师共有的……
> 他们经常发现自己为当地人的工作习惯而烦恼，主要原因是当
> 地人明显缺乏时间观念。对这些外国人来说，显然当地人并不
> 按照时钟开展工作。（Hashimoto，2008，第 124 页）

上面描述的不守时国家正是日本，目前日本可说是世界最守时的社会。有人甚至可能会说：日本现在过于守时了，每个人为了避免迟到带来的耻辱付出了过多的个人成本。因此，令人惊讶的是卡特德克在 1857—1858 年访问长崎时，情况并非如此。上述对日本的描述清楚地表明，一个半世纪前日本的守时状况与今天最拖沓的国家之间没有什么区别；它还表明，守时的习惯并不是日本人基因中先天固有的，而是一种后天习得的社会规范。一旦形成了这种规范，对于今天的日本人来说，遵守规范就是合理的。[8]

5.3　作为焦点的歧视

群体歧视是一种古老的现象，经济学家对此的分析同样也有着悠久的历史。贝克尔（1971）的研究十分重要，他指出人们会有一个群体要胜过另一个群体的固有偏好，并且这种偏好具有显著的作用。随着信息经济学的兴起，对群体歧视现象给出了一些新的解

8　James Surowiecki（2004）在其文章"守时的回报"中写到，厄瓜多尔试图转变"厄瓜多尔时间"，在 2003 年 10 月 1 日那天一夜之间转变成一个守时的国家。这一想法非常符合我们的模型，即守时是一种集体特征，如果每个人都共同努力做出改变，那么守时就是值得的。然而，这样完全彻底的改变并不容易。十多年过去了，厄瓜多尔很大程度上仍停留在"厄瓜多尔时间"。

释，它们并不是基于固有偏好的概念，而是一种信号传递上的歧视和统计性歧视（Becker, 1957; Phelps, 1972; Arrow, 1973, 1998; Stiglitz, 1973, 1974）。"统计性歧视"是一个强有力的概念，它可以解释许多事实，但同时也可能造成道德上的麻烦。因为它会根据个人所属群体的统计数据的性质，对每个人做出判断。群体歧视也是一个法学家非常感兴趣的议题（Cooter, 1994; McAdams, 1995）。[9]

利用焦点和规范的概念，可以发展出一种理解群体歧视的有趣新方法。我将要勾画的模型基于我 2017 年的文章，它展示了均衡筛选规范的各种不同表现。在模型中，一些表现会以相当微妙的方式发生，以至于我们通常意识不到它们。而"群体歧视"这个特殊的议题对于理解当今世界以及我们面临的某些冲突和麻烦极为重要。[10]

在不同的社会和各个历史时期，都发生过针对特定群体的歧视。[11] 印度的种姓制度，因其大量不容异己、排挤大部分群体的做法，已成为一个臭名昭著的例子；类似的还有南非的种族隔离历史，

9　在法和经济学中，有关群体歧视问题的一个很好总结可参见 Posner（2000，第 8 章）。

10　这是经济学家最近感兴趣的关于"群体身份"这一更大研究主题的文献的一部分（Kuran, 1998; Varshney, 2002; Genicot and Ray, 2003; Basu, 2005; Sen, 2006; Esteban and Ray, 2008; Akerlof and Kranton, 2010; Morita and Servatka, 2013; Mukherjee, 2015; Landa, 2016; Ray and Esteban, 2017）。身份具有相当的黏性，已经去世的一代甚至几代人都可能对新成员的身份造成影响（Tirole, 1996）。

11　在一个社会中，群体歧视的程度取决于我们如何衡量，这提出了横跨统计和伦理的问题，参见 Subramanian（2011）的综合讨论。该篇论文的有趣之处在于认识到歧视尚有一些可取之处，它与外部性有关。这并不表示我们必须容忍歧视，但它确实意味着我们应该意识到，在对待歧视方面我们面临着一些关键的权衡取舍。

以及美国的种族歧视和奴隶制。[12] 从分析者的角度看，更麻烦的问题是规范和法律经常交织在一起，例如在南非的种族隔离和美国的奴隶制中，一些令人发指的做法得到了法律的明确支持。在其他场合，比如印度的种姓制度，虽然没有法律支持，但与之相关的社会准则却结构完备、行之有效，令人怀疑我们能否在法律和习俗之间做出有意义的区分。

与此相对，我们经常看到某些群体受益于对他们有利的歧视。例如在漫长的历史长河中，甚至在如今的大多数社会中，男性就是这样的群体。类似地，在殖民时期的美国或印度，如果你可以选择自己的肤色，我会强烈推荐白色。这些歧视性偏好从何而来？虽然，它们实际上可以有许多来源，但我在此要向读者提出一个令人相当困扰的解释，即歧视并非与生俱来，[13] 而纯粹是自由市场和经济力量的产物。这种说法马上警示我们，即使歧视不是由法律引起的，我们也可能需要法律和对市场的干预来消除歧视。

---

12 重要的是要认识到社会历史塑造了个体的性格。正如 Durlauf（2001）指出的，人们可以看到瘟疫对随后雅典人 "性格" 的影响。在传统经济学中，每个人的选择是基于市场上的互动形成的。但要更广泛地理解人类行为，包括群体身份的形成，了解社会互动对个体选择的影响很重要。理论上，基于社会互动的模型可以用来模拟群体而不是单个个体的行为（Blume and Durlauf，2003）。

13 Tom Stoppard 在 *The Real Thing*（1982，第 57—58 页）中很好地描述了这种 "并非与生俱来" 的可能：

比利：你赞成等级制度吗？

安妮：你是说在火车上？还是指一般情况下？

比利：一般情况下。

安妮：并没有这样的制度，当人们有共同之处时，他们就会聚集在一起。有时是因为宗教，有时是因为……在伊顿公学上过学……其实并没有这样的制度——只不过是你看待它的方式，一种你的感受而已。

比利：太精彩了。有些人一生都在努力摆脱等级制度，而你没有离开座位就做到了。

要理解这一点，可以参看伯特兰和穆莱纳坦（Bertrand and Mullainathan，2004）的重要研究，该研究表明了劳动力市场存在的种族偏见。[14] 当我们看到歧视时，总是想到这样的问题：这种偏见究竟是天生的，还是被制造出来的幻念，这种幻念与种族、性别或种姓相关。例如，如果雇主雇用的白人多于黑人，难道这真的是对白人的一种偏爱吗？或者这仅仅反映了雇主需要拥有博士学位的职员，而白人求职者拥有博士学位的可能性更大？伯特兰和穆莱纳坦试图对此做出回答，他们设置控制条件的办法，是向芝加哥和波士顿报纸上刊登的招聘广告发送带有虚假简历的求职申请。

他们的实验显示，在控制了所有其他因素的条件下，白人名字的求职者比黑人名字的求职者更有可能获得面试机会。此外还有一些引人注目的结论，例如一个毫无工作经验的典型白人名字的面试机会相当于一个有 8 年工作经验的典型黑人名字。简而言之，他们的实验达到了著名的"其他情况均相同"的假设条件，这是传统经济学家经常谈论但很少能做到的，研究的结果令人震惊。

我在 2017 年的研究，对那种认为种族偏见是天生而必然会表现出来的观点，提出了质疑。种族偏见可能是与生俱来的，但也可能不是。如果是后者，那么种族偏见会以一种令人不安的方式呈现，即歧视是基于自由市场自然发生的，它来自我们的信念，由此成了一个焦点。让我解释如下。

对于生活中的大多数任务，要有效地执行它们，通常还需要成功地完成其他的配套工作。如果你在一家公司的销售部门，为了促

---

14 另见 Thorat and Newman（2007），Reuben、Sapienza and Zingales（2014），Thorat、Banerjee、Mishra and Rizvi（2015）。

进销售，就需要能够与买方单位和送货的服务部门成功地互动，如果买家和送货部门都对你不理不睬，你就难以有效地开展工作。当然，对于买方单位而言，问题也是类似的。当他们联系你的时候，如果知道销售和送货部门信任你，那么他们就会相信能从你那里得到更好的服务。对于送货部门来说，亦是如此，他们必须衡量你在销售部门和买方单位的成功程度。这就是名字本身能具有意义的地方，它超越了纯粹的种族偏好。如果你觉得艾米丽——一个普通的白人名字——更有可能高效地完成任务，你会更愿意聘用艾米丽，而不是拉基莎。如果销售、送货和买方三个单位都这样认为，这种聘用歧视就会自我实现。在工作具有策略互补性的劳动力市场上，"白人名字"就成了焦点。所谓"策略互补"工作，是经济学家对此类任务的术语，即参与此项工作可以影响你在另一项工作的生产力。

歧视和焦点之间关系的基本想法，可以用一个简单的例子说明。假设有两位企业家，即企业家 1 和企业家 2，需要雇人完成一些工作，并且市场上有 n 个（＞2）服务者或劳动者可以完成这些任务。例如，假设企业家 1 需要一个人来照料他的草坪，包括购买肥料和种子、施肥、播种、修剪草坪等。而企业家 2 想借钱给某人。如果照料草坪的劳动者能够借到钱，那么他就可以很容易地购买肥料和种子，更好地完成草坪的工作。如果企业家 2 借给钱的人，正好是获得草坪工作合同的那个劳动者，那么他将更有可能偿还贷款及约定的利息。如果两位企业家找的是同一个劳动者，那么他们就能获得更多的好处，但对于企业家来说，他们可能并不清楚此情况下劳动者更有生产力的背后原因。在一个真正的市场环境中，成千上万的企业家接触到成千上万的劳动者，要做到完全对应是不可能的。

但企业家意识到，一些劳动者会比另一些更有生产力，他们会搜寻这些劳动者的标识，尽管对推动这一切发生的基本模型一无所知。

上面的描述可概括如下：每个企业家都会挑选一个劳动者来完成工作。如果他选择了一个没有被其他企业家选择的劳动者，他会得到收益 x；如果他选择的那个劳动者，也是其他企业家所选的，他得到收益 y，鉴于我们上面提到的策略互补性，那么：

$$y > x \qquad\qquad (4)$$

企业家不会意识到这种策略互补性，他们知道的只是他们可能得到 x 或 y，而并不清楚究竟是什么导致了这种收益上的差异。在这个例子中，唯一关键的假设是（4）式。模型的所有其他结构都可以变化，但我们得到的基本结果仍然是相同的。需要澄清的是，我并非声称"策略互补"的现象总会发生，而是说它在许多情况下是现实可能的。当"策略互补"情景发生时，就会导致一种歧视，这种歧视无需天生的偏见，也不需要群体之间存在能力或技能上的差异，它可以完全通过自然的市场过程产生。

为了把上面的描述转换成一个能够帮助我们理解歧视的博弈，我们需要在模型中添加更多的内容。假设上述 n 个劳动者来自两个种族：w（>1）为白人，b（>1）为黑人，因此 w + b = n。

每位企业家在选择劳动者完成工作任务时，均使用以下策略之一：没有歧视（策略 N）、偏向白人的歧视（策略 W）和偏向黑人的歧视（策略 B）。如果企业家选择策略 N，意味着在 n 个劳动者之间随机挑选一个，则每位劳动者被选中的概率是 1/n；如果企业家选择策略 W，意味着每个白人劳动者被选中的概率是 1/w。

　　根据每位企业家的选择，很容易计算出他们得到的收益，如下面"歧视博弈"（博弈 5.2a）中的收益矩阵所示。因为这一博弈是完全对称的，因此没有必要显示两位企业家的收益，这里展示了企业家 1 获得的收益。

	N	W	B
N	$\frac{y}{n}+\frac{x(n-1)}{n}$	$\frac{y}{n}+\frac{x(n-1)}{n}$	$\frac{y}{n}+\frac{x(n-1)}{n}$
W	$\frac{y}{n}+\frac{x(n-1)}{n}$	$\frac{y}{w}+\frac{x(w-1)}{w}$	×
B	$\frac{y}{n}+\frac{x(n-1)}{n}$	×	$\frac{y}{b}+\frac{x(b-1)}{w}$

（a）歧视博弈

	N	W	B
N	5/4，5/4	5/4，5/4	5/4，5/4
W	5/4，5/4	3/2，3/2	1，1
B	5/4，5/4	1，1	3/2，3/2

（b）歧视博弈：一个特例

博弈 5.2　歧视博弈

　　为了理解这个博弈中的收益，让我们先看左上角的方格，在此两位企业家都选择了 N，也就是说，选择劳动者时不考虑种族因素。企业家 1 选择之后，企业家 2 选择同一劳动者的概率是 $1/n$，企业家 1 所得的收益是 y。如果企业家 2 选择了不同的劳动者，其概率是 $(n-1)/n$，企业家 1 所得的收益是 x。因此，企业家 1 的预期收益是 $y/n+x(n-1)/n$。通过类似的推理，很容易计算出其他方格中的收益。

　　容易得出，上述博弈有三个均衡：（N，N），（B，B），（W，W），即"没人会歧视"、"都偏向选择黑人"和"都偏向选择白人"。在（N，N）均衡中，如果其他人选择 N，那么无论你怎么选都会得到相同的收益，因此个人单方面偏离 N 并不能获得更好的收益。接着看均衡（B，B），只要 y 超过 x（就像先前已经假设的那样），那么根据定义（n> w），则有：

$$y/w + x（w - 1）/w > y/n + x（n - 1）/n$$

和

$$y/w + x（w - 1）/w > x$$

换句话说，如果别人偏向选择白人劳动者，那么白人劳动者会有更高的平均生产力，此时选择白人来完成你的工作任务，就符合你的利益。换言之，（W，W）是一个均衡。同样，很容易证明（B，B）也是一个均衡。

为了帮助那些讨厌符号的读者，让我把博弈 5.2a 转换成一个有 4 个劳动者（其中 2 个白人和 2 个黑人）的博弈，并假设 y = 2，x = 1。通过设定这些数值，歧视博弈就得到了博弈 5.2b 中所示的特例。

目前，三个均衡是显而易见的。如果他人有歧视行为，你最好也跟着做。正如存在多个均衡的其他博弈，此博弈的参与者也需要一个焦点来协调他们的行为。我想说的是，在有策略互补情形的市场中，种族、性别或种姓均可以成为焦点。[15] 这些特性之所以重要，仅仅是因为其他人也认为这很重要。你之所以更倾向于选择艾米丽

15 我称其为"焦点"，同时意识到要正式地发展上述想法，我们可能需要使用某种集值焦点的概念，正如本书第 4 章讨论的。

而不是拉基莎，并不是因为你更喜欢白人而非黑人，只是因为所有的企业家都会瞄准某些群体。

　　有一种流行的观点认为：如果把一切都交给市场，没有政府的监管和干预，歧视就会自动消失。上述现象的一个重要含义就在于表明这种观点是站不住脚的。歧视可以源于自由市场，如果想制止歧视行为，实际上可能需要监管和有意识的平权运动。当我们开展平权运动时，不应该陷于政治正确的说辞之中。我们经常会听到这种说法：即使采取了平权运动，你的收益也不会受损。事实的真相是：收益确实有可能因为开展这样的平权运动而减少。但开展平权运动的吸引力在于，即使会导致收益下降，生活中还是有一些必须从事的特定行为，因为它们由与生俱来的美德助推，平权运动就是其中之一。

　　上面的模型揭示了一些非常有趣的政策问题。从模型可以明显看出，当存在群体歧视时，所有参与者的总收益（或 GDP）会更高。[16] 因为一定数量的多任务处理可以提高工作效率，所以最好是让一部分人同时承担多项任务，而不是把工作稀疏地分散给所有人。考虑到这一点，我们有两种方法可以实现收入（或收益）的公平分配。第一种方法是开展平权运动，迫使雇主选择多元化的员工队伍，以便在众人之间公平地分配所有工作。第二种方法是让少数人做所有的工作，然后对他们征税，并给那些没有工作的人以补贴。第二

16　的确，这是对歧视和效率的静态分析。近期有关动态学的研究表明，蛋糕的大小和分配之间可能存在着意想不到的联系。在最近一个涉及宏观动态学的研究中，Giraud and Grasselli（2017）开发了一个模型，表明更大的不平等可以导致更大的蛋糕，但会导致一种动态结果，即经济在达到某个临界点时总会崩溃，蛋糕则大幅缩小。

种方法会带来更高的人均收入，因为此种情况下劳动者（即找到工作的人）将更具生产力。但是有些人可能会排斥第二种方法，理由是工作给人尊严，一个人即使能够得到相同的最终收入，但没有工作也会导致自我成就感的减弱。

我从来没有被这一观点说服过。纵观历史，存在着一些有闲阶级——英国的土地贵族，印度的地主——他们很少工作，过着奢侈的生活，没有证据表明他们会因为这种经历而感到失落。人们需要的是对他们所做的和所挣的有一种正当感。在这个世界上，如果一个群体或另一个群体都能够工作，而且它们之间没有本质的先天差异，那么一个群体去工作，另一个群体得到补贴，似乎也是一种合理的策略。

我无须在此解决上述政策的两难困境，但想要指出的是，这个世界上相对低技能的普通工作正在逐步减少。自 1975 年以来，在所有高收入和中等收入国家，劳动者工资占 GDP 的份额一直在下降（Karabarbounis and Neiman，2014；Basu，2016b）。因此，我们不得不面对这样的挑战：是将有限的工作勉强分配到整体劳动者中（从而削弱生产力），还是让少数人工作（提高生产力），然后对他们的收入征税，以补贴其他人。

上述关于歧视的焦点模型也可以用于其他方面。例如，为了促进某一特定群体的自身利益，这一群体会故意宣称他们在某种意义上比其他群体更好、更有生产力的观念。的确，人们已经这样做了。在日常生活中，我们到处遇到一个群体优于另一个群体的信号，例如校友会和学生会经常宣传学校或兄弟会的身份标签；伯克利的学生比其他学生更优秀，康奈尔的毕业生更具生产力（这点碰巧是事实），等等。人们的确接受了这样一些类型的观念，一旦这些观念成为一种规范，它们就会自我实现，因为这些观念发挥着焦点的作用。

我们中的大多数人都具有多重身份，例如人种、国籍、语言群体、种族、性别等（参见 Sen，2006）。现在，如果你想刻意培育这样一种观点，即这些特征之一是生产力更高的标志，那么上述关于歧视的模型表明，你最好选择一个拥有某一特征且人口更少的群体。

为了理解这一点，在博弈 5.2 中，一位企业家在（W，W）（偏向白人的均衡）中获得的收益为 $[y+(w-1)x]/w$，而在（B，B）（偏向黑人的均衡）中获得的收益是 $[y+(b-1)x]/b$。我们把前者叫作"选择白人的收益"，后者叫作"选择黑人的收益"。由于 $b=n-w$，现在很容易看到，随着 w 变小，"选择白人的收益"会上升而"选择黑人的收益"则下降。虽然（W，W）和（B，B）仍都是纳什均衡，但随着白人数量的减少，"选白人"（W，W）的均衡变得越来越具有优势。简而言之，如果你想宣扬这样一种观点，即你所属的一个特定群体会更有生产力，那么你选择一个小群体会更好。除此之外，这也解释了为什么提升女性的工作形象是一项如此艰巨的任务，因为她们大约占人口的一半。

也可以考虑国籍的例子，如果你宣扬英国人更有生产力，或者中国人更有生产力，一旦人们相信了这一点，那么根据上面的结论，英国人会被证明有更高的生产力。令人惊讶的是，事实上英国这个小国曾经几乎统治了全世界，所以得出上述结论也并不奇怪。[17]

在结束本节时，我想提醒读者的是，虽然关于歧视的焦点模型

---

17 把上述分析推到极致，可能会得出"每个人应该成为一个组"的建议，但一个更完整的模型将会表明：绝大多数观察者无法利用如此细微的信息。因此，组能够多小是有限制的。

非常重要，但就像所有理论一样，如果我们要把它带到现实世界中并加以应用，就必须用我们的"常识"和"理性直觉"来丰富它。[18] 因此上述理论在运用前，必须与其他观点和我们自身的经验相结合。例如，我们应该提醒自己，事实上一个人的生产力甚至智力，很大程度上取决于将如何被他人对待、社会将如何看待他所属的群体。即使歧视纯粹只是作为焦点发挥作用，它也会对人们造成创伤，使得那些实际上很聪明的人认为自己并不聪明。[19] 不像在策略博弈中，从一种均衡状态到另一种均衡状态的转换可以在瞬间完成，现实世界中的这些变化可能需时良久，并需要引入经济学和社会心理学的干预措施。

上面的例子还提出了一些重要问题，例如关于统计信息的意义，以及利用统计信息对个人做出判断的道德问题，这些都是有趣的议题，但并非本书的核心，我将在最后一章简略地谈谈这些问题。

5.4 童工和法律

在经济学的许多其他领域，也自然会出现多重均衡的现象（Hoff and Stiglitz，2001；Bowles、Durlauf and Hoff，2006；Barrett、Garg

---

18　这里无须展开深入讨论，但对常识和理性直觉的强调，并非随口而言。我已经在其他地方详细地论述过，要使科学有用，必须与人们的常识和直觉等技能结合起来。纯数据分析或纯理论无法让我们帮助世界，除非我们将它们与理性直觉相结合（Basu，2014）。

19　其中最值得关注的发现来自 Shih、Pittinsky and Ambady（1999），以及 Hoff and Pande（2006）的研究。另见 Hoff and Stiglitz（2015）、World Bank（2015）。

and McBride，2016）。在所有这些存在多重均衡的情景中，人们的信念发挥着关键作用，它们决定着社会中我们看到的结果，也引发了一系列关于法律可能有不同寻常之作用的重要问题。

印度历史久远的种姓制度及其对社会的桎梏，是人类学家和社会学家广泛讨论的话题，而经济学家在这方面的著述较少。[20] 但是，借助均衡分析这一经济学的重磅武器，经济学家也能提出一个重要的问题：无论出于何种原因建立的种姓制度，究竟是印度人头脑中天生固有的，还是理性个人反应的结果？种姓制度看起来坚如磐石，但实际上是否建立在信念之上，而不是法律之手？阿克洛夫（1976）指出，种姓制度可能是一种自我实现的均衡。例如，想想贱民的悲惨遭遇，为什么上等种姓的人会排斥贱民？是否有可能他们之所以如此，是因为担心如果不这样做，他们就会被社会上的其他人排斥？

但为什么其他人会排斥那些没有排斥贱民的上等种姓人士呢？答案是，这些人也接着相信，如果他们不排斥那些与贱民接触的人，他们就会被人排斥。稍加建模就可以证明，这种行为能在一个具有多重均衡的社会中成为一种均衡。[21] 换句话说，我们不需要任何固有的基因甚或心理因素，这样的社会实践就可以发生。当然，任何长期存在的实践确实会影响人们的思维习惯，由此导致机械的行为而不是理性的反应，但产生这种行为的根源在于人们拥有的信念以及

20　参见 Deshpande（2011）关于当代印度种姓和经济学的综述。

21　在政治经济学背景下，我在 2000 年构建了这一博弈，并进一步证明它可以是一个子博弈精炼均衡。在下一章我将刻画一个使用相同逻辑的政治权力模型，它是有关"三方互动"模型的更广泛文献的一部分。参见 Hatlebakk（2002）、Villanger（2005）、Yang（2014）和 Han（2016）。

他们在均衡中的选择。对社会上不适宜行为的这种解释，在某个层面上说显得更为善意，因为它拒绝了人性本恶的说法；但从另一个层面看，则更令人不安。因为它表明这样的行为可以在任何社会中发生，而且一旦它们得到固化，就会像建筑结构中的砖头和灰泥一样坚固而令人压抑。

上述观点具有很强的解释力，它适用范围广泛，从同伴压力导致的校园霸凌到政治压迫，比如极权主义国家的存在；再到麦卡锡时期的美国，以及对社会言论自由的理解。它们都将是下一章探讨的议题。

在此，我将用一个例子说明多重均衡的可能性，它在分析形式上更为简单，却有着巨大的现实意义，即童工的案例。童工的持续存在引发了许多争议，有人呼吁需要法律干预和国家行动。关于这一主题，我曾发表过一篇媒体文章（*New York Times*，1994 年 10 月 29 日），认为在一些社会中"童工"可能是一种多重均衡现象。我的观点很简单，它基于一个关键假设，即我们（Basu and Van，1998）所称的"奢侈品公理"，这一公理认为"父母只有在贫困的驱使下才会让孩子去工作"。更正式地说，"儿童闲暇"或者"儿童教育"被认为是一种奢侈品，在家庭收入超过一定的最低水平之前，父母将难以保障儿童的闲暇或教育。"奢侈品公理"的假设是对流行观念的一种回应，这些观念认为童工的存在是因为：（1）雇主的贪婪（他们希望用最便宜的劳动力来完成非技能工作）和（2）父母的懒惰（他们会为了一点额外收入而愉快地送孩子去工作）。在《纽约时报》的那篇文章中，我同意第一种观点，但质疑第二种观点。在我们完成的正式分析中，把对第二种观点的反驳归结为"奢侈品公理"。

　　"奢侈品公理"意味着：如果成年人的工资很低，正如在发展中国家经常发生的那样，父母就会被迫送子女去工作，以确保家庭有生存必需的收入。但是，在劳动力市场上工作的儿童反过来又可能成为成年人工资偏低的原因，因为童工可以替代成年劳动力从事非技能工作。随着许多孩子外出找工作，成年人的工资就会被压低。这里有一个有趣的政策含义。如果法律禁止童工，那么随着儿童退出劳动力市场，成年人的工资可能会上涨，因为雇主必须在劳动力总量更为有限的市场上展开竞争。然后，再根据"奢侈品公理"，如果成年人的工资一开始就这么高，父母最初就不会把孩子送出去工作。

　　这一论述表明：一些国家的劳动力市场可能至少有两个均衡，在一个均衡中，工资水平低，儿童去工作（反过来维持了低工资水平）；在另一个均衡中，工资水平高，儿童不去工作（反过来维持了高工资水平）。[22]

　　上述状况，与守时和歧视的情景有些类似。在一些发展中经济体，如果形成了"送孩子去工作"的社会习俗，那么工资水平就会很低，反过来又强化了送孩子去工作的决定。另一方面，如果"不送孩子去工作"的观念得以形成，工资水平则会提高，"不送孩子去工作"将符合父母的利益（记住奢侈品公理的结论）。

　　让我用一个模型来形式化上面的论证，对于感兴趣的人来说，

22　通过建立正式的理论模型，可以计算出多重均衡得以发生的参数条件（例如参见，Basu and Van, 1998；Basu, 2005；Doepke and Zilibotti, 2005），最初为这一理论建立的并非"博弈模型"，而是"竞争均衡模型"，但应有可能构建一个能展示多重均衡的相关博弈论模型。

很容易以不同的方式修改和使用这个模型。[23] 为了便于分析，假设无论工资水平如何，成年人总是去工作。这意味着家庭中的成年劳动力供给曲线将如图 5.1 左侧图形的垂直线所示：无论工资是多少，家庭中的成年劳动力供应量均为 S' 个单位。假设 Y_p 表示极端贫困家庭的收入，即 $Y_p = S' \times W_p$。图 5.1 中左侧图形标出了 W_p。因此，W_p 代表这样一种成年人的工资水平，只要成年人的工资水平低于 W_p，他所在的家庭就会面临极度贫困，从而更愿意送孩子去工作，这正是奢侈品公理表达的含义。这意味着，家庭劳动力的供给曲线如图 5.1 右侧图形所示，其中 S'' 表示家庭中可供给的总劳动力，即成年劳动力 + 儿童劳动力。

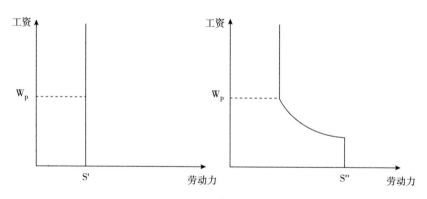

图 5.1　童工：供给

供给曲线的确切性质当然会随着经济体的不同而变化。但有趣的是，大量的实证研究证实，奢侈品公理是成立的，因此劳动力供给曲线的广义特征，即在工资水平较低时会存在背弯的一段（如图

23　与前两节不同的是，这一论证并非完全基于博弈论，而是利用了竞争均衡分析的一个特性，即企业和个人都是价格接受者，它意味着对于企业和个人来说，价格是外生给定的。

5.1 右侧图形所示），也是成立的。[24]

　　如果所有家庭都有这样的供给曲线，那么经济中的劳动力总供给曲线也将具有类似的形状，如同图 5.2 中的曲线 S 所示。显而易见，如果有一条正常的、向下倾斜的劳动力需求曲线，就会产生多重均衡，所谓均衡是指某一工资水平上劳动力的需求等于供给。图 5.2 显示了 E_H 和 E_L 两个均衡。前者对应的工资水平较高，用 W_H 表示；后者对应的工资水平较低，用 W_L 表示。

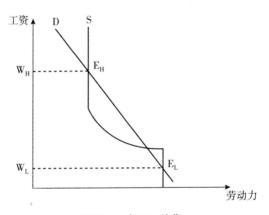

图 5.2　童工：均衡

　　需要提醒读者的是，仅仅是奢侈品公理成立，并不意味着一定会产生多重均衡。然而，即使不存在多重均衡，在童工政策上我们也会得到奇怪的矛盾结果。[25] 在此我关注的是多重均衡的情形，它意

24　关于童工有大量的实证文献。例如参见 Ray（2000），Emerson and Souza（2003），Cigno and Rosati（2005），Edmonds and Schady（2012），Bhardwaj、Lakdawala and Li（2013），Humphries（2013），Del Carpio、Loayza and Wada（2016），Menon and Rogers（2017）。

25　参见 Basu and Zarghamee（2009），以及《福布斯》杂志上 Tim Worstall（2016）关于某些类型的政策禁令实际上加剧了童工问题的文章，另见 Baradaran and Barclay（2011），Bagenstos（2013）。

味着在童工发生率上表现非常不同的两个社会，可能在基本层面上却是相同的，它们只是陷入了不同的均衡状态。在这种均衡状态下，没有个人或家庭能够靠自身的行动摆脱困境。

上文中的一个有趣事实是：在一个由普通公民做出决策、同时没有执法人员采取任何行动的社会中，如果存在多重均衡（例如上面的例子），那么用以改变均衡结果的国家干预措施在性质上是较为特殊的。如图 5.2 所示，如果经济的均衡在 E_L 点，则会导致低工资和童工。因此我们需要一次性的干预措施，例如制定法律宣布童工非法，这样就将经济转向另一个均衡点 E_H。一旦这个均衡被建立起来，我们其实并不再需要禁止童工的法律，或者任何将经济维持在这一均衡的国家干预措施。我们可以将此称为"助推式干预"，即一种一次性干预，即使此后它被取消也不会使经济回到原先的坏均衡。[26]

当我们试图将经济转向一种不能由普通公民自我实现的结果时，就与上述情景形成了鲜明的对比。一个很好的例子是对车速的严格限制。仅仅因为别人遵守这一限制，并不能激励你也遵守。要求个人"在左侧行驶"和"车速低于 70 英里/小时"，两者之间存在关键的区别。在后一种情况下需要"持续式干预"，比如由警察和交通

26　上述模型可以看作探讨"如何利用正式法律改变习惯法"这个更大问题的一部分。Aldashev、Chaara、Platteau and Wahhaj（2011，2012）建立了正式的模型，分析国家如何利用正式法律工具将社会从传统均衡中解放出来，在原有的均衡中，大部分群体处于不利地位，而精英群体却受益颇多。当然必须记住的是，正式的法律规则也并不总是公平的，例如正式的法律规则常常变成殖民统治者的侵害工具。在许多国家，正式法律也被用来剥夺当地人民在诸如土地、矿产资源上的权利。

管理员执行持久的限速法令。[27]

　　在此应当指出的是，均衡筛选规范并非我们在社会生活中遇到的唯一规范。正如前面提及的，社会中还存在着其他类型的规范，要对它们建模，我们就必须走出经济学家的舒适区，放弃一些新古典主义的信条。有另外两种方法值得考虑，其中一种涉及"耻辱"的概念，从埃米尔·涂尔干（Émile Durkheim）和欧文·戈夫曼（Erving Goffman）到更现代的学者，在经济学之外有很多文献对此加以讨论。耻辱观念就是承认人们对其他人的秉性和行为有各种看法，并会用负面语言或蔑视态度展示出来，由此造成特定个人的痛苦，导致其自我感觉的恶化。简而言之，遭受耻辱是痛苦的，作为个体，我们经常采取行动以避免耻辱。这一观点最近被经济学家用来建模和解释不同类型的经济结果，从失业、童工到劳动纪律和旷工。[28]

　　可以更进一步，把社会规范看作我们头脑中的内在过程，它让我们停止做出某些行为。我相信，大多数人不会在拥挤的公共场所偷别人的钱包，不是因为通过成本收益分析得出的，即他们预期钱包中的金额会低于预期的惩罚成本，或者担心如此的行为会遭受别人的指责；而仅仅因为这是一个已经内化于我们头脑中的行为规范。在这样的规范下，我们认为这种行为要么不可行，要么会给自己带

27　在长期模型以及代际系统中，"助推式干预"和"持续式干预"之间的差异会变得非常显著，其中"助推式"的一次性干预，由于无须在未来进行再干预，可以产生长期的收益。从财政政策的角度看，这通常意味着"助推式干预"的社会效益要远远高于政客意识到的。

28　参 见 Lindbeck、Nyberg and Weibull（1989），Besley and Coate（1992），Fehr and Falk（2002），Lopez-Calva（2003）。

来强烈的负面效应或心理负担（Basu，1995）。[29] 在本书第 7 章讨论人类理性和行为经济学时，我将回到其中的一些问题。

5.5　公民、国家工作人员和统治者博弈

正如我们已看到的，社会规范可以像法律一样，把社会带到一个自我实现的均衡结果。在所有社会中，文化规范及相应的人们应该如何行为的准则，以及违反这些准则应受到何种惩罚的规范，都是通过各种手段控制个人行为的例子。守时规范、某些群体歧视甚至童工现象，均是如此。这就提出了一个问题：在何种意义上（如果有的话），我们可以认为法律有别于社会规范？

在前三节讨论的三个例子中，已经暗示了这个问题的答案。为了更明确地予以回答，我们必须更细致地处理经济博弈，特别是需要将博弈参与者的集合区分为（普通）"公民"集合和"国家工作人员"集合。"国家工作人员"是指官僚、公务员或官员，即国家的代理人，他们包括警察、治安官、交通管理员、法官、总统或首相等。当然，他们有各自的私人生活，但此外还应扮演执法者的角色。国家工作人员拥有惩罚他人的能力，通常从税收中获得收入。我所说的公民是指社会上所有的普通人，可能持有（或不持有）护照。他们与国家工作人员的主要区别在于，他们并不被期望成为国家法令的执行

29　我们或多或少已经内化了许多这样的规范，比如公平规范、报复规范，甚至是善良和利他主义规范（Fehr and Gachter，2000；Platteau，2000）。关于在法学和行为经济学的背景下对其中一些问题的讨论，参见 Jolls、Sunstein and Thaler（1998），Cameron、Chaudhuri、Erkal and Gangadharan（2009）。

者，而且所得工资也不来自国家。因此，公民集合将包括工人、企业家、失业者、学生、教授、非法移民、店主等。

在详细描述博弈时，我们需要正式指定哪些参与者是国家工作人员，哪些是公民。国家工作人员的特定行为可以对他人的收益产生显著的影响，因为他们能够罚款和征税，或给予奖励。在前述的三人囚徒困境博弈中，可以将参与者 1 和参与者 2 视为（普通）公民，而将参与者 3 视为（国家）工作人员，因为参与者 3 能够在 L（不执法）和 R（执法）之间做出选择，从而影响对参与者 1 和参与者 2 的惩罚。

一旦明确了哪些人是普通公民或平民，哪些人是国家工作人员，我们就可以对社会规范和法律做出区分。社会规范属于可自我执行的行为模式，并不需要国家工作人员执行。法律属于强制执行的行为模式，需要国家工作人员采取特定的行动。[30]

因此，从直觉上说，左侧行驶很容易成为一种社会规范。一般而言，并不需要警察强迫司机（平民）这么做。一旦这种规范形成，遵守它就符合每个公民的利益。另一方面，"车速不得超过50 公里 / 小时"对司机来说，就不太可能成为（均衡筛选）社会规范，它需要工作人员通过威胁对那些违反规则的人施以惩罚来强制执行。

如果限速法律成功地被大家遵守，你会希望这一守法的结果可

---

30 这接近许多经济学家讨论的第三方执行的概念。对此概念及其缺陷的引人入胜的讨论，参见 Ferguson（2013，第 10 章）。与本书分析密切相关的是：应坚持第三方（及其行为）也必须被当作博弈一部分的观点，虽然第一方和第二方会把第三方的行为看作外生的，但是从整体看，第三方（及其行为）应被视为内生的，它是生活博弈的组成部分。

以自我实现，然而在这个博弈中，不仅涉及（普通）公民，还需要有（国家）工作人员。本书提出的焦点方法认为，所有守法行为都是自我执行的。但是，如果这种自我执行的规则并不需要国家工作人员的参与，仅仅因为当其他公民遵守它时，你遵守它就是值得的，那么该规则可被认为是一种社会规范。社会规范当然也可以是法律（例如在马路的哪一侧行驶通常是典型的法律规定），但是除了社会规范可以约束的行为之外，还有一些行为需要使用法律加以约束，在此国家工作人员发挥着关键作用。

可能有必要借助于一些正式的建模来阐明这一点，并详细说明它与前三节中讨论的案例有何不同。此外，建模可以让我们深入了解为什么有些国家在执法方面比其他国家更成功，并由此形成"执行限度"的概念。它展示了在法和经济学的新方法下，我们既可对服从和遵守行为建模，又可对异议和反抗行为建模，以增进对这些行为的理解。这涉及有关国家能力的大量文献，这些文献探讨了相关的制度如何发挥支撑作用，从而能使普通人有序地生活、使市场发挥作用、使金融交易成为可能等（参见 Besley and Persson，2009；Acemoglu and Wolitzky，2015）。

为上述分析提供正式结构的一种方法是考虑一个极端的例子，即对国家工作人员和公民做出明显的区分。为此定义一种特殊类型的博弈，我称之为"分块博弈"（partitioned game）。假设在博弈中，所有参与者的集合是 M = {1, …, m}，M 可以分为两个集合 B 和 C，其中集合 C 中的参与者选择的行为并不能影响集合 B 中参与者的收益。换言之，如果参与者可以选择一系列行为，那么集合 C 中的参与者如果改变他们的行为，集合 B 中的参与者的收益并不会受到影响。也就是说，所有外部性（如果有的话）都是单向的。给定这样的"分块博弈"，我们将 C 作为（普通）公民的集合（该集合中的人无法通过自身行为影响另一个集合中的人），B 作为官僚或者公务员的集合。不失一般性地，我们假设 B ={1, …, n}，C = {n + 1, …, m}，其中 n < m。

给定一个分块博弈，我们可以设想官僚之间也会进行博弈，它将是"分块博弈"的一部分。假设集合 B 中的参与者可以选择的行为向量为 v，集合 C 中的参与者可以选择的行为向量为 w，那么分块博弈中所有参与者的行为向量为（v，w），此时官僚相互之间进行博弈所得的收益，就是他们在分块博弈中所得的收益。因为根据分块博弈的定义，官僚所得的收益独立于普通公民的选择（w）。我将这个从分块博弈中分割出来的官僚之间的博弈称为"统治者博弈"，其中"统治者"（sovereign）是指拥有权威的一群支配者或官僚。每个分块博弈显然可定义一个明确的"统治者博弈"。

现在很容易看到，如果有一个行为向量（v，w），其中 v 是 n 个官僚做出的行为选择，w 是 m–n 个平民的行为选择，只要它们构成了分块博弈的纳什均衡，那么也一定构成统治者博弈的纳什均衡。官僚之间的博弈，以及这一博弈形成的均衡结果，赋予官员权力。官僚就像拥有先行者优势，可通过改变统治者博弈，强迫平民按照某种特定的方式行事。这使我们能够更清楚地理解国家能力和统治者的权力。这些权力并非外生，而是源于博弈的性质。从这个意义上说，它表明休谟式和霍布斯式的国家概念可被综合为一个总体描述，即休谟模式，此模式下统治者可以行使权力，但其权力来自统治者或官僚之间的互动性质，由此创造了一个强制他人的自我执行机制。然而，官僚能在多大程度上对平民进行强制，是由统治者博弈中的纳什均衡集决定的。

为了使上述抽象的描述更明白，我现在将介绍该模型的一个具体例子，其中国家的权力来源于自我执行机制，但国家权力的行使面临着一些自然的约束。

假设一个社会有n + m个人，分别为1，2，…，n，n + 1，n + 2，…，n+m，其中前n个为（普通）公民，后m个为公务员或（国家）工作人员。[31]

假设每个公民既有他自身的日常（对社会无害的）行为，也有可能从事对他人产生负外部性的活动，比如开快车，或烧煤以经营副业赚取额外的利润。以烧煤为例，烧煤行为可使一个平民获得一些额外收益，却会产生过多的污染物，因此从整个社会来说是不可取的。如果我们对烧煤征税，人们就会减少这种活动。税率t（以百分比计）可以从0到100。当t增加时，燃煤总量会下降；当t = 100时，烧煤行为则全部停止。如果从全社会的角度看，当t从0上升时，社会总福利随之增加，当t = 100时达到最大值。

问题是，我们如何执行这一税收？如果只是宣布一部新法律，要求人们为燃煤付税，并不意味着人们一定会缴税。这就需要执法，成功执法的社会，需要有官僚或者（国家）工作人员执法，并且对于他们而言，执法（至少是一定范围内的法律）应符合其自身利益。这意味着，一旦法律颁布，执法会符合国家工作人员的利益，因为如果他们不执法，那么其他工作人员就可能会惩罚他们。能够建立

---

31 另一明确区分平民和国家工作人员的博弈论法律模型，参见 Davis（2016）。他的模型进一步认为执法机构也不是一个同质的团体，而是由多个管辖部门组成。

这种制度的社会，将以具备国家能力和法律的良好执行著称。上面的限定词非常重要，因为总可能有一些法律，官僚会拒绝执行。这可用于解释"不合作"行为，即甘地在争取印度独立时有效使用的一种策略，它也能解释"反叛"行为。

为了在模型中刻画所有细节，我们需要考虑一种非正式的博弈结构，在博弈的第一阶段，平民首先决定采取何种行为，然后官僚决定是否惩罚他们；在第二阶段，官僚之间互动。法官可以惩罚不履行职责的警察，警察也可以通过不提供保护来伤害法官，等等。我想用最简单的结构来刻画这些想法，假设在第二阶段公务员之间有一个互动结构，我称之为"官僚博弈"，他们可以选择"合作"（C）或者"惩罚"（P）。如果所有 m 个公务员都选择 C（合作），他们每人所得的收益是 8；如果都选择 P（惩罚），收益是 2；而其他情况下（有的公务员选 P、有的选 C），收益是 1。显然在这个博弈中，如果有一个公务员选择了 P，那么其他人最好也跟着选 P；如果有一个公务员选择了 C，那么其他人最好也跟着选 C；因此官僚博弈有两个均衡：每个人都选 C，或每个人都选 P。

现在，将上述完整的模型称为"遵守区博弈"（Zone of Compliance Game，需要承认，我在此对"博弈"这一术语的使用较为随意）。在此博弈的第一阶段，每个平民决定燃烧多少煤，每个官僚决定是否征税。税率 t 越高，平民烧煤则越少；如果 t=100，平民会停止烧煤。只有官僚才能征税，假设每个官僚都负责管理 n/m 个平民。然而对官僚（或公务员）而言，征税是有成本的，他将面临对抗和暴力的风险。假设对每个官僚来说，执法和征税的成本是 t/10；也就是说，税率越高，执法成本也越高。

在第二阶段，m 个官僚之间展开官僚博弈。既然征税需要官僚付出成本，而且似乎并没有给他们带来直接的收益，那为什么还有官僚会执法呢？有趣的答案是，官僚这样做，可能是害怕在第二阶段的官僚博弈中受到其他官僚的惩罚。

现在让我们来看遵守区博弈将如何进行。假设有一部法律宣布，每个平民都要为烧煤纳税 t，所有公务员都被告知要执法。

现在假设在这个社会中，人们普遍认为：如果任何一个公务员不执法，那么在官僚博弈中其他官僚就会对他进行惩罚（选择行为 P）。而如果所有公务员都执法，那么他们之间会进行合作（选择行为 C）。一旦上述预期成为焦点，很容易得出博弈的结果。

在遵守区博弈的第一阶段，每个官僚决定是否执法。假设他预料到其他官僚会执法，那么如果他也执法，其预期收益是 $8 - t/10$，其中 8 来自官僚博弈中的收益，$-t/10$ 是执法的成本；如果他不执法，其预期收益是 2，因为他将在官僚博弈中受到惩罚而得到收益 2。

显然，如果税率 t 低于或等于 60%，官僚就会执行这部法律。[32] 但是，如果税率超过 60%，执法行为就不会实施。因为执法成本如此之高，以至于官僚宁愿接受官僚博弈中的惩罚，也不愿意执法。也就是说，人们不仅可以"退出"（opt out）遵守法律，甚至也可以"退出"执法。[33] 简而言之，任何将税率 t 设定在 [0，60] 范围内的法

---

[32] 在此我做了一个无妨的平局假设：当官僚执法的收益与不执法的收益相同时，他们会选择执法。

[33] 有大量的经验和理论文献论述了不同形式的"退出"（Bernstein，1992；Acemoglu and Jackson，2015）。

律，都在"遵守区"内，这样的法律将在社会上得到恰当执行。此时，"执行法律"就是一个焦点均衡。另一方面，如果将 t 设定在 60 以上，将导致官僚的反叛和不服从，他们将会拒绝履行职责。

遵守区博弈是一种分块博弈，在我的抽象描述中，官僚博弈也可以看作一种统治者博弈。上面的例子阐明了为什么社会能够守法。首先要有合理的法律，即法律应在一个可执行的区域内。但除此之外，这些社会还要有一种官僚会因不履行职责而互相惩罚的文化。这样的社会就能形成一个焦点。只要焦点能被创建，就会存在一整套可能的法律，一旦它们被颁布，就能得到执行。这里的关键是要建立和培育这种官僚文化。当然，要在现实生活中做到这一点，还需要理解激励和个人动机，但其中的原理与刚才描述的博弈相同。

在上述社会中，t=100 且不烧煤的最优状态是无法实现的；但我们可以达到任何税率 t 小于等于 60 且充分执行的状态。由于在模型中烧煤是十足的坏行为，所以可以推测，在这个社会的均衡中，我们将看到一部设定 t = 60 并得到完全执行的法律。

与守时、群体歧视和童工的情景不同，在上面的博弈中我们无法维持一种好的均衡。在这个均衡下，无须外部的强制措施，普通公民就会改变自己的行为，烧更少的煤，并缴 60 的税。然而，我们能够引入国家工作人员的执法来达到这一均衡，但重要的是要明白工作人员的执法也是均衡行为的一部分。

这是一个微妙但关键的差异，从而使本书的方法有别于法学家的方法，尽管两种方法都极其依赖于普通人的信念和良好焦点的创建。我想强调的并不是法律经常通过创建焦点的方式得到成功执行，而是法律总是通过创建焦点的方式得到成功执行。有时候，法律的执行并不需要警察和法官采取行动，就像那些社会规范支撑着法律法规的例子；另一些时候，法律的执行需要警察和法官的配合，正如我们在上述模型中看到的。但不管在哪种情况下，法律构建的均衡总是生活博弈的焦点，此生活博弈是一个完整描述的博弈，不仅包括公民，也包括国家工作人员。

麦克亚当斯在其关于法律如何发挥作用的书中（2015，第7页和第9页），经常论及法和经济学的内容，并给出了关于信念的力量以及它们如何带来协调的许多例证。但他与其他法学家采取的方法，有别于本书中的方法。此前我已暗示了这种区别，现在可以更加明确地加以阐述。例如，麦克亚当斯指出："我希望利用理性选择假设来说服经济思想家，使他们相信我们必须修正关于法律理论的传统智慧。法律的确可以'制止'和'剥夺资格'，但它也可以协调和传递信息。"此外他还说道："总之，本书的大部分内容阐述了法律在提供协调焦点和信息方面的功能，我的目标是将这些功能与'制止'、'剥夺资格'和'正当性'并列在一起。"

我们的区别体现在对词语"也"和"在一起"的使用上。我认为在理性选择的环境中，法律的作用只是协调和传递信息。所以，并不是法律"也"这样做，而是它"总是"这样做。法律之所以能够做到"制止"和"剥夺资格"，归根结底是因为对警察、治安官和其他国家工作人员而言，执行"制止"和"剥夺资格"的法律符合其自身利益，因为他们担心如果不这样做，自己反过来也会被"制止"和"剥夺资格"。[34]

　　法学家和哲学家对法和经济学的研究方法给出了存在主义（existential）的主张。他们指出：在有些情况下法律并不需要执法者；一旦别人遵守法律，那么遵守法律也符合你自身的利益。这些论断是极为正确和重要的，正如守时、歧视和持续存在的童工等现象表明的。但我主张的是一种更根本的方法论转变，它不是一种存在主义的主张，而是一种普遍意义上的主张。以上分析表明，焦点的创建和转移是法律发挥作用的唯一途径。有时，法律作用的发挥可以不需要国家工作人员采取任何行动。有时则需要他们的执法和惩罚。但在所有情况下，法律都是通过影响人们的信念和创建新的焦点起作用的。简而言之，我们注定都是信念共同体的成员。

34　这又是 W. H. Auden 对法律的描述，更抒情，也更混乱（来自他的诗 "Law, Like Love"）：
　　法律既不错也不对，
　　法律只是犯罪
　　会被地方和时间惩罚，
　　法律是人们穿的衣服
　　随时，随地，
　　法律是早安和晚安。

第6章 法律、政治和腐败

6.1 法律、治理和发展

1751 年 1 月 9 日，是亚当·斯密一生中重要的一天。那天，他受聘担任格拉斯哥大学的逻辑学系主任。从那一年起，他开始了正式的执教生涯。他按要求讲授逻辑学课程，据称他并没有改变课程的名称，但只教授他认为最有意义的内容，从而彰显他的理性。作为班上的一名学生，约翰·米拉尔（John Millar）充满敬意地回忆道，"斯密先生……不久就意识到有必要大大偏离他的前任遵循的教学计划，并把学生的注意力引向一种比学校的逻辑和形而上学课程更有趣和更有用的研究"（Smith，1762［1978］，第 1 页）。斯密转而向学生教授道德哲学、法理学和法学等内容。这些课程对米拉尔产生了巨大的影响，米拉尔 11 岁进入格拉斯哥大学，16 岁开始听斯密讲课，便成了斯密的追随者，后来担任了格拉斯哥大学民法学的教授。

1751 年 11 月，同一所大学的道德哲学教授托马斯·克雷吉去世。1752 年 4 月，亚当·斯密被任命为道德哲学系主任。现在，斯密无须再利用课程名称下的自由，他可以教授想教的东西，不再纠缠于道德情操之类的内容。再次根据米拉尔的回忆，斯密讲授的内容涉及自然神学和法理学的进展，更重要的是"他研究了那些基于权宜而非正义原则的政治规则，这些规则被设想为能够增加国家的财富、权力和繁荣……他考察了与商业和财政有关的政治制度"（Smith，1762［1978］，第3页）。其中很多斯密讲授的内容，成为1776年出版的经典著作《国富论》的一部分。

我之所以强调斯密早期对"法律"与"经济发展和增长"之间关系的兴趣，是因为在大众的想象中它经常被忽视。这并不奇怪，正如海尔布罗纳（Heilbroner，1986，第1页）在其评价和重述斯密一些重要论文的书中开篇即指出的："没有哪位经济学家的名字比亚当·斯密的名字被引用得更多，也没有哪位经济学家的著作比亚当·斯密的著作被读得更少。"

在流行的观点中，亚当·斯密的核心贡献是提出了"看不见的手"的概念，"看不见的手"协调和引导着众多个人的自利动力，使每个人都努力为自己，却实现了集体的利益。然而，正如我已在别处指出的（2011a），斯密显然没有把"看不见的手"作为自己想要表达的"核心观点"，因为在《国富论》的第一版中，"看不见的手"这一词条甚至没有被纳入"索引"中。只是在他去世后的版本中，"看不见的手"才被纳入。

斯密强调的是，国家的兴衰取决于其协调、治理和制定恰当法律的能力。他认为，国家的统治者有责任保护社会成员不受其他成员的压迫和不公，并指出建立"司法部门"的重要性。他敏锐地意识到法律和正义对社会经济发展的重要性。[1]

我们也知道，个人希望更多地消费和积累带来的驱动力对经济效率和增长至关重要，但此外还有哪些同样重要的因素呢？对经济发展非常重要也尚存争议的三种关键因素是：（1）个人对物质改善的动力；（2）诚实和利他；（3）良好的治理和法律。因为社会利益似乎与个人利益相去甚远，所以（1）能捕获的人们的兴趣和好奇心，并非（2）和（3）可比。斯密提出的"看不见的手"，与（1）有关，确实是一个惊人的发现，具有巨大的价值。但是，我们没有理由像许多理论家那样认为（2）和（3）无足轻重。每一笔交易、交换和贸易都要按合同由第三方执行，这是不可能的。此外，出于一些复杂有趣的原因，合同常常故意留下不完备之处（Rasmussen，2001）。因此，个人诚实和利他也是交易、交换和贸易得以顺利进行的重要因素。如果（1）成为驱动经济机器的燃料，那么（2）可被认为是将这台复杂的经济机器连接在一起的螺母和螺栓。

然而，个人诚实和利他的作用是有限度的，有一些集体行动问题超出任何个人可以解决的范围，这就是治理和法律的用武之地。为什么（3）可能是一国成败的更关键因素？其中有一个重要的解释。因为在所有国家中，（1）和（2）的因素或多或少都会存在，不同国家在（1）和（2）上存在的差异，无论以什么尺度衡量，远远不像它们在治理、制定并执行良好法律的能力上存在的差异那样大。

1　正如 Besley and Persson（2009，第 1239 页）观察到并通过构建模型阐明的："当今富裕国家的历史经验表明，征税和执行合同等国家能力的建立是其得以发展的一个关键因素。"Acemoglu and Wolitzky（2015）区分了基于社区的执行和基于特殊部门的执行，前者可以只通过排斥的威胁加以执行；对于后者，特殊部门是否由其所在社区成员的态度和行为赋权，还存在着争议。

在这种情形下，将注意力集中到治理和法律的关键作用上是正确的。在调查建筑物坍塌的原因时，也有着类似的道理。虽然重力确实是导致建筑物坍塌的原因之一，但我们不会把重力列为导致事故的主要原因，因为它存在于所有的建筑物坍塌事件中，所以重力不是一个值得调查的因素。

正是基于这种广泛的视野，我将采用前几章中阐述的一些分析方法来探讨治理、政治、压迫和腐败等议题。

6.2　权力与压迫：独裁、麦卡锡主义和猎巫行动

将焦点方法应用于法律所能揭示的最重要洞见之一，是"通过实施法律获得的社会结果"和"通过看似更内生的过程获得的社会结果"之间只有细微的差别，这些内生过程包括社会规范和政治规范、人们的文化、习俗等。能够意识到这一点，就可以对宽容、极权主义和猎巫行动等政治现象，有着更为深刻的认识和理解。

对社会科学家而言，最令人困扰的概念之一是"权力"。我们都能感受到它无所不在、非常重要，但很难弄清楚它到底意味着什么。最大的错误是认为政治权力建立在一些可见又重大的事物之上，这可能是成千上万普通人在日常生活中持有的一种信念。这种信念导致你预期别人会如何行为以及别人预期你会如何行为，由此使我们难以把握"权力"概念的本质。但事实上，许多巨大的力量和运动都源于看似微不足道的事物。这种情况令人不寒而栗，因为许多普通人几乎无害的行为和信念，却可能导致政治上的荒诞结局。正如我在书中所言（Basu，2011a），卡夫卡抓住了这一点，他的同胞

瓦茨拉夫·哈维尔也一样，当时哈维尔是一名异见人士，正进出于监狱。

我将完整而又简要地介绍上述核心思想，其中一些想法已在我的其他研究工作中得到了更全面的论述（Basu，1986，2000）。我对政治权力这一主题的研究兴趣，归因于斯蒂文·卢克斯（Steven Lukes，1974）所写的一本简洁小书《权力：一种激进的观点》。20世纪 80 年代早期，我有机会与卢克斯在牛津会面，当时他正在引介哈维尔富有影响的《无权者的权力》一文，哈维尔的文章是从他被关押的捷克斯洛伐克监狱中私下流传出来的。卢克斯给了我一份刚打印出来的英文译本。起初哈维尔的这篇文章被官方禁止，只能作为地下出版物获得；但最终在 80 年代初，它成为捷克斯洛伐克异见人士的宣言。虽然这篇文章后来像"77 宪章"*一样，成为革命团体集会的号召，但人们并没有充分认识到，它也是一篇深刻、充满睿智的文章，实际上阐述了关于权力和政治压迫的博弈论概念。[2]

我认为，这篇文章被广泛误解了。它经常被视为西方反对共产主义专政的论证，但仔细阅读后，你会发现它的意义远不止于此。它是关于人类困境的论述，也可以适用于右翼极权主义以及美国麦卡锡主义时期的反共诬蔑和迫害。哈维尔展示了每个人在日常工作中如何在不经意间释放出邪恶的力量，由此迫害其他群体支持暴君式的领导人。简而言之，哈维尔把我们的注意力引向压迫的本质，这

---

* "77 宪章"（Charter 77）是 1976—1992 年在捷克斯洛伐克的一项非正式公民倡议，因指明了 1977 年 1 月的日期，而被命名为"77 宪章"。——译者注

2　最近的一些研究工作开始沿着类似思路发展上述概念，参见 Hatlebakk（2002），Villanger（2005），Yang（2014），Acemoglu and Wolitzky（2015），Oleinik（2015），Ledyaev（2016），Joshi and Mahmud（2016），Han（2016）。

种压迫不仅曾普遍发生在 20 世纪 30 年代的德国、80 年代的苏联和捷克斯洛伐克以及近几十年来的朝鲜；他还提醒我们在所有国家都可能存在这样的风险，也包括美国。

我不了解哈维尔是否知道纳什，关于这个人或者这个均衡。但哈维尔构建的论证，植根于个人对他人行为的信念，这与纳什均衡的观点惊人地接近。[3]

哈维尔将他描述的体系称为"后极权主义"，它以一种"自动整体"（auto-totality）的方式运转，不仅统治者，还有普通居民也都参与维持这一压迫体系。蔬菜水果店店主通过张贴谄媚的海报以表示"忠诚"；政党官员则侵扰那些没有表示忠诚的蔬菜水果店店主，以表示他的"忠诚"。让我直接引用哈维尔（1986，第 36 页）的文字，[4]因为我怕转述无法完全呈现他的文学才华：

> 假若某个市区到处充斥着谁都不看的标语，这在一方面是区党委书记向上级党委的一个交代，同时还有更进一步的意义：这是社会自我完善原则的一个小小的范例。后极权社会本质的一个方面，就是把所有人都圈入它的权力范围之内，不让人们实现其人性，而是让人们放弃自我和人性，服膺于整个体制，变成体制的自动代理人和其自定目标的仆人。这样一来，人们就会加入体制的普遍义务中，被体制攫取和奴役……人们的普遍参与制造了一个普遍的规范，迫使其他公民俯首帖耳。再者，

---

3 我在 1986 年的分析中也提到过这一点，但并未正式地证明哈维尔的论证是一个"纳什均衡"或"子博弈精炼均衡"。

4 他最初写这篇文章是在 1978 年。

人们学会了心甘情愿地参与，以为那是理所当然的。最后他们无须任何外部压力，就会视那些不参与者为异端或傲慢不逊的人，是对大家的侮辱和对社会的背叛。后极权社会就是这样，通过把一切人拽入权力的网络，使一切人变成社会自动整体的工具。

每个人都参与了，被奴役了，无论是水果店店主还是国家总理。在权力结构中地位的不同，只不过表示参与程度的不同而已：水果店店主参与的程度较小，他手里的权力也很少。国家总理当然权力较大，但他的参与程度也更深。两者都无自由，只是形式不同而已。整个参与的同谋不仅仅是另一个人，而是体制本身。

1978 年，在位于北波希米亚赫拉德塞克市（Hradecek）的乡间小屋，哈维尔在一种离奇环境中写下了上面这篇著名文章。在他家对面的空地上，警察搭建了一座高跷式的瞭望塔，哈维尔称之为"月球漫步者"，因为它的形状类似于苏联制造并以"月球漫步者"命名的月面行驶车。警察在那座塔上轮流值班，一直监视着他。哈维尔相信，后极权主义制度的作恶者也是该制度的受害者，因此他对监视他的警察有着本能的同情。正如他的传记作者赞托夫斯基（Zantovsky，2014，第 208 页）指出的："哈维尔对他的监视者没有怨恨，他们大多数是当地的警察……通常，哈维尔会同情警察的苦役，并通过与他们闲聊让他们感到放松……他有时还会给他们茶或咖啡。"正是哈维尔这种站在别人的角度看问题的非凡能力，使他对政治权力如何维持有着极其深刻的休谟式理解。

令人惊讶的是，哈维尔上面的文章经得起博弈论的严格审视。现在我将通过形式化他的思想，来证明这一点。我会把哈维尔的想法纳入一个博弈结构中，以便展开对博弈均衡的正式分析。

假设在一个人口众多的社会，其中个人命名为 1，2，3，…，如此等等。每位正整数都对应着一个人。这个社会的个人如下所示：[5]

1　　2　　3　　4　　5　　6　　7　　…

将他们站成一排，就像我描述的那样，这样可以更容易辨别他们的毗邻者。名字为 "n–1" 的人将站在名字为 "n" 人的左边，"n+1" 则会在 "n" 的右边。简而言之，可以想象这些人站成一排、面对着我们。

在这个社会里，交易可以发生在个人 1 和个人 2 之间，而对所有个人 n（n > 1）而言，他可以与个人 n – 1 或个人 n + 1 进行交易。简而言之，如上图所示，每个人都可以与他的近邻进行交易。对于任何两个人，例如 n 和 n + 1，如果 n 想要和 n + 1 交易，n+1 又同意，交易就会发生。换句话说，每个人总是试图和他右边的人进行交易，如果右边的人又同意，那么交易就会发生。

假设当 n 和 n + 1 之间发生交易时，n 会得到 3 美元，n + 1 得到 1 美元。如果所有人都和两边的近邻开展交易，那么除了 1 得到 3 美元，其他人均会得到 4 美元（1 只有一位近邻 2，所以他只能与 2 进

5　从技术上讲，这里假设的个体数目是无限且可数的。这一假设与我（1994a）和 Voorneveld（2010）在不同背景下所做的假设类似。此外，Voorneveld 还详细论证了这种假设为何是合理的（参见 Rubinstein，1991，第 918 页）。在目前的例子中，我做出这一假设，是为了能够在相对简单的环境中构建子博弈精炼均衡。应该强调的是，有限个体的假设也能得出相似的结论，但博弈的结构通常更为复杂（参见 Basu，2000）。

行交易）。

现在假设有一个独裁者出现在这个社会，并要求每个公民必须给他 1 美元。这是纯粹的勒索，因为他不会给予公民任何回报。那么公民是否会服从这一要求呢？尤其是当独裁者并没有能力伤害或惩罚其他任何人时，正如大卫·休谟描述的暴君，其体力有限难以对他人造成直接的身体伤害。所以乍一看，答案必然是否定的。但是，如果这个社会中某个公民不听独裁者的话，就会招致其他公民对他的惩罚和排斥，那么人们就可能会服从独裁者的命令。正是公民之间的相互恐惧，使得独裁者能够向他们所有人勒索，这也是我将用模型描述的。

首先给出如下的定义，一位公民 n 如果拒绝独裁者勒索的 1 美元，则被认为是"不忠诚"的；与此同时，如果公民 n–1 与"不忠诚"的公民 n 进行交易，也会被认为是"不忠诚"的。因此，如果 t 不给独裁者 1 美元，而 t + 1 和 t 进行交易，那么 t + 1 也会被视为"不忠诚"。并且，如果在这之后 t + 2 又和 t + 1 进行交易，那么 t + 2 也是"不忠诚"的，以此类推。

该博弈如下：第一阶段，公民 1 决定是否给独裁者 1 美元；然后在第二阶段，公民 2 决定是否给独裁者 1 美元以及是否与公民 1 进行交易；第三阶段，公民 3 决定是否给独裁者 1 美元以及是否与公民 2 进行交易，以此类推。

现在考虑这样一种情景：任何一个公民 n 都选择"忠诚"，而且只有公民 n – 1 是"忠诚"的，公民 n 才会与他进行交易。很显然，如果每个人都采取这种策略，就可以构成一个均衡。如果你相信没有人会选择"不忠诚"，你也不会选择"不忠诚"，这种行为构成了一个纳什均衡，也是一个子博弈精炼均衡。也就是说，如果这种情景出现，那么你预期人们在未来将做什么，他们确实就会做什么。

为了证明上述结论，首先考虑公民1，如果他相信每个人都会选择"忠诚"，那么将交给独裁者1美元，自己则得到2美元的净收益。这是因为公民2将会与公民1交易，公民1得到3美元，减去给独裁者的1美元，就净得2美元。另一方面，如果公民1决定不向独裁者缴纳不公正的税收，那么他会被贴上"不忠诚"的标签，可以预料公民2将不会与之交易，因此公民1的收益为0。如图6.1所示，公民1可以选择G（缴税）或N（不缴税），以及每种情况的下预期收益。

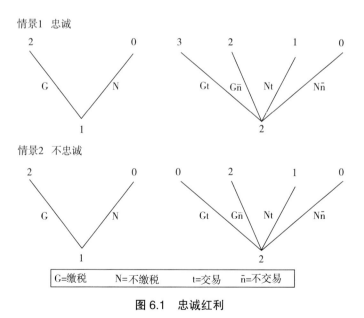

图6.1 忠诚红利

接下来考虑公民n，其中n＞1。首先，如果公民n－1是"忠诚"的，那么公民n的最佳选择是与n－1交易，并交给独裁者1美元。

这样，公民 n 也被贴上了"忠诚"的标签，并预期公民 n + 1 会与他交易。因此，公民 n 的收益就是 3 美元，如果选择任何别的行为，收益都没有这么高，正如图 6.1 上部图形中 n=2 的情景所示。此时假定公民 1 选择"忠诚"，即 G；接着公民 2 面临的选择将是"给独裁者缴税且与公民 1 交易"（选择 Gt）、"给独裁者缴税且不与公民 1 交易"（选择 Gn̄），等等。从图中所示的公民 2 的所有预期收益来看，显然他最好选择 Gt（给独裁者缴税且与公民 1 交易）。

其次，如果公民 n − 1 是"不忠诚"的，那么公民 n 的最佳选择是"拒绝与公民 n − 1 交易，并向独裁者交纳 1 美元"。这样，公民 n 就被贴上"忠诚"的标签，并预期公民 n + 1 会与他交易，从而其收益将是 2。很显然，如果公民 n 采取其他行动，境遇只会更糟。因为他会被贴上"不忠诚"的标签，就无法与公民 n + 1 交易。正如图 6.1 下部图形中 n = 2 的情景所示，如果公民 2 已经知道"公民 1 选择 N（不缴税）因而被视为不忠诚"，那么他不得不做出改变，显然此时公民 2 将选择 Gn̄（缴税且不与公民 1 交易），即他将会排斥公民 1。证毕。

独裁者能够得到支持，并被允许实施专制统治，完全是因为公民之间对遭受排斥的相互恐惧。[6] 独裁者其实不需要有直接伤害任何

---

6 正如 Carothers（2003，第 8 页）在谈到法律的效力时指出的，它是一个"存在于社会公民头脑中"的系统，上述模型只是在一定程度上形式化了这一说法。从某种意义上说，"统治者对普通公民的勒索"也可以看作腐败的一种形式。腐败通常需要良好行为的表象加以掩饰。正如 Moene and Soreide（2015，第 47 页）观察到的，"在最纯粹的形式中，政府代表（government representatives）会利用这些表面行为来谋取私利"。虽然情况往往如此，但这个模型表明，一旦在普通人中形成了对腐败者有利的共同信念，这些谋取私利的行为就会变得更加明目张胆。

人的能力，这就是大卫·休谟（1742〔1987〕，第 11 页）在 1742 年发表的著名论文《论政府的首要原则》中展现的惊人洞察力：

> 对于那些以哲学的眼光看待人类事务的人来说，没有什么比"多数人被少数人轻易统治"更令人惊讶的了。人们居然会带着一种含蓄的顺从，把自己全身心地托付给统治者。当我们追问这一奇怪之事究竟是如何产生的，就会发现，其实力量总是在被统治者一边，而统治者除了观念以外，找不到任何支持。因此，政府只是建立在观念之上。这一箴言既适用于最专制、最暴力的政府，也适用于最自由、最受欢迎的政府。埃及的苏丹或罗马的皇帝，可能会像野兽一样驱使那些无辜的臣民，完全违背他们的感情和意愿；但这些统治者至少在领导马穆鲁克或古罗马禁卫军时，就需要表现得像个人，以获得其观念上的支持。

一旦理解了上述观点，就会明白当时东欧的压迫现象不是特例，虽然它也是促使哈维尔写作的背景。从本质上讲，在法西斯主义的案例、在 20 世纪 50 年代初美国参议员约瑟夫·麦卡锡引发的"红色诱饵"行动中，我们均可以看到类似的现象。

一切始于 1950 年 2 月 9 日麦卡锡参议员在西弗吉尼亚州威灵市的共和党妇女俱乐部（Women's Republican Club）里发表的一篇散布恐惧的演讲。他声称："在我看来，作为最重要政府部门之一的国务院，到处都是共产主义者；我手头就有 57 个例子，这些人要么是持有身份的共产党员，要么肯定是忠于共产党的。"（Schrecker, 1994,

第212页）由此，美国开始了一段极其残酷的"猎巫行动"时期，因为一旦有人被指控为"共产主义者"或"反美"，任何试图挑战这一指控的其他人也会立即被贴上"共产主义者"或"反美"的标签。

在图6.1所示的博弈中，"不忠诚者"的标签可以通过传染的方式扩散，一个人与被标记为"不忠诚"的人交易，也会被标记为"不忠诚"；仅仅因为有人试图质疑，"共产主义者或者反美"的标签就可以从一个人身上传染到另一个人身上。到了当年6月22日，毫不奇怪黑名单已变得非常长，它包括了拉里·阿德勒（Larry Adler）、伦纳德·伯恩斯坦（Leonard Bernstein）、沃尔特·伯恩斯坦（Walter Bernstein）、艾伦·科普兰（Aaron Copland）、皮特·西格（Pete Seeger）、玛格丽特·韦伯斯特（Margaret Webster）和奥逊·威尔斯（Orson Welles）等许多名人。

最高法院大法官威廉·道格拉斯（William Douglas）在结束麦卡锡主义方面发挥了重要作用，他在发表于1952年1月13日《纽约时报》的文章中写道："我们曾经彼此信任，现在却彼此怀疑。无辜的行为成为不忠诚的标签……怀疑将与日俱增，直到某种普遍接受的观念成为安全的那一个。那些偏离者都是可疑的。"

最终，幸运的是，在一些杰出的参议员（既有民主党也有共和党）、商界领袖和法官的领导下，反对麦卡锡主义的声音越来越大。到了1954年初，在被称为"乔必须离开"（Jo Must Go）运动的支持下，反对达到了高潮。1954年12月2日，参议院投票谴责了麦卡锡，麦卡锡时代终告结束。正如当时艾森豪威尔总统明显宽慰地说，"麦卡锡主义"已经成为过去时（Fried，1990，第141页）。

从本书的视角看，有趣的是不需要修改任何法律就能引发"麦卡锡主义"。的确，这就是社会焦点的转移，我们对彼此的预期发生了变化。参议员麦卡锡可能在触发这一变化中发挥了作用，而一旦这种变化发生，他就无须再挥舞鞭子了。正是人与人之间的恐惧让这场运动积聚了力量，使得个人无力对抗。参议员麦卡锡的作用只是转移了社会的焦点。

最新关于符号学的有趣研究表明了同样的观点，它探讨了中国的"拍马屁"行为（Yang，2014）。从字面意义上说，"拍马屁"就是"拍拍马的屁股"，它的起源很有可能来自蒙古，在那里马象征着地位。在现今的中国，"拍马屁"是指在工作场所和等级组织中的奉承或谄媚行为。

这里的分析完全基于焦点方法的模型。所有参与者都是模型的一部分，没有人能够因一部新法律或一份宣言而突然出现在博弈中，它相当于一般均衡分析。我们刻画的生活博弈展示了博弈是如何达成一个"某些人被赋予巨大权力"的坏均衡结果。对于普通公民来说，理解上述逻辑至关重要，以便他们能够设法将专制扼杀在萌芽状态，并及时制止仇恨的传播，因为这种情绪一旦发酵就会失控。杨洁（Yang，2014，第2页）认为，在当今中国，"拍马屁"普遍伴随着对地位更高者的表面尊重，这"既是一种生存策略，也是控制的一种符号模式"。"档案"系统的存在使这种控制成为可能，它维护着记录雇员和组织成员行为的卷宗和材料。这使个人的行为信息可以在人们之间传播，并迫使个人因害怕别人的另眼相看而循规蹈矩。这一过程类似于哈维尔描述的后极权主义社会中发生的情况，以及我的权力模型中描述的情景（Basu，1986）。正如杨洁指出的："一旦拍马屁成了官僚体系中的一种均衡筛选规范，它就会迫使人们都这样做。"

6.3 言论自由：有法和无法

关于"法律约束"与"非法律的社会压力和惩罚"如何互为替代的一个很好的例子，是言论自由。我们通常根据不同国家的宪法、法规、实际行为和具体情况，来比较各国的言论自由度。这种方法给出了一些有趣的结果和见解。在我们这个痴迷于排名的世界里，有一些网站和组织对各国的"言论自由度"进行了排名。根据一个较为流行的网站给出的排名结果，[7]言论最自由的国家是新西兰，紧随其后的依次是澳大利亚、英国、日本和美国。这个排行榜的末尾也很有趣，言论最不自由的国家是厄立特里亚。读到这里，读者可能会认为朝鲜并没有被包括在研究范围内。但事实并非如此。这项研究声称，相比厄立特里亚，朝鲜人的自由度更高一点，因此他们被列为言论自由度倒数第二的国家。与此相关的是，在新闻自由指数上，芬兰高居榜首，新西兰排名第五；榜尾的排名则与上面相同，朝鲜依旧击败厄立特里亚排在了倒数第二。[8]

所有这些研究的共同之处在于，它们关注的是政府制定的法律和规则，以及在这些法律和规则下普通人和媒体拥有多大的"说"和"写"的自由。[9]在言论自由上，国家确实是一个重要的角色，也值得关注。但是我想提醒读者注意如下事实：言论自由或不自由状态可能由法律导致，也可能在没有法律的情景下由普通人之间的社

7　网址为：http:// www.therichest.com/rich -list /10-countries-with-the-most-freedom-of-speech/。

8　这里根据"无国界记者组织"编制的"2016 World Press Freedom Index"。

9　重要的是认识到，言论自由也包括"不说的权利"。有趣的是，烟草公司试图利用这点来抵制烟草可能造成危害的宣传，它们辩称："被迫表明烟草的危害"违反了美国宪法的言论自由条款（Jolls，2013）。

会压力、规范、排斥和惩罚行为所致。这是法和经济学的焦点方法要强调的一个重要事实。毕竟，社会（回想一下，它不仅包括普通公民，还包括警察、治安官和国家元首）上任何通过使用法律实现的结果，也可以在没有法律的情况下得以实现。这是因为，法律达致的结果只是生活博弈中的一种均衡，法律仅仅是给予这个均衡结果以显著性，有助于社会在没有其他推动力的条件下选择这个结果。

事实上，通过构建一种社会监控足以限制言论自由的情景，我们就能够看到这一点。鉴于上一节的论证，此项任务变得简单。假设一个国家要么没有法律、要么没有保护言论自由的宪法和法律条款。在这个社会里，有一个无神论者想要公开宣布他的信仰。他想说："我不相信上帝存在。"假设他能够公开说出上述言论，那么得到的满足感相当于 1 美元。换句话说，如果他不能这样说，就像交出了 1 美元。

现在考虑一个与第 6.2 节的设置完全相同的社会，公民 1 可以与公民 2 交易，公民 2 可以与公民 1 和公民 3 交易，公民 3 可以与公民 2 和公民 4 交易，以此类推。在这个社会中，博弈的构造完全与上一节相同，你可以选择惩罚或排斥宣称"我不信上帝"的公民，也可以选择与他交易；对于那些与宣称"我不信上帝"的公民交易的公民，你也可以选择排斥他或者与之交易；如此等等。这个博弈的均衡结果是所有无神论者都会保持沉默，国家无须以任何方式介入。只要人们可以自由地与任何他们想要的人交易或不交易，就可以通过实施惩罚来阻碍言论自由。此外，惩罚的手段也不一定是交易，没有人跟你说话也是痛苦的。所以惩罚也可表现为公民 2 拒绝与公民 1 说话、公民 3 拒绝与公民 2 说话，诸如此类。[10]

显然，现在我们可以在各种不同情景中应用上述博弈构造。假设在朝鲜，国家并不限制任何言论。而你，一位朝鲜公民，想说，"我不认为金正恩是朝鲜民主主义人民共和国的最佳着装人士"。为了帮助读者了解该背景，据称 2016 年一家朝鲜机构宣布（我无法证实其真实性），金正恩已经连续第七年成为该国的最佳着装人士。正如我们刚刚看到的，如果你在公共场合说出上述言论，就会遭到排斥，从而可能付出高昂的代价，所以你会克制自己不要乱说话。在这种场合下，国家工作人员无须发挥任何作用。无论你住在哪里，无论你所在国家的法律给予你多大的自由，你的言论自由都可以通过纯粹的社会惩罚受到限制，这与上一节中讨论的"拍马屁"行为的机制是一样的。在许多国家，特别是（但不仅仅是）在战争时期，如果你想说你认为（我确实这样认为）生命的逝去是一场悲剧，无论这一生命属于自己国家还是敌方，此时，并不需要国家"机器"阻止你，就会有人施加压力和骚扰，在很多情况下还会用暴力相威胁。类似地，在许多国家你必须克制对总理政策的批评，或者避免说出"不希望现任总统担任总统"的言论。

尽管与这里的讨论没有密切关系，但在结束言论自由的话题之前，或许值得指出的是，我们所说的"言论自由"并非明确无误、毫无争议。正如我之前（2000，第 5 章）论述的，如果你认为只要

---

10 基于同样的理由，言论自由也可以被大企业和大型组织团体用来故意歪曲信息和观点。正如我们所知，如果媒体被少数大亨和企业控制，对媒体免受官方审查的保护并不能保证所有真相都能以公平、公开的方式呈现给公众（Lebovic，2016）。

人们想说或想写，他们就应该拥有说出或写出任何东西的自由，那么，你就必须捍卫萨尔曼·拉什迪出版《撒旦诗篇》的权利；但是基于同样的理由，你也应该捍卫霍梅尼（Ayatollah Khomeini）对拉什迪宣布"追杀令"的权利，只要霍梅尼本人不执行追杀令。这个问题并非像初看起来那么抽象，在20世纪初美国言论自由的背景下，对于"工会有权利批评雇主"是否意味着"雇主也有权利表达反对工会的观点"，以及"是否应将雇主这样的表达权利视为其固有的"，也存在着广泛的争议。1937年，当亨利·福特和他的员工发生争执时，美国公民自由联盟的几位理事会成员确实持有这样的观点，支持福特有表达反对工会言论的权利（Cole，2017a）。

此外，有些言论可能会像打一巴掌、踢一脚或抽一鞭一样令人痛苦，甚至更为痛苦。纯粹从结果论者的角度看，如果你反对这些物理上的人身攻击，显然你也应该同样反对那些伤人的言论。[11] 我的意思是：假设有一种情景，每次你说出一个句子，有一个人听到它就会感觉很糟糕。现在换一种情景，每次你说出那个句子，这个

---

11 美国经常被认为是通过宪法第一修正案（First Amendment）在法律上保障言论自由最好的国家。但值得注意的是，美国法律允许例外情况。这在很大程度上始于1942年著名的"查普林斯基诉新罕布什尔州案"（Chaplinsky v. New Hampshire），以及"挑衅字眼"（fighting words）这种说法的出现，由此那些会直接引发暴力的言论被禁止。这导致了更多的例外条款，例如国家有权阻止"类似于口头攻击并对其接受者造成精神痛苦的言辞"（Gard，1980，第524页）。问题是，一旦打开了"例外情况"这个窗口，它就很容易被误用，通常政府会通过压制不同意见来保护公务员和政治领导人的利益。与此同时，我们也必须认识到没有例外情况是不可能的。这表明，成文法的效力和公正取决于社会如何解读这些文字。我们与生俱来的公平和正直意识对于创造一个公平、守法的社会至关重要，因为法律的模糊性是不可避免的。

人听到它感觉不糟糕了，但是这个句子就像一个数字命令，使得某个装置会伸出一只手臂并打这个人一巴掌，由此所致的疼痛与前一情景中言语伤害造成的强度完全相同。基于结果论者尤其是福利主义者的视角，如果在第二种情景中不允许发出命令去打别人的耳光，那么在第一种情景中，也不应允许说同样的话。因此，根据上述论证，必须对言论自由加以限制。

然而，这里还应记住两个重要的区别。首先，人身攻击行为是可以明确界定的，而伤害性言论则不是。因此，纯粹由于定义上的问题，或者担心会引发持续诉讼的风险，我们可能无法限制伤害性言论。其次，我们能够控制别人的言语对我们的伤害程度，例如采取一些适应社会的方法，或者学着忽视这些评论、不读那些冒犯性的文章。基于上述理由，我的确认为，尽管言论自由不可能是彻底的，但它应该在最大程度上得到珍惜和保护，并得到最广泛的运用。我们必须非常谨慎地因为言论自由的伤害而对其加以限制，这样的场合应该少之又少，通常只能是极端的情况［参见 Fish（1994）的精彩讨论］。

本节的讨论揭示了非正式的社会控制可能具有的优势，以及可能造成的危害。它们可以被用来释放和鼓励可怕的行为，例如严格限制人们说什么和写什么，限制人们信仰或者不信仰什么宗教；它们也可以被用来欺凌个人和群体、压制各种自由。用梅拉特等人（Mailath、Morris and Postlewaite，2017，第 33—34 页）的话说："在美国，法律明确规定，个人对任何其他人有看法，都有权利告诉他。如果听到话语的人因此以谋杀作为报复，是违犯法律的。然而，在以往世纪的大部分时间里，在这个国家的大部分地区，如果一个黑人告诉一个白人他的观点，很可能因此被白人绞死。绞刑显然构成了谋杀，但即使有警察愚蠢到逮捕了凶手，他既不太可能找到愿意将此种行为视为犯罪的检察官，还可能面对不认为这是犯罪的陪审团。"

另一方面，社会压力也可以帮助公民拒绝遵守不公的法律，或者抵制那些显失公平和公正的政治领导人。这里的关键是：几乎总是要使用一种具有传染性的抵制或排斥体制。如果 A 与不受欢迎的政治领袖交往，其他人就不会与 A 交往。而且，如果 B 与 A 交往，其他人则又不会与 B 交往，以此类推。印度的种姓制度中就存在相同的方式，例如与贱民的接触就有很强的传染性。

我之前在书中谈到，有些法律如何被所有人完全忽视，因此实际上毫无用处。[12] 同样的道理也可以被公民用来有意地绕过明显不公正或不道德的法律。在印度的自由斗争中，甘地经常使用这种方法，他呼吁公民和执法人员集体违法。毕竟，一个领导者运用自己个人的体力，能做的事情是有限的。正如我们在本章前面看到的，力量其实来自以某种方式行事并持有某种信念的普通人。同样的道理，普通人也可以通过特定方式剥夺领导人的权力，并由此产生一种无人能抗拒的集体力量。

---

12 我引用了 Mailath、Morris and Postlewaite（2017）的观点，他们讨论了许多其他法律的例子，这些法律被束之高阁，对人们的行为没有产生任何影响，即使在发达的工业化国家也是如此。

6.4　腐败之害

现在，让我们回到第 2 章开始时讨论的议题，即早期法和经济学思想家分析的犯罪和惩罚问题。犯罪、惩罚与腐败密切相关。腐败通常是指在执法人员（即警察、官僚或政客）的默许下违犯法律的行为。对于一个普通公民来说，偷窃是一种犯罪，但它不会被描述为一种腐败行为。腐败通常涉及合谋的国家工作人员。施莱弗和维什尼（Shleifer and Vishny，1993，第 599 页）明确指出了这一点，他们将腐败定义为"政府官员出售政府资产以谋取私利"。如果执照和许可证具有价值，可以通过贿赂手段获得，这实际上就是出售政府资产，从而构成腐败。

腐败现象的存在，是传统法和经济学的根基尚存缺陷的确凿证据。大多数对腐败问题的标准处理，都采取了一种极其局部的均衡分析方法，视执法人员在分析框架之外；而需要他们时，他们又会复活出现。这极大地妨碍了我们对腐败的分析，也无法解释腐败为什么在某些社会普遍存在，又在其他一些社会如此罕见。为此，我们必须从整个社会的层面看待这个问题，就像在上文对权力和政治的分析一样，我们必须把国家工作人员当作普通人看待，他们也有自己的动机和利益，正如我在第 2 章中使用的激励模型所示。在此，我想再次捡起这个话题，利用前面章节讨论已得到的洞见，继续展开分析。

我想表明的是，随着 20 世纪 60 年代关于犯罪和惩罚的新古典模型的发展，人们开始逐步认识到国家工作人员也应被当作普通人。换句话说，这个问题在很长一段时间内已经被人们潜意识地感觉到，并导致了后来的焦点方法的产生。在当时，虽然已经有了对国家及其工作人员进行建模的许多有趣努力，但相关的研究议程仍然是不完整的。

人们早期的理解是，贝克尔（1968）无意中所做的假设——执法者就像机器人，可以机械地执行工作——是错误的。要理解腐败，就需要修正这种假设。已经有大量关于腐败的文献，它们以不同的方式进行了这样的尝试，[13]这些研究在某种意义上是焦点方法的先驱。

让我们回到第 2 章贝克尔的犯罪与惩罚模型，看看一旦允许逮捕罪犯的警察具有理性人的特征，关于犯罪与腐败的分析将发生什么样的变化。简述一下贝克尔的分析模型，一个人正在谋划一种犯罪行为，试图获得赃物 B 美元。但被警察抓获的概率是 p，如果被抓获则罚款 F 美元。在这个模型中，如果 B ≤ pF，犯罪将不会发生。

假设警察像其他普通公民一样是效用最大化者，愿意接受贿赂，上述模型就将改变。在这种情况下，当罪犯被抓获后，就会和警察讨价还价。如果他们不能达成协议，罪犯必须向政府支付 F 美元，而警察什么也得不到。但是如果他们达成贿赂额为 b 美元的协议，罪犯失去 b，警察则得到 b。显然，贿赂 b 永远不会超过 F，否则罪犯宁愿交罚款。简而言之，罪犯和警察之间有 F 美元可以分摊。鉴于罪犯和警察在分钱时的对称处境，很自然地预期他们会把 F 均分。

13　例如参见 Rose-Ackerman（1975），Klitgaard（1988），Mauro（1995），Mookherjee and Png（1995），Bardhan（1997），Mishra（2002），Kugler、Verdier and Zenou（2005），Bose and Echazu（2007），Treisman（2007），Wihardja（2009），Yoo（2008），Gautier and Goyette（2014），Suthankar and Vaishnav（2014），Banuri and Eckel（2015），Dixit（2015），Popov（2015），Gamba、Immordino and Piccolo（2016）。

也就是说，贿赂额将是 F/2。[14]

这个小小的改变给我们带来了一些有趣的结果。罪犯当然不会再支付罚款了。当一个人从事违法之举被抓获时，他就会和抓获他的警察讨价还价，并试图支付贿赂后逃跑。有趣的是，尽管在此情况下不会缴纳罚款，但它在遏制腐败方面仍发挥着作用。由于犯罪赃物为 B，被抓获的概率为 p，如果被抓获，行贿额为 F/2；如果 B ≤ pF/2，那么罪犯不会选择犯罪。

显然，从未缴纳的罚款仍然可以用来遏制犯罪，因为罚款额决定了贿赂的额度。显然，通过与上述条件的比较，现在的罚款额（F）必须是原先的两倍，或者抓获犯罪的概率（p）是原先的两倍，才能起到同样的震慑作用。

这是一个重要的洞见。一旦我们认识到警察也是理性的，并考虑社会背景，他们可能愿意接受贿赂（因此罪犯可能不接受惩罚而逃脱），但这并不意味着惩罚不会发挥作用。当然，惩罚的效果会下降。你必须将惩罚额度加倍，才能得到与原先同样的结果。一旦清楚了国家工作人员是理性的，相应的分析和政策措施也需要随之变化。

然而在上述情景中，马上会出现一个尚待回答的问题。在大多数社会中，接受贿赂是犯罪，就像偷窃是犯罪一样。而在有些社会中，行贿也是一种犯罪，但我们暂且把这一点放在一边，假设只有接受贿赂才是犯罪。在这种情况下，接受贿赂的警察肯定会感到紧张，因为他可能会被一个上级警察抓获，并因接受贿赂的行为而被要求支付罚

14　这个解（即 b=F/2）和我们把上面的问题写成纳什讨价还价问题的解是一样的。换言之，读者可以放心地知道，这个解得到了纳什讨价还价问题的所有公理的支持（Nash, 1953）。

款。当然，如果发生这种情况，警察和上级警察之间也可能产生贿赂，这次是警察贿赂上级警察，以避免向国家支付罚款。

显然，这可能会引发一连串的腐败和贿赂行为以逃避罚款。这是一个引人入胜的话题，因为它既描述了许多国家非常现实的情况，即贿赂的高发率，又要解决一系列的讨价还价问题，在理论上也很具挑战性。这也是我们（Basu、Bhattacharya and Mishra，1992）研究分析的核心问题。自然，还有大量的文献关注于此，对各类问题及其众多表现形式展开了研究。[15] 从某种意义上说，这些研究是法和经济学焦点方法的先驱，它们打破了警察像机器人、一次只有一个警察参与等假设，创建和分析了连锁腐败的问题，焦点方法正是沿着它们的思路继续前进。

上述讨论开辟了思考法律的新方式。一旦我们把执法人员也视为一位参与者，就会产生新的思路和新的政策干预方式。在许多腐败问题上，对所有参与者都施以了惩罚，而没有考虑人们在策略上的反应。例如在印度，根据 1988 年《预防腐败法案》，只要查处贿赂案件，所有涉案人员都被视为同等有罪并受到惩罚。稍加思考就会发现，这显然会加剧而不是遏制腐败。

如果行贿者和受贿者被认为同等有罪，正如 1988 年印度《预防腐败法案》第 12 条的规定，[16] 那么贿赂行为发生后，行贿者和受贿者

---

15 例如参见 Bac and Bag（2001），Polinsky and Shavell（2001），Rahman（2012），Acconcia、Immordino、Piccolo and Rey（2014），Makowsky and Wang（2015），Sanyal（2015），Rose-Ackerman and Palifka（1999［2015］），Burlando and Motta（2016）。

16 让我引用 12 节的条款："任何人凡参与（和贿赂有关的）任何罪行，无论犯罪是否为教唆的结果，应判处不得少于 6 个月的监禁，刑期最多可延长至 5 年，并可处以罚款。"

在合谋和隐藏贿赂事实上有共同的利益。这种合谋使得贿赂行为很难被发现；而确信不会被发现，又让政府官员在收受贿赂时更加肆无忌惮。因此，这样的法律很可能导致贿赂的增加。值得注意的是，甘比达（Gambetta，2009）在其关于腐败的影响深远的研究中，发现犯罪伙伴之间的信任水平是理解腐败的关键。[17]

一旦我们从互动的博弈论视角思考，显然减少贿赂的一种方法是引入不对称的惩罚，即宣布行贿不违法，而受贿是一种犯罪。事实上，还可伴随着出台增加受贿者惩罚额度的措施（Basu，2011b）。一旦惩罚是不对称的，受贿者就会预料到，贿赂发生后行贿者在谈到行贿行为时不会有任何顾虑，从而增加了受贿者被抓获的概率。了解到这一点，受贿者在面对贿赂时会更加犹豫，从而降低了贿赂的发生率。我们刚刚描述的是一个两阶段的逆向归纳论证，这个方法在第 4 章中也用来推导子博弈精炼均衡，在前文中我们已使用过几次。

现实总是比模型更复杂，上述论证也需要附加上值得我们注意的警告和限制性条件。但这里的关键是，需要构建更完整的模型、更明确地纳入博弈的一些元素，这样能使我们制定出更好和更有效的法律。关于法律的不对称方式造成的变化，有一些真实的历史事例。在最近的一篇论文中，伯林等人（Berlin、Qin and Spagnolo，2018）研究了第八届全国人民代表大会第五次会议对《中华人民共

---

17 在后来的一项研究中，Gambetta（2017）以 Treisman（2000）关于腐败的跨国综合研究为背景，利用同样的想法，即"腐败中的信誉"来解释意大利的高度腐败。正如他指出，高度腐败通常是阻碍各国实现高水平社会经济发展的障碍。但意大利的例子在此提出了一个谜题，因为它似乎已经跨越了这一障碍。

和国刑法》做的一些修订（1997 年 10 月 1 日起实施），然后使用
了一个特殊的数据集分析法律修订前后的腐败发生率。他们发现：
可能由于改善了原有的那些设计糟糕的法律，能查到的腐败案例
以及反腐的震慑宣传，都比以往减少了。当然导致这一现象的原
因是复杂的，不能将它视为对上述理论的简单肯定或否定。但伯
林等人的分析表明，此种法律修订可以对司法行为产生重大影响。
也有研究进行了实验性的尝试和其他更具描述性的实证研究，结
果喜忧参半。[18] 然而，在此我的兴趣不是这种法律的具体变化，而
是法和经济学方法的转变，它的标志是试图把国家代理人的行为
内生化。

　　上述研究工作朝着正确的方向在前进，但它们还不能把我们带
到焦点方法，因为在这些模型中，当调整罚款、豁免他人或者加倍
惩罚时，所有负责执行命令的代理人还没在模型中得到明确的刻画。
的确，要利用完善的焦点方法，让法和经济学一直走向现实世界并
指导政策制定，并非总是容易的。要做到这一点，我们还需要时间
来发展必要的分析技能。

　　在此期间，努力的目标应该是更全面地描述参与的国家代理人、
尽可能明确地考虑他们的策略倾向，然后设计控制腐败的措施。[19] 重

18　参见 Li（2012）、Wu and Abbink（2013）、Abbink、Dasgupta、Gangadharan and Jain（2014）、
Dufwenberg and Spagnolo（2015）、Oak（2015）、Popov（2015）、Suthankar and Vaishnav
（2015）、Angelucci and Russo（2016）、Basu、Basu and Cordella（2016）。

19　在我和迪克西特（Basu and Dixit, 2016）的研究中，我们试图表明如何将一部分监管
任务从政府转移到私营企业和公司。此外，Dixit（2015）描述了私营企业如何在无须
政府干预的情况下，通过设计企业内部的集体行动来控制腐败。这种模糊了私人和国
家工作人员界限的研究方法，是朝正确方向迈出的一步。

要的是，要认识到腐败有其系统性的一面，虽然我们应该努力完善针对腐败的惩罚措施和侦查策略，但如果不能认识到其系统性的一面，最好的计划也可能付诸东流。我们还需要认识到多重均衡的普遍性。同一个社会，既可能陷入一种人人腐败的均衡，也可能达到几乎无人腐败的均衡。如果引入行为经济学的元素——在第 7 章将展开更明确的分析——就能很好地证明这一点。

与新古典模型不同，现实中的人们，也包括那些深陷腐败的人，都能意识到腐败的道德含义。然而，当腐败现象普遍存在时，它似乎成为一种更易得到容忍的行为，正如第 5 章描述的那种均衡筛选规范。就像《世界发展报告：思维、社会和行为》（World Bank，2015，第 60 页）指出的，在众多的历史时期和当今的许多社会中，腐败已经成为"一种共有的信念，即利用公职使自己、家人和朋友受益的行为，它是普遍的、可预期的和被容忍的。换句话说，腐败也可以是一种社会规范。"

最近一项有趣的研究（Abbink、Freidin、Gangadharan and Moro，2016）在实验室环境中人为地创建社会规范并考察人们的行为反应，以验证上述观点（也参见 Bicchieri and Xiao，2009；Banerjee，2016）。这项研究根据人们的腐败倾向对他们进行排序，然后将参与者两两配对，有些人的腐败程度较高，有些人的诚实程度较高，并让参与者知道他们与怎样的人配对。研究发现，与更倾向腐败的伙伴配对时行贿发生的概率是与更诚实伙伴配对时的两倍。社会环境确实影响了个人的行为。

上述论证解释了为何存在多重均衡，以及腐败现象为何既可能泛滥成灾也可能凤毛麟角。[20] 它们对于腐败的控制有着重要的意义，也解释了为什么如此多反腐的真正努力都付诸东流。我们已经看到这种现象在不同的国家（如中国、印度、巴西）一次又一次地重演。在这些国家，领导人认真地致力于腐败的控制，却难有成效，而且最终的结果往往使情况更糟。事件的轨迹惊人得相似，领导人宣布严厉惩治腐败的措施，但很快就会发现腐败是如此普遍，以至于他（这里所用的代词有些政治不正确，但我可以同时给出"他"或"她"的例子）就像到池塘中捕鱼，任何一条被捕到的鱼都会被证明是腐败的。

假设现在你有能力逮捕和起诉 n 个腐败的人，你会挑选哪些人？在这个分裂的政治世界里，如果你选择了自己的朋友和党内的腐败分子，并开始惩罚他们，你很快就会被孤立，成为孤家寡人。你的朋友和政党会抛弃你，反对派也不会由此感激你而成为你的支持者。政治从来不是这样运作的。

因此，你很自然地想追击其他政党和反对派阵营中的腐败分子。这意味着，一场旨在结束腐败的真正运动，最终会变成一场针对反

20　从历史中我们也可以学到很多东西。有许多例子表明国家可以从一种均衡转向另一种均衡。Glaeser and Goldin（2006）记录了美国从 19 世纪末到 20 世纪初腐败现象的持续减少。Sundell（2014）和 Rothstein（2011）对瑞典如何从 19 世纪一个世袭和腐败的公共行政系统转变为最廉洁的国家之一，提出了有趣的洞见。在 19 世纪早期，政府雇员往往身兼数职，有时一连数月都不在岗，他们用不正当手段获取非正式报酬的现象也很普遍。对于腐败现象的减少，究竟是一次性的变革还是渐进式的改革，可能还存在争议，但性质的变化是极其明显的。重要的是对于此处的论述而言，瑞典案例表明同一个社会可能陷入截然不同的均衡状态。近年来，也有一些社会如新加坡和中国香港，腐败程度迅速下降。这些例子给那些深陷腐败困境的国家带来了希望，值得进一步研究。

对党和那些批评领导人个人的猎巫行动。

在这个世界上，充斥着不想真正终结腐败的领导人，因为他们从中获益良多。但世界上也有一些领导人确实想发起终结腐败的行动，却导致了错误的结果。因为领导人会发现，在一个腐败无处不在的社会中，要想在控制腐败的过程中做到公平公正，对他来说无异于政治自杀。

人们普遍认为，终结腐败所需的只是勇气和决心。事实上，腐败是一种复杂的现象。在腐败行为中，经济激励、社会规范、习俗和个人策略交织在一起，这也解释了为什么许多真正的反腐努力都以失败告终。[21]

与大多数政治领导人不同，经济学家和法学家认识到了腐败控制蕴含的知识和科学成分，但在制定切实可行的政策和计划方面还不太成功。原因之一是法和经济学存在概念上的缺陷。这一学科虽然在特定领域存在着断层线式的重要问题，但不能否认它仍然可以在许多方面发挥有效的作用。而当涉及腐败控制时，法和经济学的问题表现得尤为严重。这并不奇怪，因为腐败控制是一个需要对国家工作人员进行良好建模的领域，而这正是传统法和经济学的弱点。希望在不太遥远的将来，焦点方法能够在控制和制止腐败这一实际领域，发挥重要的作用。

21　World Bank（2017）的报告详细讨论了在应对这些挑战方面法治所起的作用。尝试对法治、规范和社会合意结果之间的联系开展实证研究，参见 Pistor、Haldar and Amirapu（2010）。

第7章　理性、法律和正当性

7.1　超越理性

除了偶尔涉及更广泛的人类动机，我一直坚持理性行为人的假设。在该假设下，理性行为人具有外生给定的效用或收益函数，这是主流经济学的标准假设，现代法和经济学思想也是在该假设下诞生的。在前两章中，我确实也谈到了耻辱和社会惩罚等议题，它们在主流经济学教科书中并不常见。上述章节借鉴了一些近期的文献，认识到人类不仅从他们消费的东西，还从其他人如何看待和对待自己中获得效用，从而丰富了分析的框架。社会认同带来愉悦，社会羞辱则带来痛苦。但是，除了这些暂时的偏离之外，我基本上仍停留在标准假设的范围内。

这样做基于三个原因。首先，我想强调主流法和经济学背后的确存在着一个关键的断层线问题，但同时也想表明在不放弃该学科的基本假设（即理性行为人）的条件下，可以对这一断层线问题加以修正。

其次我想强调，虽然我们应该尽一切努力纠正各学科中的缺陷，但必须承认一点：一种百分之百得到修正、完全协调一致的科学是不可能的，缺陷的存在不能成为放弃科学的理由。对一种现象的科学描述总是会省略现实的某些部分（Sen，1980）。否则这种描述将是毫无意义地逐字重述发生的事情，对现象的理解并没有什么帮助。省略是理解的关键。

虽然我批评了传统的新古典经济学，但同时也应该指出它的长处。任何科学研究都需要使用一些简化的假设。外生的理性就是这样的假设。尽管事实并非总是如此，但这不是抛弃该假设的理由。否则，我们既无法用任何其他假设替代理性假设，也难以对任何政策发表评论。有两类新古典经济学家：第一类假设个人是完全理性和自利的，并自欺欺人地相信这种假设总是成立；[1]第二类认识到这种假设并不总是正确，但相信这一假设在很多情况下能够被较好地运用，从而对众多事物得出一些准确的预测。我可以举出属于第二类的几位杰出经济学家，但为了避免招致敌意，就不这样做了。

再次，这与刚刚提出的观点密切相关，我们还没有一个假设能够全面替代"理性假设"，并能够以该假设为基础建立一个完整可用的模型。我们对理性假设的批判，以及由此提出的一些构想，还只是一些构件（building blocks）。因此，最好不要将本章视为基于焦点方法的法和经济学的终章，而应当作为序曲。此外，还要认识到人类动机的多样性，以及这些动机可以随着经验、社会环境甚至是几

---

1 正如 Rodrik（2015，第 29 页）在讨论公理和假设在经济学中的作用时指出："最终，我们无法避免不现实的假设。"然而，当我们忘记所做假设的不现实性时，错误就发生了。不幸的是，这种错误并不像人们预计的那样罕见。（罗德里克的观点参见其著作的中文版《经济学规则》，中信出版集团，2017 年。——编者注）

168

本好书而变化的事实。

经济学家说，研究表明并非所有的人总是理性的，这显得有些令人尴尬，因为经济学似乎是唯一需要通过研究才能得出这种论断的行业，而其他人通过他们的生活经验就能知道这一点。并且，正如我稍后论述的，知识来源于生活经验和直觉，这并不是玩笑话。另一方面，经济学在理性假设上的偏执，确实又导致了一些非常有用的概念，如"系统非理性"的发现，以及它在决定社会和市场的现象中所起的作用。对系统非理性的描绘依赖于心理学家先前的研究，再加上经济学家的实验室研究和田野研究，由此诞生了行为经济学，但赋予行为经济学更大影响力和智识深度的，是它将上述发现与均衡思想相结合，而均衡思想是经济学和博弈论的核心。[2]

本节和下一节的目的是对理性假设提出一种无可否认的特定批评，所谓"特定"，是指这一批评并不试图做到全面。相反，我将从行为经济学中挑选一些事例，并用纯粹推理说明我们的一些"系统非理性"行为如何影响社会政策、法律和市场干预措施。

我用两个例子说明理解系统非理性的重要性。第一个来自我个人的经验，它是非正式（不适宜发表）的实验。假设你计划在某个时间和朋友见面，如果你想让他们比平常更准时，一个有趣的方法是与他们约定更晚的时间，使用的方法如下：

2　Akerlof and Shiller（2015）正确地强调了这一点。事实上我对行为经济学的一个批评是：它还没有充分地利用这种联系，将行为经济学的发现与经济理论相结合，以拓展我们对经济和社会现象的理解。如果不能做到这一点，行为经济学就有沦为一份冗长实验结果列表的危险（Basu，2018）。

假设你想在下午 5 点与朋友们见面。我的主张是：如果你告诉他们："让我们下午 5 : 05 见面"，那么他们会比你说"让我们下午 5 点见面"更有可能准时到达。事实上，如果你要求他们 5 : 05 来，他们可能会比"按要求的 5 点到"来得更早。我偶尔的实验表明，这种方法非常有效。当你计划在 5 : 05 开会时，人们几乎准时到场；而当你计划在 5 点整开会时，人们通常会迟到 5~15 分钟，具体迟到的时间取决于所在国家、地区和人们的文化背景。你也可以要求朋友在下午 5 : 02 来，这样他们甚至会更准时，但代价是他们会猜测你的神志是否正常。

这表明生活中的语言不仅仅是按字面意思理解的，人们还会从中得到暗示。5 : 05 听起来很精确，会在听者的头脑中引发一种精神暗示，由此影响他的行为。也可能是，当有人在 5 : 05 邀请你时，你会觉得这个人的时间管理非常精确，而你不想让他失望或破坏他晚上的安排。毕竟，与许多教科书上所说的相反，利他主义和顾及他人的偏好与自利一样，都是人类与生俱来的品性。

第二个例子实际上是一个商业提案。过山车给人带来欢乐，人们也愿意花钱乘坐。毫不奇怪，游乐园的企业家在这个项目上赚了很多钱，但他们其实可以赚得更多，因为大多数人都低估了在过山车开始后他们感受到的恐惧。为此，我提出的定价策略是：上车的费用要少，然后在中途停下过山车，让乘客选择可以继续乘坐或者付一大笔钱提前下车。也就是说，他们可以付钱放弃剩下的"欢乐"旅程。

心理和行为的融合成为行为经济学分析的全部内容。幸运的是，我们不再需要像上面那样依赖偶然的实验。经济学和心理学的结合，以及从实验室研究和田野研究中收集的数据，在丰富我们对人类行为的理解方面发挥了重要作用，这是行为经济学的重大贡献。

转回到与本书主题相关的问题，让我们再次考虑第 2 章中讨论的囚徒困境博弈。在某种程度上，它只是一个抽象的博弈论例子，其中有两位参与者，每位参与者有两个策略（或两种行为）。但这个博弈却产生了巨大的影响，这是因为它诉诸我们的心理过程并困扰着我们。而且有趣的是，这个博弈之所以如此引人注目，很大程度上归因于这一事实：博弈最流行的形式（即两名囚徒的寓言故事），来自数学家想要吸引心理学家注意的企图。[3] 囚徒困境困扰着训练有素的经济学家，因为它警告我们完全自利的危害，以及看不见的手如何灾难性地失败，就像在各种公共问题的场景中发生的，包括我们这个时代最紧迫的问题之一——如何应对气候变化。这也提出了一个问题：在现实中人们是否完全自利。早期的实验表明，人们参与囚徒困境博弈的实际行为与理论预测的并不相同，这也反映了我们如何看待自己、看待他人、团队归属感和利他主义的倾向。[4] 例如，当我们在囚徒困境博弈中选择了不合作的行为（博弈 2.1 的行为 B），

3　普林斯顿大学数学家塔克（A. W. Tucker）创造了囚徒困境的故事，当时他为了向斯坦福大学心理学系的教授和学生解释自己的工作。之所以如此，是由于斯坦福大学数学系办公室空间不足，而塔克作为客座教授，他的办公室被安排在了心理学系。他的办公室邻居对其在纸上没完没了地写写画画感到好奇，邀请他和他们谈谈，解释他在做什么。正如我之前（1993）提到的，我是在与普林斯顿大学教授 Harold Kuhn 的一次谈话中了解到这一逸事的。库恩是塔克的合作者，两人一起发明了著名的库恩—塔克条件（Kuhn-Tucker condition）。我确信，如果不是塔克创造的故事或寓言，"囚徒困境"对经济学的影响不会那样大。正是这种如何把枯燥的数字练习与市场、新古典理性和看不见的手联系起来的方法，值得我们关注。

4　参见 Michael Bacharach（2006）去世后出版的书。

则会感到懊悔，尽管是否如此还存在争议。如果懊悔就像是一种外生强加的惩罚，那么实际上原博弈就会变成"有惩罚的囚徒困境"博弈，即博弈 2.2。因此，人类心理可以完成我们试图通过法律、惩罚和理性计算来实现的结果。

新的研究表明，这种利他主义倾向也许比我们之前认为的具有更强的分析基础。阿尔杰和威布尔（Alger and Weibull，2013）的一项研究表明，进化可能并不利于完全自利的人。一个天生倾向于做正确事情的个体，会有更大的生存价值，由此解释了利他行为在社会中的普遍存在，以及为什么康德的绝对命令可能具有进化论的基础（Alger and Weibull，2018）。[5] 鲍尔斯（Bowles，2014）指出，"自我追求的个人假定"和"具有公民意识的个人假定"之间的区别，有着悠久的历史，可一直追溯到马基雅维利和亚里士多德，追溯到培养良好公民的需要。卡拉布雷西（2016）也指出了人类利他偏好的重要性，并指出传统经济学家对法律的分析忽视了这一偏好，使他对主流的法和经济学感到失望（另见 Sunstein，2016）。

尽管囚徒困境中使用了"困境"一词，但并没有对"理性"和"自利"的含义提出质疑。第 2 章简要介绍的旅行者困境博弈，引入了囚徒困境博弈的一些特征，质疑了理性行为的意义，因此与现代行为经济学提出的一些问题有着更直接的联系。旅行者困境博弈表明，在足够复杂的情况下，我们可能会在逻辑上被迫超越新古典的理性假设。传统上，这种逻辑上的强制性是分析哲学家关注的内容，并未受到经济学家和法学家的太多注意。

5　Roemer（2015）的模型对康德提出的个人行为做了一种不同但在理论上有充分依据的解释。

7.2　旅行者困境与理性的意义

在旅行者困境中，两名参与者本可得到 100 美元，而由于每个人都是自利的，想获得更多的一点点收益，由此导致他们的表现不佳，最终每人只能得到 2 美元。但这在现实中真的会发生吗？在纯粹的推理上也成立吗？这些问题至关重要，因为立法干预的程度和性质取决于我们如何回答这些问题。

在传统的法和经济学中，针对上述结果，我们会很快得出结论，需要第三方干预来改变参与者的激励，从而改变双方的行为。但是，如果我们发现人们自己能够并且确实解决了他们之间的一些问题，就必须以非常不同的方式来思考法律干预和惩罚。大量的实验和理论文献显示，博弈论的正式预测为何存在众多争议。[6] 例如，在"逆向归纳论证"、"重复剔除劣势策略"以及"可理性化"中，都将"理性假设"作为博弈双方的共同知识。也就是说，A 知道 B 是理性的，B 知道 A 是理性的；A 知道（B 知道 A 是理性的），B 知道（A 知道 B 是理性的）；以此类推，无休无止。我们可以试着反驳上述假设。

经验和实验文献对此的批评相当明确。它们表明，人们在实验室中参与旅行者困境博弈，或者在回答假设人们会如何进行博弈的问卷调查时，很少有人会选择 2。考虑第 2 章中给出的策略集，人

6　例如，参见 Goeree and Holt（2001），Gintis（2009），Velu、Iyer and Gair（2010），Arad and Rubinstein（2012），Manapat、Rand、Pawlowitsch and Nowak（2012），Capraro（2013），Morone、Morone and Germani（2014），以及 Bavly（2017）。

们的选择倾向于集中在高数值附近，通常在 95~100。[7]

在此，我不想投身于这场大规模的经验或理论辩论，而是想把重点放在一些具有重要意义的问题上。这些问题超越了博弈本身，而与经济和社会的议题有关。首先，旅行者困境博弈，就像囚徒困境博弈一样，明确地提醒我们，市场这只看不见的手可以将个人自利行为引导至社会最优结果的说法，并不总是正确。如果经济博弈从一个没有外部性的完全竞争状态转变为另一种结构，那么就像在囚徒困境博弈和旅行者困境博弈中那样，个人理性将使我们陷入糟糕的结果。的确有理由认为，由于技术进步，市场结构正在发生变化，因此需要一种明智的集体干预方式，以确保我们不会因为每个人都试图增进自身的利益而最终覆灭。随着技术进步改变了我们的世界和市场，我们可能需要考虑不同类型的法律和政府干预措施，以使经济有效运行。

其次，鉴于上面提到的大量经验证据，个人的行为确实表现得与我们教科书上的假设不同。幸运的是我们已经认识到，个人的动机不仅仅是出于自身的利益。为此，我们可以采取两种不同的路线。第一种是假设每个参与者只对自己的收益感兴趣，但不是简单地试图将它最大化，我称之为"聚焦于收益的批评"。第二种是认识到

7　参见 Capra、Goeree、Gomez and Holt（1999），Becker、Carter and Naeve（2005），以及 Rubinstein（2006）。在类似实验的设计中，收益额在 180~300 美元，惩罚和奖励则各为 5 美元。Rubinstein 在 Ben-Gurion、Tel Aviv、Technion、Tilburg、LSE、British Columbia、York（Canada）、Georgetown and Sabanci 等大学举办讲座时，也向听众提出了这个问题。人们选择的平均数额略低于 280 美元，其中 LSE（伦敦经济学院）最高（281 美元）、Sabanci 最少（263 美元）。有少数人做出了 180 美元的纳什均衡选择，Rubinstein（2006，第 875 页）将他们称为"博弈论的受害者"。

参与者不仅对自己的收益感兴趣，还在意他人的收益、策略的名称、博弈的名称以及也许还有其他参与者是谁，我称之为"普遍的批评"。这些批评表明，如果让参与者自行决定，博弈的结果将与标准模型显示的不同，因此相应的干预措施也会有所不同。

有一些关于"聚焦于收益的批评"的有趣研究。例如，人们认识到，即使大家对自己的收益感兴趣，但也不仅仅是简单地最大化自身的收益，还包括减轻他们最终可能感到的后悔（Savage，1951）。这种特定的行为方式，即"后悔最小化"行为在哈尔彭和帕斯（Halpern and Pass，2012）的论文中被简洁地形式化了。其中的想法如下：首先考虑一个参与者的选择，例如你选 2；然后再考虑对方的选择。此时你选 2 后感到的最大后悔值，就是你选 2 失去的相对收益。即如果对方选 90，你将得到 4；但如果你选 89，你可以得到 91。所以对于你选 2 而言，在对方选 90 的情况下，你的后悔值为 91 - 4 = 87。当然，如果对方也选 2，你的后悔值就是 0，因为你不能通过偏离 2 获得更好的收益。但如果对方选 100，很容易看出，你的后悔值将是 97，以此类推。

换句话说，如果你选 2，就会得到一个与对手每个选择相对应的后悔向量，而选 2 的"最大后悔值"是该向量中的最大数值。"后悔最小化"行为就需要你做出能够最小化"最大后悔值"的选择。

有趣的是，在旅行者困境博弈中，所有参与者的"后悔最小化"行为会产生一个清晰的结果，即每个参与者都会从 96、97、98、99、100 中任选一个数。因此，如果参与者都是"后悔最小化"者，那么博弈的均衡结果就是在集合 {96，97，98，99，100} 中的一对选择。此一结果令人更感兴趣的是，在贝克尔、卡特和内韦（Becker、

Carter and Naeve，2005）的文章中，当博弈论学会的会员在被问到他们将会如何参与旅行者困境博弈时，最常见的答案是 2、96、97、98、99 和 100。如果我们忽略 2，认为 2 是那些为了证明自己是博弈论专家、能够发现纳什均衡的会员给出的答案，那么"后悔最小化"行为的结果与这一经验研究发现的巧合是值得注意的。

"后悔最小化"当然不是这里的最终结论，因为正如哈尔彭和帕斯（2012）意识到的，它可能会在其他博弈中导致一些不现实的结果。[8] 当然还有其他的方法，例如基于进化动态学方法或者利用遗传算法，在不知道博弈结构的条件下，根据最大化每位参与者收益的目标反复博弈。研究者尝试了这些方法，并对为什么理性参与者最终会以偏离纳什均衡结果的方式参与博弈，有了更多的洞见。[9]

在我看来，还有一条尚未得到探索但似乎值得探索的研究路径，它显示了囚徒困境博弈和旅行者困境博弈在概念上的一个重要区别。如果你站在一位博弈参与者的角度，并假设对手能完美地推理。此外，假设你们都认同"完全自利"而且这已成为你们的共同知识。现在你问自己，你会如何参与博弈？在囚徒困境博弈中，你显然会选占优策略 B，从而达到纳什均衡。

我的预感是，在旅行者困境博弈中你不愿意选 2（基于同样的理由，你的对手也不愿意），即纳什均衡策略给出的数字，而是会选一个较大的数字，可能是 90 多。换言之，即使我们排除了利他主义、

8　此外，一些行为经济学和心理学的最新研究表明，人们还有其他方式处理后悔问题。其中之一是"故意的无知"，即不愿意去知道。Gigerenzer and Garcia-Retamero（2017）的研究表明，面对未来的负面事件，85%~90% 的人更倾向于"故意的无知"，他们将此解释为一种处理后悔的方式。

9　参见 Pace（2009），Manapat、Rand、Pawlowitsch and Nowak（2012）。

公平和其他人类特性，要求你在旅行者困境博弈中做到绝对自利，你也不太可能采用纳什均衡策略。这是因为在这个博弈中，拒绝理性将是理性的。两位参与者都能看到这一点，他们将据此行为获得相应的收益。由此产生的科学问题在于这样的事实："理性地拒绝理性"成了一个哲学上的难题，正如我们在第4章前向归纳法的例子中看到的。

上述想法显然有些道理。对我而言，这里的秘密在于：要认识到两位参与者都选择"大数"也是某种纳什均衡。在这种情况下，任何一位参与者不想再独自偏向"小数"，从而破坏均衡结果。然而事情的实质在于，大数和小数都是定义不明确的集合，而这种"定义不明确"对于此类分析至关重要。如果给出定义明确的集合，每位参与者就会试图选择比对手更小的数字，最终导致两人都选2的结果。然而，"定义不明确的集合"和"理性地拒绝理性"都是很难处理的概念。如何将它们形式化，我还没有答案。但我相信许多理性的悖论都根源于此，并将它作为一个开放的问题留给读者。[10]

---

10 已有文献中与此最为接近的研究，是 Arad and Rubinstein（2017）近期的论文。他们从经验观察出发，发现当个人必须从一组庞大而复杂的策略中做出选择时，并不会仔细考虑整个策略集，而是先以某种有意义的方式区分策略集，然而再考查所有这些被区分的策略集中的选项。让我跳过具体的细节，结果是这一分析导致了一种集值均衡，即 MD 均衡。在旅行者困境博弈中，参与者先在选择个位数、两位数和三位数的三种策略中加以考虑，对应的集合分别是 $S = \{2, 3, \ldots, 9\}$，$D = \{10, 11, \ldots, 99\}$ 和 $T = \{100\}$。可以看出，该博弈有两个 MD 均衡，即 S 和 D。换句话说，两位参与者从集合 $\{10, 11, \ldots, 99\}$ 中选择任一数字，即构成一个均衡。这里的一个问题是，如果允许参与者再进行第二轮思考，即他们选择了 MD 均衡后，如果试图剖析从 MD 均衡集中所选的特定策略，那么在一定的推理下，又会得出一个最低的整数值。这表明，继续推进分析的方法是把 Arad and Rubinstein 提出的类似思路与"定义不明确的集合"特性相结合。这样，我们可以决定选择一个"相当大的数字"。因为对什么是"相当大的"并没有共同的精确理解，所以在这个集合中进行逆向归纳时，无法得出一个最大值。然而，如何形式化上述想法，仍是一个有待解决的问题。

旅行者困境博弈表明，个人在参与这个博弈之前就向其他参与者显示其非理性，这反而符合他们的利益，因为理性是这个博弈中不幸的根源。这类似于我们在第 4 章讨论过的烧钱问题。焦点方法认为，被颁布的法律如同一些"纸上的墨迹"，但由于法律的颁布并不是一个无成本的过程，立法程序也有烧钱的一面，因此它也可以被视为一个信号，传递了个人（在这种情况下是法律制定者）在法律颁布后会如何行为的信息。同样，在旅行者困境博弈中，你烧钱的行为向其他参与者发出了一个信号，继续把传统的理性假设用在你身上将是错误的，这导致了一个更好的结果。所以，制定的法律也不仅仅是无成本的"纸上的墨迹"。

上述讨论开启了一个广阔的研究前景，拓展了法和经济学的焦点方法。在前面的例子中，理性的含义成为一个哲学上令人困扰的问题，值得就其本身展开进一步分析，同时也会丰富我们关于法律如何影响社会结果的看法。

7.3 带有行为特征的焦点方法

一旦我们超越"聚焦于收益的批评"转向"普遍的批评"，就会面临许多其他挑战。人类的行为不仅受到自身利益的引导，还受到习惯、公平、利他、同情、嫉妒以及许多其他情感和心理倾向的引导。在旅行者困境博弈中，当两位参与者都选 100 时，有许多人会认为自己如果偏离原先的选择而选 99，由此多得 1 美元却让对方失望，是错误的行为。[11] 一个社会的成功对公平感和利他主义的依赖，与对个人自利动力的依赖一样重要，正如在旅行者困境博弈中显示的。保守的经济学家相信，亚当·斯密的"看不见的手"必然会导致社会达到最优结果，由此宽恕了自利行为，却最终可能造就一个失败的社会，而且会促使人们错误地认识亚当·斯密对成功经济的看法。[12]

行为经济学的兴起有助于将这些批评带入主流研究。现代行为经济学实验室研究以及田野研究，为人们存在多样性动机提供了强有力的证据。[13] 但我们从自身的生活经历和自我反省中，也能够了解到这一点。比如，扪心自问我在旅行者困境博弈中会怎么做？我们从经验研究中已了解到绝大多数人会选择大于 90 的数字。因此绝大多数人也会得出应该选择大于 90 的结论。

事实上，实验揭示了人们在做决策时是如何思考的，以及思考程度有多深。鲁宾斯坦（Rubinstein，2016）研究了人们在做决策时花费的时间，以及在参与诸如独裁者博弈、最后通牒博弈和旅行者困境博弈等博弈时给出答案所需的时间。有证据显示，有些决策经过了人们的深思熟虑，有些则是本能反应。这一现象有着心理学背景，特别是在卡尼曼和特沃斯基（Kahneman and Tversky，1979）的

11　Capra、Goeree、Gomez and Holt（1999）发现，如果提高惩罚和奖励的额度（在当前博弈中为 2 美元），博弈的结果会走向纳什均衡。这表明只有当奖励额度足够大的时候，人们才会按照这样的思路思考，并准备做出不利于他人的行为。

12　参见 Gintis、Bowles、Boyd and Fehr（2005，特别是第 1 章）。

13　Gintis（2003）令人信服地论证了人类的亲社会性通过社会化制度既可以在代际垂直相传，也能够转转弯抹角地在整个社会中横向传播。它使人类会采取有利于群体利益但个体付出高昂代价的行为。

研究中，他们挑战了经济人范式，为行为经济学奠定了基础（参见Kahneman，2011）。他们的研究表明，尽管人们的有些决策确实是经过深思熟虑做出的，但很多人的选择是自动的、几乎是预先设定好的，它取决于具体的环境。正如世界银行题为"思维、社会和行为"的《世界发展报告》中所述，这些发现对政策制定和促进发展有着重要的含义（World Bank，2015）。[14]

我们也可以用纯粹的演绎方法得出上述结论。第一种方法是认识到认知和深思熟虑做决策都需要成本，一个人必须收集信息并加以思考。当一个人在 A 和 B 之间选择时，他首先面临的事前选择是：要不要评估 A 和 B，由此会导致相应的思考成本。因此，他可以选择深思熟虑以获得更大的效用（称为选项 A'），要么不加思索地自动或随机地匆匆做出选择（称为选项 B'）。但在选择 A' 和 B' 时，又会面临同样的难题：是对它们深思熟虑以求一个更好的结果，还是草率地随便选一个？显然，这是一个无限回归问题。它使得从逻辑上说，一个人要成为传统意义上的理性人是不可能的（Basu，1980）。

第二种方法是认识到在我们的生活中存在着如此多的选择，以至于我们根本没有时间都对它们深思熟虑。毕竟，从你放学后是学数学还是学文学，到每天早晨是把头发向左分还是向右分，选择的范围是如此广泛。因此，根据这个世界的实际运行方式，我们的一些选择必须在没有深思熟虑的情况下自动做出，而根据这种方法做

---

14 此外有研究表明，人类不仅不受外生的自利引导，而且可以用认知行为疗法改变他们的身份意识，例如增强他们的非犯罪身份，从而阻止犯罪的发生（参见 Blattman、Jamison and Sheridan，2017）。

出的选择不一定总能最大化效用。此外，我们也不清楚所做的这些自动选择，就其本身而言是否并非随机而是有意的。[15] 总是能最大化自身效用的行为人假设不仅是一个神话，在逻辑上也是不可能的。

因此，我们必须超越上述假设，考虑行为经济学带来的各种因素。在目前的环境下，这意味着为人类的认识打开了一扇大门，人们遵守法律，是因为他们觉得应该遵守法律；人们执行法律，是因为他们觉得应该执行法律；当人们违犯法律时，不仅担心他们可能要支付的罚款，还会考虑他们因此而承担的愧疚。[16]

所有上述行为都含有很多的社会因素。在一些社会中，法律是要遵守的，不遵守法律就会面临社会的羞辱。在另一些社会中，法律——至少是某些法律——是注定要被违犯的，遵守法律甚至可能被视为一种软弱。如果你对此感到疑惑，试着在印度穿过繁忙的街道时停下来等待通行的信号，就会看到你的举止给其他行人带来的乐趣。简而言之，一旦我们超越了新古典经济学的理性人假设，就为法和经济学的研究开启了一个议程，它采用焦点方法，对人类行为的特征进行更广泛的描述，从而为探讨道德和心理障碍留出了可能的空间。[17] 本章的其余部分和下一章将探讨这些可能性。

15　出于进化的原因，在人们做出选择时，其中一些选择可能是最优或者次优的。那些在做出重要决策时更多地自动或随机选择的人，会在生活中表现得相当糟糕。因此他们和带有他们遗传倾向的人，往往会随着时间的推移逐渐消失。这种进化论观点现在已经成为主流博弈论的一部分（Weibull, 1995）。

16　这通常被描述为规范的内化。当人们违反规范时，会产生一种内在的不适感（参见Young, 2008）。这也是非正式制度经常能良好运行的部分原因。关于非正式制度及其类型的出色讨论，参见 Ferguson（2013，第8章）。

17　Tyler（2006）在经验上证明了这些特征在法律背景中的重要性。

行为经济学号召我们质疑外生的理性行为人假设，但它其实做得更多。行为经济学揭示了非理性模式的普遍存在，并可用来预测人们的选择，最终有助于制定更好的政策。现有的一系列研究表明，人们的一项选择是如何形成的；当人们拒绝做出选择时，他们的默认选项是什么；选择做出后会在多远的将来产生效果；以及当人们的信念构成行为规范后，将对人们的选择产生什么影响（参见O'Donoghue and Rabin，2001；Thaler and Sunstein，2008；Kahneman，2011；World Bank，2015）。我们将囚徒困境博弈称为囚徒困境，或者采用一个更亲切的名称，例如囚徒之间的合作博弈，会导致人们在博弈中的表现有明显的不同。[18]一个人在参与任务之前所说的话，可以影响这一任务如何受到执行（Hoff and Pande，2006；Field and Nolen，2010）。在几篇较早的论文中，森（1993，1997）说明了仅仅是一些特定选项的存在，即使这些选项永远不被人们选择，也能导致人们在其他两个选项上的偏好发生逆转。一个很有意思的例子是：有人与你第一次见面，当他问你想要（A）"到我家喝茶"或（B）"自己回家"时，你完全有可能会选择A。但是如果这个人又提出了第三个选项（C）"来我家和我一起吸点可卡因"，那么你就可能会转而选择B。[19]

有研究表明，人们的自利理性如何受到利他主义、顾及他人、嫉妒和不耐烦等因素的调和，很多情况下这种调和以一种系统的、

---

18 有关如何命名博弈和策略的重要性的分析，请参见Dreber、Ellingsen、Johannesson and Rand（2013），以及Georg、Rand and Walkowitz（2017）。

19 Sen（1993）用这一例子论证理性参与者可能会违背某些类型的一致性，例如显性偏好弱公理。

可预测的方式发生。[20] 随着行为经济学的兴起，很自然地会产生以下疑问：那些在议会中发表并被记录在法律法规上的文字（即那些"纸上的墨迹"），在某些情况下能否影响人们的偏好，进而改变他们的行为？若果真如此，那么我们是否又回到本书此前否定的传统的法和经济学方法了？对第一个问题的答案是肯定的，对第二个问题的答案则是否定的。法律法规中的文字和措辞确实可以影响人们的偏好和行为。关于法律表达功能的文献也暗示了这一点（Lessig，1996；Sunstein，1996a；Cooter，1998）。然而，没有理由相信法律可以达到让普通人和执法者均按法律字面意思执行的效果。同意法律可以影响人们的行为是一回事，而假定法律能达到其字面规定的效果完全是另一回事。换言之，这并不意味着如果法律要求警察抓住超速行驶的司机，警察一定会这么做。

为了说明这个问题，让我从一个例子开始。为此，回到第2章讨论的粮食补贴问题。假设一个国家通过了一部新的法律，要求政府向穷人发放粮食券或粮票。有人可能会认为，这部法律之所以能在许多社会发挥作用，是因为如果法律通过了，而政府工作人员没有发放粮食券或粮票，以及粮店没有把粮食兑换给有粮食券的穷人，普通人就会对政府工作人员感到愤怒并谴责他们。正是害怕被羞辱和被排斥，促使官僚完成了他们既定的任务，继而使得此部法律产

---

20 目前，这类文献相当丰富。例如参见 Loewenstein（1987），Frank（1988），Akerlof（1991），Sunstein（1996b），O'Donoghue and Rabin（2001），Ariely（2008），Karna Basu（2011），Ifcher and Zarghamee（2011），Mullainathan and Shafir（2013），Rabin（2013）。World Bank（2015）综述了许多这方面的研究，尤其是在发展方面的讨论。在赞扬新文献的同时，我们也必须提到一些早期的开创性作品，如 Veblen（1899）和 Leibenstein（1950）。

生了效果。[21]

上述观点在一定意义上是正确的，正是由于这种公民监督的存在，使得政府往往能较好地履行职责。然而，重要的是认识到这种观点使我们超越了法和经济学的标准模型。贝克尔和科斯提出的标准模型之所以如此有用，是因为它对人类偏好的描述很少，并假设人们对待法律并没有天生的态度。在这种假设下，对开快车的惩罚就好像是橘子有了更高的价格，法律会阻止人们开快车，就像价格提高减少了对橘子的需求一样，它与人们对法律的道德感毫无关系。事实上，正是这一点使传统的法和经济学明显区别于法哲学家长期持有的观点。[22] 在这里，我并非要判定传统的法和经济学关于人类偏好的假设是对是错，而是想简单地指出，上述基于公民对官僚认可的观点，已使我们超越了传统的法和经济学。

此外，一旦接受了这种思路，就不清楚为什么我们还需要官僚和警察。如果有谁违犯了法律，公民之间可以相互制裁，这样就能导致人人遵守法律的局面，从而无须执法人员的存在。最后，我们甚至可以假设也无须制裁，因为法律已经内化于人们的头脑中，人们只会按照法律的要求去做。

总之，根据行为经济学的新近研究，我们必须认识到法律改变经济博弈的可能性。然而，即使这样，博弈也不一定以标准法和经济学文献中假设的方式改变。换句话说，行为经济学的发现不是激励我们回到传统的法和经济学，而是开启了一门更新的课程，我称之为"带有行为特征的焦点方法"。

21　这里沿用了我在芝加哥大学的 D. Gale Johnson 讲座中提出的一个观点。

22　在这方面，读一读 Calabresi（2016）对此的回顾性思考是很有趣的。

这种方法承认，新法律可以影响人们的偏好和价值观。在某些情况下，它可以促使人们遵守法律，就像刚才讨论的粮食券的例子；但它也会产生主观效果，在某些情况下，反而会导致故意违犯法律的悖理行为，带来相反的效果。例如在"印度独立运动"期间，印度人成群结队地去从事海水制盐，以回应禁止此类制盐行为的殖民法律。如果不是殖民法律不允许，印度人是否会如此大规模地从事海水制盐是值得怀疑的。

至此，我基本上仍沿用了理性行为人具有外生给定偏好的新古典主义假设。更准确地说，可将这种方法称为"带有新古典特征的焦点方法"。现在我要转而认为人类的偏好是可塑的，且能够改变，它是行为的一部分。

需要指出的是，有一种非新古典特征，即人类偏好随着时间和经验演化的可能性，可以利用我们在第 4 章中已经遇到的扩展式博弈很好地建模。的确，人类的偏好会随生活改变。但这种偏好的内生性可以利用不同时间的多重自我概念予以刻画。换言之，一个在 t 时刻的人 i，既不同于在 t 时刻的人 j，也不同于在 k 时刻的人 i（其中 k 不同于 t）。这实际上是一种方法，既可以用于成瘾模型中描述偏好随时间发生变化；也可以用于拖延模型，在此人们会对拖延行为感到后悔，等等（Akerlof，1991）。

关于法律影响人类偏好的新认识开辟了新的研究途径，也开启了探索影响社会行为和结果的新方法。社会经常试图达到的一个最终目标是，令生活博弈中的所有个人都程序化地遵循法律的规定（只要这些规定是一致和可行的），仅仅因为它们是法律的规定。这样的社会并非没有缺点，因为它会过于死气沉沉和缺乏创造力。所有社会都可以尝试一种无政府的状态。撇开对"无政府状态"的反对意见，有趣的是可以看到，它并不像主流经济学家认为的那样毫无可能。毕竟，在有限的范围内，我们已经做到了。人们普遍遵守不在公共场合吸烟的法律，并非出于对警察和国家工作人员的恐惧，只是对他们认为在某种意义上正当的法律予以尊重。如果人们对所有法律均采取这种态度，就可以完全不需要执法机构。

然而，这在近期内不太可能发生。一个重要的中间步骤是，至少要说服国家工作人员遵守法律并按照法律的要求行事，而他们这样做仅仅因为这是法律，而不是出于他们自身利益的考虑。在一些社会中，至少部分实现了这样的目标。例如，发达国家的法律能够得到更好执行的原因之一，是警察和法官已被合理地灌输了上述价值观。国家工作人员在购物、选择大学接受教育、参与市场时，与其他人一样都会按照最大化自身效用的原则行事；但在管理交通或者进行司法审判时，至少某些社会中的国家工作人员却非如此行事（相反的观点可参见 Meade，1974；R. Posner，1993）。发展中国家面临的一个问题是，包括国家工作人员在内的所有个人，都比发达国家的个人更符合理性行为人的新古典主义假设。然而，这里的因果关系的方向尚不清楚。完全有可能的是，那些能将这些价值观念灌输给国家工作人员（在某种程度上甚至包括公民）的国家，已经成了发达国家。然而，试图向官员、警察和法官灌输这些价值观是值得的，最起码它有助于创造一个更公平的社会。在第 6 章我们可以看到，为了让官僚执法，需要把他们锁定在一个博弈中，让他们互相监督，以确保他们会执行监督公民的职责。我在此的建议是，一旦我们认识到人类偏好的可塑性，这可能不是唯一的方法。

为了更清楚地说明"法律影响人类行为"的两种方法，可用一个例子解释。让我把第3章中描述的囚徒困境生活博弈修改为另一个版本，如博弈7.1所示。和以往一样，这是一个三人博弈；参与者1在行之间选择，参与者2在列之间选择，参与者3在左边矩阵（L）和右边矩阵（R）之间选择。在这个博弈中，如果参与者3（警察）选择了L，这意味着他会袖手旁观，什么也不做。从收益矩阵可以看出，在这种情况下不管参与者1和参与者2怎么做，参与者3都能得到收益2。如果参与者3选择了R，他就会警戒（即处于监管模式），将惩罚任何选择行为B的人，但是这种警戒对他来说是有代价的，所以当参与者3选择R时，只能得到收益1。

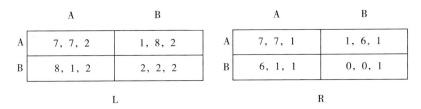

博弈 7.1　囚徒困境生活博弈 Ⅱ

现在我们可以看到，两种不同层次的道德合规是如何运作的。假设只有国家工作人员内化法律，在这个例子中是参与者3（警察）。一旦法律规定参与者1和参与者2不能选B，如果他们选了，参与者3就应该惩罚他们（即选R）。在内化法律的状态下，参与者3如果不选R，就会感到很痛苦，因为这是法律对他的要求。这就相当于说：如果参与者3选L，即什么都不做，他就会有负罪感，这导致先前从选L中得到的收益2现在减为0。因此，一旦法律颁布，参与者3一定会"倾向"于选R。了解到这一点后，参与者1

和参与者 2 就会选择 A，从而每人得到的收益是 7。

在这种情况下，参与者被假定为属于不同类型。参与者 1 和参与者 2 是标准的新古典个人，具有外生给定的收益函数，而参与者 3 是一个道德人，其偏好是由法律塑造的。

但如果上述情景可能的话，那么一个社会中的公民本身也可能具有道德感。一旦新法律颁布，参与者 1 和参与者 2 选 B 就会感到良心不安。如果他们这样做，每个人的收益都会减少 2。换言之，在这样的状态下，法律的执行将不需要执法者。上述两种方法都要求我们摆脱新古典主义关于个人的看法。这表明，一国的法律可以在没有执行者的情况下得到执行，这个想法并没有在当今世界听起来那么乌托邦。行为经济学提醒我们，这种建构并不像今天看起来那么不可能，也不像新古典经济学试图让我们相信的那样，在未来的任何时候都无法实现。

7.4　利益、怨恨和正当性

法律的正当性一直是法学家和哲学家大量探讨和争论的话题。鉴于正当性与遵从之间可能存在的联系，这一主题具有道德和现实意义。[23]根据上文的讨论，我们现在可以展示将焦点方法与行为经济

23　这一讨论可以追溯到 Max Weber 和 H.L.A. Hart，并一直是学者持续关注的主题（参见 Cotterell，1997）。对于这一争论的最新贡献，参见 Macey（1997），Singer（2006），Huq、Tyler and Schulhofer（2011），以及 Tyler and Jackson（2014）。对正当性概念的形式化，不仅在国家的背景下是必要的，在组织的背景下也是如此，这就提出了与本文类似的问题，参见 Kornhauser（1984）和 R. Akerlof（2017）。Tyler（2006）基于大型调查，开展了一项人们事实上为何会遵守法律的有趣研究。

学相结合，有助于澄清这一争论。

人们常常认为，法律的正当性是人们遵守法律的必要条件，但事实并非如此。正如我们看到的，普通公民和国家工作人员最终会遵守法律，是因为这样做符合他们的利益。普通公民会遵守法律，是因为他们知道如果不遵守就将面临被惩罚的风险；国家工作人员会惩罚那些不遵守法律的人，是因为他们知道如果不这样做，自己就会被人惩罚。这是焦点方法背后的核心思想。但是，一旦把行为经济学引入其中，就可以正式地将"利益"和"怨恨"的概念分开，并允许我们可能会一方面遵守法律（因为这符合我们的利益），一方面又怨恨法律。

让我用一个例子加以解释。考虑下述的"利益怨恨"博弈，即博弈7.2。这是一个三人博弈，参与者1在行X和Y之间选择，参与者2在列X和Y之间选择，参与者3在L和R之间选择。如果参与者3选择L，相应的收益矩阵位于左边，标记为L；如果他选择R，则相应的收益矩阵位于右边，标记为R。

	X	Y		X	Y
X	5, 5, 5	0, 1, 5	X	0, 0, 4	0, 1, 4
Y	1, 0, 5	1, 1, 5	Y	1, 0, 4	1, 1, 6
	L			R	

博弈 7.2　利益怨恨博弈

博弈的收益矩阵如图所示，如果参与者1选择X，参与者2选择Y，参与者3选择R，通常写成（X，Y，R），则他们的所得分别为0，1和4，可以写成（0，1，4）。

很容易看出上述博弈有两个均衡：（X，X，L）和（Y，Y，R）。

假设这是一个没有法律的社会，恰好达至均衡（X，X，L）。那么我们得到了一个平等的结果，每位参与者的收益均为5。现在，假设颁布一部新法律，至于谁设计了此法律，我留给读者来猜测。该法律宣布X是非法行为。因此，只有两个守法的结果，即（Y，Y，L）和（Y，Y，R）。如果每个人都相信所有人会遵守法律，那么（Y，Y，R）就会成为焦点结果，这是一个显著的均衡结果，由此参与者1会选Y，参与者2也选Y，参与者3则选R。当然，在此均衡结果下参与者1和参与者2的处境是较为糟糕的，每个人只能得到收益1。至于为什么他们会遵守法律（即选Y），答案很简单，因为这样做符合他们各自的利益，遵从能让他们的处境改善。

标准的新古典经济学分析可能就此打住，但我们现在知道，人们有着多层次的偏好。某些事情虽然可能符合他们自身的利益，但他们仍会对整体结果感到道德上的不满。上述由法律导致的均衡结果，似乎非常合理，但对参与者1和参与者2而言，也很自然会对新法律产生一种"怨恨"，因为与这一生活博弈原先得到的收益结果（5，5，5）相比，新法律导致的收益结果（1，1，6）在道德上看起来是不合理的。"怨恨"和"遵从"是两回事。你可以遵从法律，因为这样做符合你的"利益"，但同时又对法律感到"怨恨"。当许多人都对法律感到不满时，法律就丧失了其正当性。

上述例子表明，一个不具备正当性的政府，也并非不可能制定出有效的法律并加以执行。超越这一正式模型，我们可以想象有这样一个政府，它分配不同参与者的利益，让少数人（即上面的参与者3）获益，却让大多数人（即参与者1和参与者2）遭受巨大的损失，并维持着这样的差别。这里的关键是：要使遵从政府的意愿成为每个人的利益所在。在完整的论述中，政府也不是外生的。一种方式是在这个博弈中，把政府看成参与者 3。参与者 3 制定了法律，使社会均衡偏向结果（Y，Y，R），由此参与者 3（政府）的处境改善，而参与者 1 和参与者 2 的处境恶化。但这里的利益机制被构建得如此完善，从而对参与者 1 和参与者 2 自身而言，遵守法律仍是值得的。

殖民主义就是一个很好的例子。不同于攻城略地的古代帝王带着自己的士兵统治和剥削其他国家的人民，殖民主义的显著标志是管理上的有效创新，它利用少数的原住民剥削大量的原住民。欧洲在非洲、亚洲和拉丁美洲的殖民地，尤其是在前两个地区的殖民地，其惊人之处在于，实际上只需很少的殖民者管理和开发如此广袤的经济区域。无论是被征服还是被殖民，对于原住民而言都是不受欢迎的结果，但前一种情况下是由于外国军队的存在，而后一种情况是因为当地官僚与殖民官员的合作。对于每一位原住民而言，遵从仍符合其利益，最终"遵从"就会成为常态。因此，遵从和不遵从并不能被视为一个政权及其法律规则是否具备正当性的指标。

现在让我略微拓展上述分析，探讨一些尚未被严格表述的全新领域。我这样做是为了把一些重要的议题摆到桌面上，以供未来（或当今更有能力的）研究者对此开展形式化分析。

首先要考虑的是以下事实带来的复杂性，即在某些情况下，人们行事时可能不惜违背自己的利益。人类不喜欢总是处于委屈和怨恨之中，因此需要以这样或那样的方式处理这些情绪，由此涉及了多重偏好和元偏好的问题。

不同人以不同的方式对待这种怨恨的情绪。一种方法是（通常对自己）解释说，他们的困境是自己在过去犯下的错误、罪行等所致，从而不可避免地受到应有惩罚。至少那些长期受剥削的人需要学会适应、停止抱怨，甚至默认他们的处境。从某种意义上说，这就是一种纯粹的生存策略。总是带着愤怒和怨恨的情绪生活，是不容易的。这就是殖民主义、种族剥削、妇女压迫和某些群体歧视长期存在的原因。那些遭受不公平安排的人，也逐渐接受了他们所处困境是应得的说法。剥削者也经常声称奴隶制和妇女受压迫是上帝的意志，从而试图令这种状况永存。[24]

人们对待怨恨情绪的另一种方法则与上面的完全相反，他们为了表明立场不惜伤害自身的利益，这就是起义、自由运动和叛乱的意义。在博弈 7.2 中，可以想象参与者 1 和参与者 2 中的任何一个或者他们两个都决定选择 X，即使法律不允许他们这样做，即使选择 X 后对他们的利益会造成损害。而他们这么做的目的就是为了要伤害参与者 3，他们想要挑战这个压迫者（或政府）的正当性。

在上面的例子中，法律看起来不公正地损害了人们的利益，由此导致了人们的怨恨并认为法律是不正当的。但行为经济学让我们认识到，相反的情况也可能发生，我们或许希望用法律来否决即时利益。即使保守的经济学家，也可从对行为的实验室研究以及人们的生活经验知识中了解到，人们往往被赋予了多种偏好，它能够以许多不同的方式呈现：

24　公元前 3 世纪，考底利耶（公元前 4—前 3 世纪印度政治家、哲学家）的《政事论》（Arthashastra），即梵文的"财富法则"（laws of wealth），是一篇以早期的马基雅维利式的见解而闻名的论文。这位国王的顾问很明确地提醒国王：通过制造人们的困境是上帝之意志的印象对人们进行盘剥是多么容易。

1. 怀孕头三个月的母亲可能更愿意不吃止痛药的自然分娩；而在怀孕第九个月，母亲则会更倾向于在分娩时服用止痛药。

2. 如果要在 100 天后的小苹果和 101 天后的大苹果之间做出选择，佩皮可能会选择后者。但当第 100 天到来时，佩皮可能会拿走当天的小苹果，而放弃第二天的大苹果。

3. 奥里喜欢抽烟，又希望自己不抽烟。

在某些情况下，我们会认为第三方力量的干预是正当的，例如用一笔可能的罚款改变我们的选择。在上述第二个例子中，如果为了帮助佩皮做出"更好"的选择，可以规定在第 100 天购买苹果将被处以巨额罚款，这就需要第三方力量的介入，以帮助他改进自身的选择。在博弈论的背景下，处理上面第二个例子的方法是：把在不同时间点的同一个人看成是不同的人。这使我们能够预测人们在现实中将如何选择，以及多个自我的福利会如何受影响，但也给我们留下了一个棘手的问题，即哪一个自我是最重要的？我们究竟应该为哪一个自我进行干预？

上述例子都为干预留下了空间，这些干预被认为是正当的。这是因为每个人都有多个自我，所以这并非一个局外人的干预，而仅仅是在同一个人的众多自我中创建出最重要的那一个。

然而在有些情况下，政府之所以进行干预，是因为政府认为它更清楚什么对人们有利，这便与人们的多重偏好无关。因此，国家可以对吸烟征税，或者制定法律要求司机系安全带，即使人们可能明显地偏好吸烟或者不系安全带。

其中一些例子涉及个人自由和家长式管理的复杂问题。我自己对车上没有其他人也要系安全带的法律规定感到矛盾。我不明白的是：为什么政府坚持要对不系安全带的行为罚款，同时又允许登山行为？如果我喜欢冒险，愿意接受不系安全带而到达目的地的挑战，那该如何？它就像我试图攀登珠穆朗玛峰，而且实际上相比之下，开车不系安全带的风险要小得多。最起码，为了法律的一致性，如果我们有开车时必须系安全带的法律，我们也应该有禁止登山的法律。

我关心的是当人们有多重自我时的情况，的确存在可以运用法律的力量使一个自我比另一个自我更显著的例子。但问题是：究竟哪一个自我可凌驾于其他自我之上呢？当存在多个自我时，对这个问题的回答是不可避免的。有时上述问题比较容易解决，因为人们常常具有元偏好，即对偏好的偏好，这样就可以生成一个选择的等级序列，而无须家长式管理的干预，我们可以用高阶的自我制止低阶的自我。在上述第三个例子中，实际上并非是多个偏好相互冲突，而是具有元偏好的情景。这里并不是说奥里有两种偏好：喜欢吸烟，或不喜欢吸烟。奥里的偏好是相当明确的，他喜欢吸烟。但对于自己吸烟的这种行为，奥里究竟是喜欢还是不喜欢呢，他会选择后者。

幸运的是，人类不仅有相互矛盾的多重偏好，也有元偏好。特别是在这种情况下，即使动用了某种外来力量的干预，也会被认为是正当的。在行为经济学中，人们普遍认为对双曲贴现者就应当如此，双曲贴现者会大量放弃未来所得，只是为了获得即时消费的快感。[25] 在许多场合下，他们也知道这一点，并希望自己的偏好会有所不同。在这种情况下，利用法律创造合适的激励似乎是恰当的。

一旦我们超越了新古典经济学的范畴，采用带有行为特征的焦

25　双曲贴现特征是行为经济学的基本思想之一，已有大量的文献对此进行过讨论。参见 Akerlof（1991），Laibson（1997），O'Donoghue and Rabin（2001），Karna Basu（2011）。

点方法，就不仅要考虑同一个人具有的多重偏好，还要区分一个人的自利偏好和道德偏好。这带来了一个有趣的循环。例如，如果人们认为法律是正当的、国家具有正当性，就更有可能坚持遵守法律规则，仅仅因为这是法律的要求，即使守法违背了他们自身狭隘的利益（参见 Bilz and Nadler，2009；Feldman and Teichman，2009；McAdams，2015）。

有趣的是，我们可以区分两种正当性概念，我称之为"一阶正当性"和"二阶正当性"。一阶正当性是一种最低限度的正当性，即国家工作人员、那些在维护国家法律的岗位上工作的人，要遵守法律。也就是说，国家工作人员遵从上述要求执行法律，而普通公民则根据自身利益和传统的效用最大化原则采取行动。

另一方面，二阶正当性被定义为涵盖范围更广的情景。在这种情景下，所有参与者——普通公民和国家工作人员一样——都被灌输了"因为这是法律，所以要遵守"的内在规范。

在法律具有一阶正当性的情况下，我们处于传统法和经济学的世界，因为国家工作人员会自动执行法律，新法律的出现将改变普通公民参与的博弈。另一方面，正如我们之前已看到的，如果国家和国家的法律具有二阶正当性，那么法律将不仅有效，而且也不需要任何人执行。

一些高收入国家被认为确实接近具备了一阶正当性，这也是它们的法律普遍有效的原因。怎样取得这种正当性并不总是很明确，但显然这是各国应该追求的目标，因为它可以使法律更有效，从而有助于增长和发展。简而言之，国家的正当性不仅有利于民主，而且可能促进经济效率和发展。

在本章的最后，我将从上述心理学和行为经济学的探讨，引出两个略为离题的评论。它们并不影响我上述的任何直接结论，但是可作为今后研究工作的重要分支。

第一个评论涉及"创设目标"问题。一旦我们认识到新古典假设——人类具有外生偏好——的脆弱性，就开启了其他的可能和挑战。我们并非在经济学而是在日常生活中认识到这一普遍现象，最好可称为"创设目标"问题。最明显的例子来自体育，例如足球。在一块场地的两端各设一个长方形的球门，把一个球给一群人，并告诉他们，如果穿红衣，要把球踢进其中一个球门；如果穿蓝衣，则把球踢进另一个球门。此外，你还会计算哪一方进球的次数更多。很快，你就会看到人们互相摔倒、不惜受伤，只是为了进球或者阻止进球。你并不需要给他们钱、苹果、橘子或衣服。对他们来说，进球和看着比分的喜悦已经是足够的动力。

事实上，随着时间的推移，你可以让旁观者支持 A 队或 B 队，并在球队得分时欢呼，如此就会有很多人试图逃离工作、利用闲暇时间观看这样的比赛，甚至愿意花钱来增强他们对所支持球队的认同感，更不用说喝啤酒然后殴打另一队的支持者。

偏好的外生现象是如此普遍，生活中充满了这样"创设目标"的情景，它们对社会或经济的运行方式产生了重要影响。令人担忧的是，选举政治往往就是这样。一旦人们开始支持民主党或共和党，抑或保守党或工党，一段时间后，就会变得像普通民众支持利物浦队或切尔西队一样。人们支持该党，并不是该党的政策纲领或意识形态导致了这种支持（即使这是最初的动力）。一个人支持共和党，只是因为想要看到共和党获胜，这样他就会感到快乐，正如看到利物浦队得分后的快乐一样。

对政治家、公司和强大的组织来说，人类这种创设目标的能力，就是一个可以善加利用的机会。一旦设定的目标进入人们的头脑，实现目标就成为其目的；而转移设定的目标，则会带来社会结果的巨大变化。我在世界银行工作时，编制各国"营商环境排名"的部门是在我的领导之下。人们很快就发现，对许多国家来说，提升排名本身已经成为目的。一些国家希望提升排名，不是为了获得更快的增长和更高的生活水平、减少更多的贫困或提供更多的工作，而只是为了提升排名。这就像一场比赛，如同在足球比赛中的进球一样。这让我强烈地意识到，这些排名可能会被误用。例如在我们的排名标准改变得非常缓慢的条件下，要是有一个国家恰好允许投资银行有更多的空间压榨客户，而这个国家的排名又碰巧上升了，那么我们就可能会让这个国家为此类压榨创造更多的空间。

另一个例子与爱国主义有关。对一些传统的新古典经济学家来说，爱国主义偏好本身就是效用最大化中一个固有的部分。[26] 但是，一旦认识到行为经济学中"创设目标"的行为，我们就知道精英和政治领导人能够出于某种原因，有意或无意地激发和煽动爱国主义。在某种意义上说，爱国主义就是一项好的财政政策。因为它允许政治领导人招募士兵，而不必支付他们那么高的工资。如果士兵把参军纯粹视作一份工作，他要求的工资水平就至少不应比另一份工作

26　有些经济学家通过这种技艺能将所有内容都融入教科书的模型，却落入了同义反复的逻辑陷阱。我知道一些主流经济学家，当他们看到一个商人夜以继日地工作时，就认为这是自利效用最大化的表现；而看到一个圣人为了穷人捐出自己的所有财产时，也认为是自利效用最大化的表现。他们没有注意到这一事实，即他们必须将"自利"和"效用最大化"两个概念扭曲成一种同义反复，才能坚持自己的观点。

低。爱国主义激发起一种情绪，让你觉得你的国家比其他国家更重要，生活在你的国家的人，其生命比其他国家的人的更重要，由此成为一种可以被利用的情绪。例如它让我们能够支付给士兵较低的工资，并获得大量的财政收益。

现在必须清楚的是，这些被创设的目标，在主流经济学那里是不可能的，却在我们周围普遍存在，它们可以成为或好或坏的主导力量，从而以不同方式引导社会。由此而来的问题是：这种引导社会转变的方式，是正当的还是不正当的。再次，我们必须使用上面所用的标准，即检查这样做是否符合人们自身的利益。也就是说，人们要根据更高阶的偏好，自己做出判断。对于什么是正当性的基础，争议永远存在，但如果我们能够就其基本理念达成一些共识，那么至少那些侵犯正当性的严重行为，对于所有人来说就是显而易见的，由此就有望产生出阻止这些行为的力量。

第二个题外话涉及一个事实，即法律通常应该得到武力和惩罚的支持。从上面讨论的许多例子中可以看到，这在博弈里意味着什么是很明确的。但是在这些博弈模型之外，武力和强制的确切含义却被许多经济学家和其他社会科学家普遍地误解了。

这与正当性有关。传统上，正当性的概念与武力对立。正如辛格（Singer，2006，第229页）所言："因此，'正当政府'与纯粹的'武力控制'是有区别的，且在概念上是对立的。人们似乎普遍接受了这样的区分，所以伴随着正当性概念的是拥有'权威性'和'统治权利'的观念，这也得到了广泛的认同。"然而，如果仔细考查，即使"武力控制"和"正当政府"之间看似明显对立，也会遇到区分上的困难。问题的根源在于，"武力"和"强制"，以及它们的对应词"自愿"的含义都充满了模糊性。

继弗里德曼（1962）之后，有一种广泛的观点认为，如果一个人可以从一组选项中自愿地做出选择，那么他就不能说是被强制的。这种"新古典主义标准"充其量是一种误导。这个问题持续存在的原因是，"强制"并不容易定义。如果我们不能定义强制，也就无法指出某件事是强制的或不是强制的。幸运的是，我们仍然可以采取另一种方法，即在缺乏一个普遍接受的定义的情况下，描述那些我们都同意是发生了"强制"的事件，即使我们不能定义"强制"（孩子们采取同样的方法来识别大象，虽然他们也不能定义大象），[27]然后再看新古典主义的上述标准能否成立。

按照上述想法，假设有一个人 P，把他的手表给了一个在黑暗小巷、手里拿着枪并要抢手表的强盗 R。显然在这种情况下，我们（包括米尔顿·弗里德曼在内）都同意，P 并不是自愿把手表给 R 的，这是一种"强制"或"胁迫"的情况。现在回到新古典主义标准。在这个故事中，R 给了 P 一个选择：把你的手表给我（x），或者把你的命给我（y）——这就是拿枪的意思。然后 P 选择他更喜欢的选项（事实上，两个选项相比有很大的边际差异），即 x。根据新古典主义的标准，我们会说 P 没有被强制。这个例子表明新古典主义标准是有缺陷的。

我曾在其他地方（Basu，2000，2003）指出，正是上述缺陷使新古典经济学倾向于一种相当宽泛的自愿观。从被剥削的矿工每天工作 12 个小时到妇女在没有帮助的情况下整天做家务，都被视为是

---

27 我不太确定是否有必要说到孩子。

自愿和非强制的。我还要指出，也可以发现一些提出完全相反问题的思想学派，他们认为事实上所有关系都是强制的，这些都是定义存在缺陷导致的后果。

需要认识到的是，强制本质上是一个规范概念（Steiner，1994；Basu，2000；Vallentyne，2000）。对于人们拥有的权利，我们必须先有一个立场。如果一个人被剥夺了某项权利，即使他还可以选择，我们仍可以说这个人是被胁迫或强制的。因此，当你晚上出去散步时，你有权带着你的手表和你的生命回家。如果你突然被迫要在两者之间做出选择，你就是被强制的，因为你被剥夺了拥有两者的权利。所以就这一点而言，权利的底线至关重要。

为了使上述想法形式化，我们需要一个更细致地定义的生活博弈，不仅要描述人们可得的选择，还要指出这些选择中的哪一些是他们权利中的一部分而不能被剥夺，即便这种剥夺最终往往通过人们选择时的默认而难以被察觉。它将为法律正当性的定义和分析，开辟一条更为宽广的途径。

第8章 结语

8.1 前方的路

20世纪下半叶法和经济学的兴起，是法学和经济学两大学科融合的一个巨大成功故事。它有助于加深我们对人类行为和政策设计的理解。然而，正如许多开创性的学术进步一样，法和经济学也有自身的缺陷，这一缺陷深藏在学科之内。在本书中我指出，一旦我们审视传统法和经济学的基础，就会发现其内部的矛盾。这些矛盾是如此重要，当我们意识到它们后，就不可能假装它们不存在。此外，很明显法和经济学在解释现实问题上也存在一些失败，例如发展中经济体中法律的执行不力和腐败的持续存在，由于我们未能解决这一学科基础中存在的缺陷，从而使得这些问题变得更严重。

一个重要的挑战是法律得不到执行。世界各地都有这样的例子：人们出于最良好的意愿制定法律，孜孜不倦地将其写入宪法、国家法规和行为准则，但这些法律被忽视或被糟糕地执行。不仅平民无视和违犯法律，而且警察、治安官和其他国家工作人员也几乎不会执行法律。这些工作人员有时会收受贿赂、有时似乎根本意识不到这些法律的存在。一些重要的干预政策，例如对基本食物、医疗和教育等权利的保障，往往被写入国家的法律，然后这些法律又被毫无愧疚地忽视。传统的法和经济学总体上难以理解这些普遍的现象，因此也无法对其进行修正。

除此之外，作为一门学科，法和经济学具有帮助我们理解经济结果、促进政策改善生活水平的潜力，但也令人遗憾地未能得到充分利用。其中的原因之一是法和经济学存在的断层线问题。本书的目的是强调这一学科目前存在的缺陷，然后试图加以修正。法和经济学是一门重要的学科，但迄今取得的成就与其潜力还相去甚远。我相信，一旦法和经济学的方法论基础得到加强，这个领域的研究就能成为对社会、经济和政治具有根本重要性的一个主题，并有助于促进增长和发展，遏制冲突和不稳定。

幸运的是，断层线问题一旦被恰当地理解，是能够加以纠正的。我们可以用一种严谨的方法开展法和经济学的研究，让这些问题更清晰地得到解决。这也正是法和经济学的焦点方法试图做到的。如前所述，从传统或新古典方法向焦点方法的转变，在某些方面类似于从局部均衡经济学向一般均衡经济学的转变。在目前情况下，我们已有的新方法是一个可用的严格模型，但也比传统方法远为复杂。如同埃奇沃斯盒状图提供了一般均衡的一个简单示意，就法和经济学的焦点方法而言，也可以写出一个简单的原型模型。我们知道，从19世纪的瓦尔拉斯到20世纪中期的肯尼斯·阿罗、杰拉德·德布鲁和莱昂内尔·麦肯齐，完善一般均衡模型的工作变得日益复杂；但这个模型仍是开放的，我们可以继续将现实世界的特征添加到模型中。

借用局部均衡和一般均衡的类比,我需要指出,不应把焦点方法视为必然凌驾于传统或新古典方法之上。毕竟,虽然我们已经知道了局部均衡的局限性,但即使到现在,经济学家仍在继续使用和发展局部均衡分析。这样做的原因有两个。首先,在许多情况下全面的一般均衡分析是如此复杂,经常超出了我们的分析能力,为此我们只能进行局部均衡分析,同时祈求这样做不会有什么问题。其次,一旦我们了解了一般均衡模型,就能知道局部均衡分析何时何地对经济进行了有效的区分,从而成为对现实的合理近似。也就是说,我们知道经济体的其余部分对我们分析的部分没有重要的反馈。在这种情况下,局部均衡分析是可行的。同样的逻辑也适用于法和经济学的新古典方法。为了方便起见,我们可能不得不继续使用这一方法,来分析一些现实生活中的法律和经济问题。但是如果我们在这样做的时候,也要意识到一般焦点方法的存在,以避免犯严重的错误。正如我们在第 5.5 节中看到的,某些情况下可以将国家工作人员的行为视为外生,然后在此条件下分析民众之间的互动行为,这里假设执行法律符合工作人员的自身利益。在上述情景下,法和经济学的新古典方法将会发挥良好的作用。

再次,借用一般均衡模型的类比,当我们意识到模型可以变得更加现实和复杂时,就必须认识到法和经济学的焦点方法仍有进一步发展的空间。在前面的章节中,我们已经探讨了几种这样的途径,但我深刻地意识到它们存在的不足之处,事实是它仍是一项需要更多工作投入的研究议程。此外,正如我在焦点方法中所做的那样,当一个人在一种方法上花费大量时间时,他就会开始遇到开放的结果、有待进一步细化的领域以及需要处理的新难题。这是所有科研项目和学术事业的宿命。

本书着重讨论的是理论和方法论，旨在创建一个分析框架，以有助于回答实际问题，解决政策制定者必须面对的困难。当然，回答问题和解决困难并不是本书的直接目的。这意味着，本书在沿着我设定的相当平铺直叙的线性路线论述时，也出现了许多松散的目标和线索，但为了紧扣主题，我不得不放弃它们。本书最后一章的目的，是要关注一些主要议题的开放性结果，以及我此前提到的难以避免的不完备性，以期鼓励未来的研究。这里，我挑选了一些重要的议题，但它们并非法和经济学的核心，因此在本书早先的章节都是被一带而过的。

在接下来的三节中，我将讨论三个特定的议题，其中两个偏于抽象，一个倾向实际。在制定规则和法律时，我们遇到过统计信息或基于过去数据的概率该发挥何种作用的问题。我们应该如何用直觉和常识来对待这些统计信息和实际数据呢？此前我已经在几个地方强调过理性直觉和生活经验的重要性，现在将重拾这个话题。这里有两点需要特别指出，首先是规范性问题，我们应该如何使用统计信息？例如能否将其作为群体性的特征或是法律案件的证据？正如在第5章中看到的，我们对统计数据的一些无意识的使用，可能导致对群体的可怕歧视，并使得某些人受到排斥而另一些人则得到特别的好处。对此，我们应该具备怎样的道德立场？其次，统计信息在方法论上具有什么样的地位？它是人类知识的唯一来源吗？我们如何评价不同来源造成的知识差异？例如通过随机对照实验还是其他非正式方法？第8.2节和第8.3节回答了这两个问题，并在此过程中指出了未来值得进一步研究的新方向。

第 8.4 节涉及了一个紧迫的当代问题，在前面的章节中并未对此加以关注。在一个包括国家和公民的现实博弈中，根据民族国家的边界来确定博弈的边界，可能是不恰当的。特别是在当今世界，一个国家的政府所做的事可以影响到另一个国家的居民，并引起其政府的反应。这是一个极其重要的现实课题，世界的生存和健康均有赖于此。除了在第 1 章中简短提及外，为了集中精力论述本书的主要内容（即对方法论和理论的探讨），我一直避免讨论我们这个时代极具争议的上述话题。但是，就在我写作本书时，世界正在经历一个政治动荡加剧的时期，传统的政治分歧明显恶化，群体内部的身份认同日益增强，冲突和脆弱性急剧上升。我认为，这些现象的出现，与我们的法律和惯例未能跟上经济全球化的步伐有关。本书试图进一步阐明上述问题，虽然我还不能给出一个明确的处方，但最后一章是对此做出一些评论的适宜之处。

8.2　统计信息与道德

统计信息和概率在法律的制定和实施中都发挥着重要的作用。从大量的数据中我们得知，系安全带能提高人们在车祸中幸存的概率，从而挽救生命。从过去的统计数据中我们也了解到，吸烟会增加患癌症的可能性。从行为经济学家的实验室研究和田野研究中我们还知道，大多数人倾向于忽视小概率事件。因此，我们制定法律要求车上的司机和乘客系安全带，对香烟征税使人们购买的香烟更加昂贵，还有颁布法律禁止在电视上播放香烟广告。[1]

在实施法律时，我们会使用统计信息，尽管我们不愿意承认这一点。在刑事案件中，我们经常坚持：一个人直到被证明有罪之前，应该被视为是无罪的。但事实上，除了诸如毕达哥拉斯定理或阿罗不可能定理等逻辑真理，现实生活中没有什么是真的可以被证明的。我们会利用过去的经验，以及越来越多使用大量数据对某些情况的描述做出判断，从而"排除合理怀疑"地将某人视为有罪。"合理"怀疑实际上就暗含着一种概率。无法想象法庭上如此众多的案件，可以根据一些逻辑真理做出判决，我们不得不依赖所谓的"确凿证据"来判断，而在现实世界中，很难有真正的"确凿证据"。

除了使用统计或概率信息方面带来的挑战，我们还面临着在第5章中曾遇到的一些道德问题。我们正身处一个奇特的世界，一方面我们努力扩大人权的范围；但另一方面，我们却目睹群体歧视的加剧，一些群体的某些基本权利甚至遭受剥夺。[2]我想看看如何为应对这些挑战找出一些理据。

我们已经看到，使用某些类型的信息会导致对群体的歧视，即使歧视者并无恶意。在人们的生产力具有互补性的市场中，种族或性别都可以开始发挥焦点的作用。如果我们认为某个特定个人的生产力比较低，只是因为相信他所属群体的平均生产力比较低，这种信念就可以自我实现。

1　具有经济学讽刺意味的是，有证据表明，烟草公司的利润反而因广告禁令而增长。这是因为很多烟草广告几乎像是恶性竞标，每家烟草公司都必须做广告以留住消费者，最终使所有公司的处境都变得更糟。

2　Barkan（2011）讨论了一些最严重侵犯人权背景下的问题，例如种族清洗和种族灭绝。

　　由于上述结果可以在没有任何明显种族或性别歧视的情况下，发生在人们身上，因此尚不明确如何对其进行纠正。一种方法是利用国家的力量，强制实施特定的平权运动。在印度，政府颁布了法律，以确保村委会的领导中必须有一定比例的妇女。这是 1993 年通过的宪法修正案，要求村委会领导席位的三分之一保留给妇女，并通过抽签选出。也就是说，只有妇女才能成为这些职位的候选人。2008 年"妇女保留议案"也试图在议会和国务院设立类似的三分之一的职位比例，保留给妇女，此项议案还尚未成为法律。[3] 此外在印度，全部的学院和大学，以及所有国家资助的公司和机构，都被要求招收一定比例低等种姓的学生或雇员。

　　但是，无论怎么说和做，国家的影响范围都是有限的。社会可以采取多种方式对人们加以区分，如性别、种族、宗教、种姓、教育水平、体重、鼻子形状，等等。如果政府试图在工作招聘中对上述所有特征进行干预，那将会对经济造成严重的后果。此外，如果市场造成了对歧视的需要，就可以通过使用众多标记中的任何一个加以实现。任何行政当局想要监控和纠正这样的歧视行为，几乎是不可能的。在日常生活的众多场景中，人们也经常利用统计信息。当行人看见有不同种族或身材的人朝他们径直走来时，他们常会穿过马路走到另一边。这有时是偏见，但有时纯粹是利用统计信息采取的行为。政府所能纠正的歧视是有限的，并且我们是否希望政府如此介入我们的日常生活，也并不明确。

　　这就是道德起作用的地方。人类有能力利用与生俱来的道德来

3　这一议案实际上已经失效。联邦上议院在 2010 年通过了该议案，但 2014 年由于现任议员在大选中失败，下议院遭到解散，因此就没有考虑过这个议案。

"纠正"自身的行为。我们能做的是向人们展示正确使用道德的方式，以帮助他们更好地运用道德做出决断。

有道德感的好人在面对歧视问题时，往往会否认那些令人不快的歧视事件背后存在任何统计信息，例如穿过马路，或没有雇用生产力水平较低群体的成员等。然而，这并不是一个好办法，因为这相当于改动了证据。确实，有些统计信息提供的证据可能是错的，但有些证据是为我们更深层的本能倾向提供一种掩护。而且，我们往往误解统计信息的意义或随机对照实验的结果，我将在下一节对此进行讨论。考虑到上述所有警告，因为我们不喜欢统计信息的含义就拒绝它，无论动机多么高尚，都不是一个好的想法。这样做将导致不科学的思维，造成迷信和假象。

那么，我们应该如何应对上述挑战呢？幸运的是，我们可以再次援引大卫·休谟，我所指的是休谟定律，即一个"应该如何的陈述"或者"应然判断"，永远不能从一个或几个纯粹的"是如何的陈述"或者"实然判断"推出。*正如休谟（1739［1969］）所言，他发现许多道德学家在讨论了"是什么"或"不是什么"的各种实然判断后，不知不觉地转向与"该如何"或"不该如何"相关的应然陈述，并将之视为一种推理。这是不可接受的。这种从实然陈述推出应然陈述的不可能性，遵循布莱克（Black，1964）论文的提法，以后被称为"休谟的铡刀"。

---

* 实然判断（positive claim），是对事物是什么的一种客观描述；应然判断（normative claim），是该对事物采取何种态度的主观判断。从"实然"不能推出"应然"，是指事物的客观属性不能决定人们的主观偏好，例如一个杏子很甜，这是一个实然判断；但并不能推出"这个杏子很好吃"的应然判断，因为对那些喜欢酸杏的人们来说，这个应然判断不能成立。——译者注

　　休谟定律意味着，每当我们做出一个"应然判断"时，总是需要预设一些主观价值偏好。例如我不应雇用某种性别的劳动力，或者当看到一群人朝我走来时，我应走到马路的另一边；雇员的性别或者走来的一群人，显然是"实然信息"，在上述场合这些统计信息则代表着某些群体的生产力或是犯罪倾向。要从这些"实然信息"中得出"应然判断"，我事实上暗含了一些价值偏好。在这些例子中就是我应该最大化自身的利益或者我应该避免受到身体上的伤害。

　　现在，通过对我们头脑中隐藏的先验规范的显著性进行分类，当这些先验规范并不足以证实特定行为的合理性时，能让我们避免做出一些更有害的决策。因此，实际上我希望我们在做决策时（例如考虑雇用某人），不应考虑一个人的群体身份，如他的种族或宗教背景，尽管群体身份也包含着某些信息。我们可以考察被雇用人员的受教育程度和以前的工作经验，而不是其群体身份。这样做可能会减少利润，但这应该是我们愿意承担的成本。因为我们知道，如果每个人都考虑群体身份，的确将使一些群体的生产力变低并被社会边缘化。换句话说，我认为更高利润并非足够重要的目标，与"不歧视"这样更大的社会利益相比，更高利润的目标应该被放弃。

　　为了更好地理解这一点，假设统计信息已经证明了信仰宗教 X 的人群的生产力低于其他群体（这里使用符号 X 并非出于对数学的热爱，而是害怕引起争议）。同样，假设我们喜欢赚取更多而不是更少的利润，而在雇用一名人员时面临着两条准则：（1）信仰宗教 X 的人群生产力较低；（2）我们希望利润最大化。我的建议是：若要做出不歧视信仰宗教 X 的人群的决策，就意味着我们应该放弃准则（2）。也就是说，我们不应放弃实然或者事实的准则，因为这么做就相当于否认现实。

我知道这是在要求人们做一些不符合其自身利益的事情，但这也是人作为一个道德生物的全部意义所在。正如我们所见，人类一旦被说服，就能按照道德行事。然而，这里还有一个额外的问题，即我们呼吁的道德行为严格来说并没有可见的效果。这是因为你作为一个个体，如果在招聘时，放弃了一些利润而聘用了一个所属群体的生产力低于其他群体的雇员，这一行为就其本身而言对社会和受歧视群体生产力的影响都是微不足道的。因此，我们必须诉诸"义务伦理学"，以促使人们坚持这种行为。[4]

让我再举一个例子，想想"奴隶制有利于经济增长"这一说法。这纯粹是一个"实然陈述"。所以，我们应该完全基于证据和推理，来断定它是对是错。我们的道德在这个判断中并不起作用。从实然

4　我知道将其称为"义务伦理学"（deontological ethics）可能会受到质疑，因为它不仅仅是一种基于规则的道德行为，而且也关注后果。每个人都理应以某种方式行事，因为这样做会产生社会期望的结果，即使每个人的行为对社会的影响微不足道。换言之，我们呼吁的行为可被称为"个人义务论"，即使这些行为的最终依据在于集体的结果主义。"个人义务论"是帕菲特道德数学的核心观点（Parfit, 1984）。在另一个场景中，我运用这一论点说明在工作场所中为何应该禁止"自愿的性骚扰"，即使这一行为属于帕累托改进的。这里的"自愿"，是指在工作合同中明确写明雇主有权对雇员进行性骚扰（Basu, 2003）。换句话说，这取决于应聘的工人权衡相对较高的工资和其他福利以及骚扰带来的成本后，再根据自身利益做出的决定。这样的合同在个人层面上可以是帕累托改进的，因为雇主和雇员的境况都有所改善，而且对其他人并未产生明显的负面影响。但在这里运用道德数学的观点，使我们有理由辩称，即便是这种"自愿"的性骚扰也应被宣布为非法。在讨论工作场所的性骚扰行为时，值得一提的是它与第 5 章中论述的劳动力市场歧视之间存在着有趣的联系。在通过具体的法律禁止工作场所性骚扰之前，美国等国家曾利用其反歧视法惩罚此类行为。此外，有证据表明，惩罚性骚扰并因此减少了性骚扰的法律，也降低了劳动力雇用和薪酬等方面的性别不平等（Chen and Sethi, 2017）。

陈述也可以引出一个应然陈述，例如"奴隶制是好的"。这个应然陈述想要成立，其实暗含着另一个命题，即"经济增长是好的"。[5] 如果我想要否定"奴隶制是好的"主张，就要驳斥"经济增长是好的"这一规范性命题。事实上，这正是我采取的方法。如果我的研究确实表明奴隶制有利于经济增长，我不会否认上述结论，而是会推翻"经济增长是好的"这一准则。

最后，当我敦促学者、原告、律师和法官不应只因为统计事实似乎会导致道德上不舒服的行为就歪曲和否认它们时，我们必须认识到，"不歪曲和接受不舒服的事实"与"在公共场合谈论它们"是有区别的。后者虽然是言论，但也是一种行为，会产生其自身的后果。因此，人们在决定是否应该公开谈论它们时，必须权衡这些后果。如果通过数据分析，你得到一个结论："X 的智商较低"，我认为否认这个"事实"是错误的，但这并非意味着"在公开场合说 X 智商较低"就是正确的，因为这将对 X 造成情感上的伤害。实际上，甚至可能在一个道德案例中，基于简单的福利结果论，我们在公开场合讨论到 X 的智商时，应该说一些善意的谎言。[6]

奴隶制的例子也会产生类似的问题。假设你通过统计分析发现，奴隶制的确有利于经济增长。而你又被邀请在三 K 党（Ku Klux Klan）的年度大会上发言。你该怎么做？我首先建议你不应接受邀请。但如果你确实接受了，那么最好不要公开说奴隶制对经济增长

5　不用说，这个命题中隐含的限定词是"在任何情况下"。

6　不过，我必须谨慎地补充一句。我曾在论文中利用 M. C. Escher 著名的瀑布比喻，对这一问题进行了基于博弈论的仔细分析（Basu, 1994a；另见 Voorneveld, 2010）。为了不伤害他人而善意撒谎，这样做的风险在于如果使用过于频繁，就会极大地损害口头语言的有效性，以至于成为一种降低福利的行为。

有利，因为这可能会使部分听众在道德上无法接受。甚至基于道德上的原因，你应该撒谎说"奴隶制不利于经济增长"。

统计事实是有用的，但也应该对它们采取一定的怀疑态度。不能因为我们不喜欢统计事实会产生我们自认为的应然结果（正如刚才所指出的），就否认它们。但还有一些其他实然的原因，使我们应当对统计事实保持一种怀疑，这正是下一节的主题。

8.3　挪亚方舟批判

在上一节中，我们讨论了利用统计信息，特别是有关群体的统计信息进行决策时面临的规范性和伦理性挑战。正如在第5章中看到的，使用这些信息对个人而言也许是合理的，但可能产生不良的社会后果。上一节中谈到了如何应对应然性的挑战，在此节我将转向实然性的问题。虽然有大量的科学知识依据于统计信息，但我们如何利用统计信息才是合理的呢？我想指出，即使利用基于完美的随机控制实验得出的信息，也存在一些经常被忽视的缺陷。最后我想表明，只依靠归纳和统计的信息并不能给我们提供知识，直觉的运用是不可避免的。

长期以来，人类一直受困于不愿使用数据和统计来帮助创造知识。其中一个最著名的例子来自人类最伟大的思想家之一亚里士多德。亚里士多德对男女之间的差异有很多看法，例如他坚信女人血液的颜色比男人深，牙齿比男人少。虽然对于一个人是否存在灵魂，我能理解人们对此会有不同的看法。因为灵魂是什么、如何通过这种或那种方法证明它的存在，都还不清楚。然而上述对于血液和牙齿，尤其是牙齿的信念，确实令人困惑。一个人所要做的不过是让男人和女人张开嘴，并数一数。亚里士多德并没有这样做，似乎体现了拒绝任何形式的数据和统计的固执。然而，人们必须谨慎提出对亚里士多德的这种指控，因为在其他地方，他又小心翼翼地强调事实的重要性。例如，在《动物的历史》（History of Animals，约公元前 350 年）一文中，亚里士多德指出，"男人，雄性绵羊、山羊和猪的牙齿比雌性多；对于其他动物，还没有进行观察"，从而显示出他对事实的一丝不苟。[7]

　　幸运的是，这已不再是一个有争议的问题。我们现在生活在证据和数据的时代。在本书中，我也在几个地方使用了统计信息。在社会科学中利用这些信息，特别是遵循随机数法则所得的信息，有着悠久却不太好的历史。最早的一些应用出现在通灵学中。1884 年，法国著名的生理学家查尔斯·里歇（Charles Richet）想知道打牌的人是否可以通过看自己的牌给他人传递信息。在他的研究中，一个人必须从一堆牌中选出一张，其他人则猜他看到的是哪一张。如果完全随机的话，2 927 次将猜测中 732 次。在他的对照实验中也确实有 789 次猜测是正确的。这使他得出结论：知识的传递可以直接发生在人们的大脑之间（Hacking，1988）。这个判断引发了一些对里歇的推理能力的质疑。（让人放心的是，里歇的推理能力并非无可挑剔。由于他是优生学的倡导者，他也推断出，有些种族天生就比其他种族更为优越。不用说，他自己的种族也属于优越的类别。）

　　最早在医学和流行病学领域，现在是经济学领域，统计信息和

7　参见 http:// classics .mit .edu /Aristotle /history_anim. 2 .ii .html。我很感谢 Michael Singer 让我注意到了这一点。

随机对照实验的作用正日益得到承认。的确应该如此。然而在发展经济学中，有时却走向了极端，例如将所有的知识都等同于统计信息，即那些通过随机对照实验获得的信息。然而，这是一个错误。在本书中，我多次提到生活经验和理性直觉的重要性，[8] 那么，它们应如何与通过随机对照实验发现的数据、统计信息和规律相结合呢？

首先，我们不应忘记理论和纯粹推理是知识的重要来源。如果拒绝承认这一点，要么我们的所知将大为减少，要么我们只能通过不必要的烦琐方法获取知识。为了说明后者，假设我们坚持要求毕达哥拉斯只能利用经验方法，那么他是否依然还能证明其著名的定理，就是存疑的。如果他收集了许多直角三角形并测量了各边组成正方形的面积，他可能会得出这样的结论：两个小正方形的面积之和等于大正方形的面积。但这将是一个非常低效的方法，他也会陷入"所选择的三角形是否真的是一个随机选择"的争议。毫无疑问批评者会说，他只是在地中海地区证明了这一点。

当然，通过纯粹推理发现的知识只是定义上的同义反复，但是有一些同义反复是相当复杂和不明显的，"阿罗不可能定理"就是一个很好的例子，这些发现也是对人类知识的巨大贡献。即使我们超出了循环或同义反复式的真理，认识到统计信息的局限性以及还有其他获取知识的方法这一事实，依然是非常重要的。

至于统计信息的局限性，即使最完善的随机对照实验也是基于过去的群体，并没有特别强大的理由可以保证这些实验的发现能在

---

8 我曾讨论了理性直觉（reasoned intuition）的重要性，以及为什么它在一些场合非常重要（Basu，2014）。

明天继续应用。以发展经济学中一些最好的随机对照实验为例，如查特巴塔伊和迪弗洛（Chattopadhyay and Duflo，2004）的论文，他们发现当选择一位女性领导村委会，可以改善该村公共品的供给。然而根据这一发现，并不能预期被选择的女性领导者明天会如何表现，尤其是如果坚持随机的原则。在这一原则下，只有对群体的适当随机样本进行研究，才可以对整个群体做出判断，而明天的群体可能并非原先抽取样本的群体。

要对女性领导者的未来影响做出一般性的判断，必须运用直觉和常识。在知识创造的过程中，除了发掘同义反复式的真理，运用基于生活经验得到的直觉，也是不可避免的。

正如我在其他地方论述的（Basu，2014），[9] 人类有许多获取知识的方式，拒绝这些获取知识的方式将造成很大的损害。一个孩子从出生开始，就会学到很多东西——友好的微笑意味着好事随之而来，最好远离一个带着刀的鬼脸男人，巴掌会让人疼，如此等等。如果父母要求孩子获得的各种知识必须来自合适的随机实验；否则就坚持要孩子必须抛弃这些知识，那么孩子长大后很可能会变成一个无知之人。我们通过非科学的方式获得的知识，要比我们从期刊和科学研究中学到的知识多得多。的确，迷信也出自同样的认知渠道，但我们不能就此把这些窗户全部闩上。

最后，让我表明在生活中的有些情况下，人们对那些即使经过恰当处理的统计信息，也有理由凭借经验和理性直觉加以拒绝。假

9　关于这一主题有大量的文献，这些论文探索了这一方法的效力以及其揭示因果关系的能力。以下是其中的一小部分：Banerjee（2005），Mookherjee（2005），Rodrik（2008），Cartwright（2010），Deaton（2010），Rust（2016）。

设有一名研究人员来到你的小镇，在镇上进行随机对照实验，将一种绿色液体注射到随机抽取的小镇人群的样本中，实验表明这种液体能促进头发生长，而且没有副作用。如果你想拥有更好的头发，那么你会同意接受这种注射吗？

在一种场景下，你会有很好的理由拒绝注射。假设你所在的小镇恰好是一艘挪亚方舟，其中有你和另一个人，还有两条蛇、两只青蛙、两只蟾蜍等，一个庞大的种群。注射试验采用恰当的统计方法，从整个方舟的种群中随机抽取样本。

接着假设有一个邻近的小镇，其所有的居民都是人类，他们的长相和行为都和你相似。在那个镇上，众所周知有些人为了拥有更好的头发注射了同样的绿色液体，但是他们都头痛得厉害、掉光了头发。然而，这并不是随机对照的治疗行为，可能只给姓氏以 A、B 和 C 字母开头的人进行了注射，这是因为治疗是按字母顺序进行的，由于预算突然被削减，而不得不中途取消。

在上述场景下，大多数人会直觉地感到，他们最好学习邻近城镇的经验，而不是依据自身所在的挪亚方舟小镇中得出的结论，尽管前者并没有做到随机抽样，后者却有恰当的统计实验。在我看来，他们这样做是非常明智的。

挪亚方舟批判具有广泛的适用性。例如在医学领域，我们越来越依赖专家的建议——无论是医生还是谷歌搜索——来决定何时以及如何给自己用药，这从很多方面来看都是理所当然的。然而，重要的是我们也要认识到，这种"专家"意见大部分基于统计信息。在有些情况下，应根据我们长期积累的对自身的了解，来否定一些所谓的"专家"意见。幸运的是，也有医生持类似的观点。格

216

罗普曼和哈茨班德（Groopman and Hartzband，2011）提供了大量证据证明患者自己的看法所起的作用。正如他们赞许地说（第 7 页）："20 世纪的杰出医生威廉·奥斯勒爵士（William Osler）……曾有句名言，当你试图破解一个复杂医学诊断的难题时，你应该仔细倾听病人的声音，因为他在告诉你答案。"

可用挪亚方舟的例子对此加以理解，医生和医学书籍告诉我们的，是通过研究成千上万病人（通常是随机抽取的）得出的结论。这些信息是有用的，但不应该被机械地用来否定所有其他类型的信息。你通过多年观察得到的关于自身的知识，虽然并没有被科学地收集，但就像上面例子中来自邻近小镇的信息那样更值得信赖，因为那里的居民比你所在的挪亚方舟小镇的生物更像你。

进一步，我可以提供一点医学建议，当然应谨慎运用此项建议。在治疗身体的疼痛或抑郁时，你应该更加注重自身的经验并加以利用，试着找出是什么引起了你的疼痛或悲伤。如果你觉得已经找到了诱因，那就试着有意触发它们几次，看看是否会引起相应的疼痛和抑郁（假设这些疼痛和抑郁在科学上不是太严重）。一个人的确可以发现关于自己的一些真相，而这可能是依靠统计数据的医生或医学书籍无法提供的，无论这些数据得到了多么科学的处理。

我们生活在一个知识越来越多地来自统计推断的时代。信用评级机构将人们的行为模式与债务违约联系起来，对人们偿还债务的可能性进行分类。我们收集不同人群的统计信息，形成对其犯罪风险的判断，并采取相应的预防措施。当我们在与来自全球的大量人口打交道时，更多地运用统计信息已经成为一种自然的趋势。但就像挪亚方舟的例子警示我们的，如果日益拒绝来自理性直觉和生活经验的知识，我们也会犯下大错。另一个警示是，我们收集不同群体特征的统计信息，形成对各自生产力水平的判断，并在劳动力市场上予以歧视的行为，同样值得质疑。

为什么常识和理性直觉会成为如此强大的知识组成部分，尚难明确。但人们猜测这可能与进化有关。我们拥有的常识很大程度上是经过许多代人的自然选择保留下来的。因此，虽然常识偶尔会误导我们，但也不能将它随便抛弃。此外，如果我们拥有了所有的统计信息，但仍没有任何简单明确的方法能够保证过去发生的事情会在未来继续发生，因此我们在形成意见和做出判断时，仍有必要利用理性直觉和常识。

8.4　全球宪法的序幕

在一本书的结尾写"序幕"，显然是不同寻常的，但这是为了提醒读者：本书主要关注理论和方法，旨在为更多的实际应用工作奠定基础。我们要想实施更有效的政策、更好的监管，以及更有效率和公平的干预措施，就必须建立在理论和方法之上。因此，为了创造一个更美好的世界，理论要为更积极地参与社会揭开序幕。

目前，我们正处于困难时期。大量的难民和人们为了寻求更安全、更经济的避难之地离开家园，其人数之多令我们想起我们读到的关于圣经时代的状况。尽管全球的贫困水平在缓慢下降，但不平等却达到了灾难性的程度。乐施会最近的一份报告指出，世界上最富有的 8 个人拥有的财富总量，约等于世界一半人口（36 亿人）拥有的财富总量（Oxfam，2017）。我自己利用瑞士信贷的财富数据库进行的计算表明，世界上最富有的 3 个人的财富总量，超过了 A（安哥拉）、B（布基纳法索）和 C（民主刚果）三个国家的财富总量，这三国的人口总数则为 1.22 亿。在如此不平等的条件下，各国内部的政治分歧似乎也达到了前所未有的高度，这并不令人惊讶。自二战结束以来，民族主义的复兴和对他者的厌恶从未像今天这样明显。有理由认为，随着世界变得日益全球化，人们相互之间的交往越来越多，冲突也在增加，并达到了让我们为这个社会是否还能延续感到焦虑的程度。[10]

不平等带来的挑战可能会进一步加剧，并导致各种类型的政治动荡。多年来，穷人和边缘化群体被告知，他们的处境是一种自然的困境，是上帝的意志，是大自然设计的一部分，或者仅仅是对他们过去犯下罪行的应有惩罚，包括前世的罪行（尽管没人知道这究竟是指什么）。此外，一些新古典主义经济学家则添油加醋地声称，我们在世界上看到的不平等，是人们在工作和闲暇之间自由选择的结果。他们没有注意到这一事实，大多数的人类不平等在人们出生时就已形成。由于婴儿不会在努力工作和闲暇之间做出选择，因此这些不平等也不可能与选择有什么关系。那些灌输给人们的神话要使大家确信，贫穷只是来源于他们自身的所作所为。

随着法律变得越来越复杂，一种新的剥夺形式开始出现，那就是法律服务的获得。如果你请不起律师，就有可能永远不能主张某些权利，而那些法律赋予你的权利只是一些纸上的墨迹。在一篇关

10　世界银行 2017 年关于治理和法律的报告中也讨论了这一主题。正如报告指出的（第 257 页），"今天，各国面临着一个相互联系的全球化世界，其特点是资本、贸易、思想、技术和人员的快速和大量流动"。接着，报告讨论了此种情况带来的特殊挑战。

于法律剥夺感的文章中，拉科夫（Rakoff，2016，第4页）写道："在过去几十年里，普通的美国公民越来越无法有效地利用法院。"接着他列举了其中的含义："在相似的案件中，没有律师代表的个人的败诉比例，要远远高于有律师代表的个人。例如，在抵押贷款止赎案件中，如果你没有律师代表，则失去房屋的可能性是有律师代表的两倍。"这些额外的剥夺常伴随着极端的不平等，意味着过度的不平等不仅本身是件坏事，而且是对民主的打击，因为它剥夺了穷人的一些基本权利。

不平等时代与信息时代的结合正在孕育着一场危机。这一现象背后有很多原因，正如我曾在其他地方指出的（Basu，2016b），两种技术的共同进步，即传统的"劳动节省型"技术和现代的"劳动联结型"（labor-linking）技术使人们可以为遥远的公司和客户服务，是导致以下现象的主要因素，即在几乎所有的中等收入和高收入国家中，劳动工资占GDP的份额在不断下降。随着人类的进化和大脑容量的增加，有可能一小部分人的智商会稳步上升，而不同人之间智商的基尼系数也随之上升，当然这纯粹是一个推测。这样就会导致普通人和专家之间的日益隔阂，普通人则会怀疑，那些专家给出的所谓最佳建议，往往只是对专家自己最好的。

这并非没有先例，17世纪英国经济学家和发明家威廉·佩第爵士在土地测量方面曾做出过一些开创性工作。1654年，他受托调查爱尔兰的大量军队土地，在创下纪录的较短时间内，佩第用一些真正创新的方法出色地完成了这项工作。但与此同时，他也被发现拥有他调查的大片土地。"佩第问题"成为我们当前一些政治不稳定现象的根源，这的确是一个两难困境，使得许多国家的大多数人都越来越怀疑专家。因此，真正的民主进程导致了拒绝专业知识和人才的结果，并以不适当的选择告终。

　　解决上述困境的唯一方法是直面不平等问题。我们应该设计出明智的政策限制贫富之间的差距。如果对佩第自身可以得到多少土地设置一个上限，则他可以更好地为爱尔兰服务。在这里，我并不想立即跳跃至提出实际的立法干预措施，因为我很清楚地意识到，必须非常谨慎地设计这些措施，以免在试图限制不平等的同时损害个人和企业的激励。

　　虽然我们迫切需要解决不平等的挑战，但这并不容易，其原因在于，对于我们能想到的每一种法律干预措施，人们都会试图绕过它，由此导致相应的市场反应。例如，有些群体可以聚在一起，从而降低单个人的财富以避免纳税，但这些人却拥有不成比例的公共财产——公园、医院、学校——供他们自己使用。在国际层面，这意味着即使个别国家在内部享有更多的平等，但国家之间的不平等也能达到惊人的程度。"全球不平等"这一挑战需要国际层面的政策干预，从而涉及了前面章节提出的议题。

　　一本关于社会科学基础的书，似乎并不适合探讨政策干预的话题，我也不打算在这里展开任何全面的讨论。然而，本书的主题对如何应对这些实际挑战有着重要的意义。因此，我想做一个简短的尝试。需要指出的是，这只是一个提示性的讨论，本着为今后工作拉开序幕的精神，提出了一些猜想性的建议，尚待进一步完善。

　　在全球化的世界中，监管执行不力的一个原因是，人们假定法律的力量来自国家。因此，一旦我们超越国家走向世界，关于法律的标准理念就会遭遇困境（参见 Dixit，2004；Hadfield and Weingast，2013）。正如萨拉特、道格拉斯和梅里尔（Sarat、Douglas and Merrill，2011，第3页）指出的，"在没有国家的情况下，合同将是无效的，因为没有规范性的声音。所以，如果要使社会契约具有约束力，就必须以它诉诸的国家为前提"。此外，在同一页里他们提到了霍布斯式的法律观："如果法律只能由国家制定，那么没有国家的情况下还能存在的法律，是难以想象的。我们可以想象在国家缺席的情况下依然存在的审慎原则、理性箴言和正义概念，但是法律作为一种为解决社会纠纷而设计的可执行的行为准则，没有国家是无法想象的。"论述了这一点后，他们继续讨论了相反的意见，而这些相反的观点与本书提出的想法不谋而合。

霍布斯式的观点认为，法律只有在获得国家支持的情况下才具有效力，这种看法值得怀疑。本书认为，国家归根结底在很大程度上只是一个空虚的构建，它并非一些人认为的那样具有外在的强大权威。国家的权力虽然重要，但也只是信念的产物，这些信念为普通人头脑中所有，包括其他人将如何行为的信念、对信念的信念，等等。当然，在我们如何构想一国的法律和国际社会的法律时，是有区别的。但是，经济学和法学著作中充斥着一种假设：法律不可能在超国家层面上有效，但这一假设是错误的。正如法律的焦点方法表明的，法律能够得到执行，是因为当我违法时，我会预料到其他人将怎样做；而其他人会采取这样的行为，又是因为他们预料到，如果他们不这么做也会面临另外一些人的惩罚。如果我们在国际社会层面也能够建立起恰当的惯例和信念，就能够在全球范围内实行法治，正如在一国范围内那样。这是因为，如同我们在本书中看到的，法律效力来自国家外生赋予的权力和权威的说法，是有缺陷的。

从国家层面走向全球层面，我们将面临巨大的挑战。但如果我们把注意力集中到那些集体的、可自我执行的协议上，这些挑战并非不可克服。这一领域涉及的范围极其广泛，但大部分尚未被探索。

只要我们的生活被分隔并限制在不同民族国家的范围内，谈论一国的法律并就此打住，是没有问题的，因为人们参与的生活博弈基本上也是在一国范围内进行的。当然，自古以来就有贸易和旅行，但我们可以在分析中忽视它们，将其边缘化，然后再随意添加一个脚注以示歉意。随着全球化的稳步推进，我们就不再拥有这种奢求了。正如哈德菲尔德（Hadfield，2016，第 129 页）指出的，"廉价的通信和运输为我们提供了全球供应链。但是，要通过全球供应链使生产流程扁平化，所需的不仅仅是技术和集装箱船，它还需要解决如何协调、支持合作与交流等基本问题，以及解决经济生活剧变带来的外部性和冲突。"

在一定程度上，上述问题早就存在。曾经有段时间，这一挑战是利用通常被称为"法则区别"（statutist）的干预措施加以解决的。"法则区别"学说起源于 14 世纪的意大利，旨在处理贸易和商业中的纠纷，它带来了所谓的多元管辖权问题。布雷耶（Breyer，2015）构造了一个想象中的中世纪场景来探讨这个问题。如果一个罗马公民在佛罗伦萨起诉一个佛罗伦萨公民损坏了他在罗马的财产，那么应该适用哪个地方的法律？ "法则区别体系"是一套关于如何处理这些多元管辖权问题的简单规则。在此案例中，根据规则应该适用财产所在地罗马的法律，即使案件在佛罗伦萨审理。但随着长途旅行和资本流动越来越频繁，甚至在敌对国家之间也是如此，由贸易和外包带来联系的日益深化，法则区别体系已经无法应对随之而来的挑战。引用布雷耶（第96页）的话说："企业的主要业务通常由网络构成，它们联系着分处许多国家的各个部门……商业案件变得更为复杂，管辖权界限模糊不清、难以确定，而案件的判决结果又对国际贸易有着重大影响。"因此，不难看到我们周围正在发生什么，以及目前一些冲突的根源所在。

在传统的封建社会，也遇到过类似的问题，虽然层面不同。19世纪的英国法学家亨利·梅因（Henry Maine）对古代欧洲法律有着广博的知识，曾在英帝国政府中担任法律顾问，并在任职期间到过印度。当时，他敏锐地意识到印度小村庄带来的挑战。这些小村庄常由本地的法律规范，但随着技术进步、地方社区变化及本地法律的演进，当这些小村庄与其他社区接触时，就出现了如何协调的特殊问题（Maine，1871）。地方社区发生冲突时，这些社区所属的更大的主权国家显然必须发挥调解作用，就像今天全球机构在各国之间所做的那样。

由于全球化和数字技术的兴起，工作场所正在发生巨大的变化，这些变化使我们超越了仅凭法则区别信条就能解决问题的阶段。有来自世界各地的很多故事，以耐克为例，它创建于1964年，其早期模式是在美国设计和销售产品，在国外生产。最初它在日本生产，随着日本劳动力成本的上升和产量的扩大，耐克的生产工厂先后转移到韩国、印度尼西亚、越南、中国和拉美等地（Katz、Kochan and Colvin，2015，第267页）。由于人工智能的兴起，生产环节的一些工作未来有可能回流到高收入国家，因为德国的机器人迟早会抢走孟加拉国工人的饭碗。

在信息技术行业，全球联系表现得更为明显。印度经济增长的提速，可说是 20 世纪 90 年代初经济改革和信息技术产业发挥积极作用的结果。印度的印孚瑟斯（Infosys）有限公司就是一个很好的例子，它由 7 名工程师于 1981 年创建，初始资本约为 250 美元，从事一些数据和后台工作，最初为美国公司服务。目前，印孚瑟斯公司在 50 个国家拥有 1 000 多家客户公司，有近 20 万名员工遍布 32 个国家。上述变化给各国带来了希望和机会，但也造成了破坏；大量的就业机会在世界各地流动，随之而来的是政治问题和争议。如果对此管理得当，全球化将有助于我们促成一个更美好的世界，但它需要全球层面的规则和法律，在过去我们未曾见到过这样的规则和法律，而未来如何做到这点仍是一个疑问。[11]

要了解全球化可能带来的各种新问题，必须考虑社会和文化领域。人们聚集到一起，会带来前所未有的挑战。[12] 如果不同宗教信仰的人们比邻而居，就可能导致文化和宗教上的冲突。善意的人们往往提出看似简单的解决方案。他们会说，解决这个问题的方法是允许每个人都有权秉持自己的宗教信仰，但不能阻挠他人的信仰，或将自身的信仰强加于人。例如，这意味着我有权不吃猪肉，而你有权不吃牛肉，我们要做的是不把一群人的饮食规则强加给另一群人。

11　Basu and Stiglitz（2015）分析了一个鲜明的案例，即根据《里斯本条约》及之前的《马斯特里赫特条约》形成的欧盟，以探讨经济一体化可能带来的机遇和挫折（另见 Basu，2016a）。我们的文章表明，通过实现共同责任的承担，所有欧盟国家都可以从中受益，但《里斯本条约》第 125 条阻碍了一体化的进程，因为共同责任可能会产生其自身的风险。这一条款的产生是可以理解的，但在 2011 年欧洲主权债务危机全面爆发之前，第 125 条的全部含义并不明确。

12　全球化除了面临如何使如此众多支持者齐心协力发挥作用的挑战之外，还会引发一些更具争议的问题，例如怎样设定全球化进程中的规范性目标。在小规模社区中设定集体目标已十分困难，对于国际社会来说，则更难得多（Posner，2006）。

同样，我们应该有权利崇拜一个神、多个神，或者认为没有神（也许这是最理性的选择）。为了能够和平相处，人们必须学会把这些行为视为属于自己私人空间的选择。善意推荐这种方法的人知道，要说服每个人都遵守尊重他人私人行为的原则并非易事。而他们并未充分意识到的是，即使这一原则也可能行不通。上述方法的设想是，只要我按照自己的宗教和文化的要求去做，与此同时让别人按照他们的宗教和文化的要求去做，就不会产生冲突。在刚刚讨论的关于饮食习惯和信仰规则的两个例子中，确实如此。但是在其他例子中，这些规范性原则就会遇到困难。这里有一个人为设计的明显例子。假设有些人群信仰的宗教要求他们左侧行驶，而另一些人群信仰的宗教要求他们右侧行驶。只要这些人生活在不同国家，那么允许人们按自己信仰的宗教去行事是可行的。但是当他们生活在同一个空间或区域时，这个原则就再也行不通了，至少这一原则是无法避免正面相撞的。

全球化的另一类社会和政治问题，源于我们无法共情地理解他人。当一个人只是生活在自己的文化空间中，正如我们中的大多数那样，就很难完全理解他人为何与自己不同。那些生活在阿富汗和巴基斯坦农村、贫穷穆斯林地区的人们，在看到西方志愿者带着脊髓灰质炎疫苗来到他们的村庄时，会赶紧寻找藏身之处。本书的大部分读者会对村民的行为感到困惑。但如果我们能做一个换位思考的心理实验，就能更共情地理解他们的举动。这个心理实验是这样的，假设金正恩出于善意，从朝鲜派遣志愿者给我们注射一种可以增强免疫力抵抗病毒或病菌感染的红色液体。那么，当看到这些人到来时，我们中的大多数人都会像阿富汗和巴基斯坦的村民那样，赶紧寻找藏身之处。

　　全球化正日益将各种完全不同的文化置于同一屋檐下，在我们周边看到的冲突多根源于此。一国之内的法律并不足以应对这一新的挑战。我们可以通过两种方式化解当前的全球冲突。第一种是利用多边机构，例如国际劳工组织、世界贸易组织、世界银行和国际货币基金组织等，它们可以在各国之间开展工作，并进行相应的协调。一个很好的例子与劳动法有关。人们早就认识到，各国往往通过降低劳工标准、限制工会权利和削减最低工资等举措来吸引全球资本，从而产生了"竞次"（race to the bottom）的现象，并有相关的文献研究。为了对此加以限制，国际社会采取了不同的方法，例如国际劳工组织的国际劳工公约，这基本上是一份全球性的公约，以约束各国的行为。[13] 随着外包和跨国生产的兴起，相关的挑战将越来越突出。

　　为了使全球性公约和多边组织能更好地发挥作用，我们必须在这些国际机构中建立更加民主的投票制度。[14] 例如，在布雷顿森林组织中，规则大致是根据各国对该组织的贡献获得相应的投票份额。这就好比在美国总统选举的投票制度中，人们按照他们缴纳的税额享有相应的投票份额，那么杰夫·贝佐斯、比尔·盖茨、沃伦·巴

13　参见 Engerman（2003），Katz、Kochan and Colvin（2015）。此外，正如 Mohamed El-Erian 在"报业辛迪加"（Project Syndicate）中的文章指出的，改革符合这些组织的自身利益。否则，它们可能会被一些国家发起的新多边组织排挤出主导地位（El-Erian，2017）。

14　对于多边机构，特别是布雷顿森林组织在目前全球化世界中的作用，以及为什么它们会遭遇失败的分析，参见 Stiglitz（2002）。他认为，全球化会促使全球 GDP 增加，但也招致了许多不满，部分原因在于经济全球化是在缺乏适当全球治理机制的条件下发生的。

菲特以及其他一些有钱人很快会在美国总统选举中拥有大部分的话语权，而这正是布雷顿森林组织采用的方式。为了使多边组织在世界上发挥越来越重要的作用，这种方式显然需要改革和重新设计。最重要的是，应该让人们相信这些组织是公平和代表全球意见的。

缓解全球冲突的第二种方式，也是当今世界日益需要的一条途径，就是制定一部全球宪法，一套我们都同意遵守的最低限度的规则。[15] 它必须发挥一国宪法那样的作用，为我们所有人都应遵守的基本法律规范提供基础背景。每个国家可以继续制定和实施本国的法律，但在制定和执行自身法律时不能违反全球宪法。建立一个"国际人道主义共同体"（ius commune humanitatis）的理念，已有悠久的历史（Stone，2011），这听起来可能有些理想化，却是一个我们不能放弃的想法。如果不这样做，人类就会有灭绝的危险。国际冲突正不断加剧、各国之间的负外部性逐渐增强，它们不仅涉及气候变化（几乎所有人都意识到了这一问题），还包括不协调的货币和财政政策、失业以及随之而来的冲突。

全球宪法的目的是创造一个空间，使各国能够以不与其他国家的法律相冲突的方式制定本国的法律，但这并非易事。如果一些人信仰的宗教要求他们左侧行驶，而另一些人信仰的宗教要求他们右侧行驶，那么全球宪法该制定怎样的规则呢？每一项规定都会引起争议，而在全球化的世界里我们又离不开这些规则。类似的问题还有，人们是否有权戴头巾（穆斯林妇女所戴）或穿比基尼？不管人们生活在何处，每个人都有权利穿他想穿的衣服，对于一些人来说

15　国际条约是朝着这个目标迈进的中间一步。此外，各国间的习俗往往会演变成事实上的国际法（Choi and Gulati，2016）。

这似乎是不言自明的。我个人也赞同这种观点，但我也意识到，我们不能忽视一个事实，即一个人的穿着必定会被其他人看到。一个人的个人自由应该到哪里结束，而另一个人的自由应该从哪里开始？穿戴者的权利是否大于看见者的权利？这些问题并没有清楚的答案。

阿玛蒂亚·森（1969）在一篇著名论文中探讨了"帕累托原则"和他所称的"最小自由公理"之间的冲突，他有力地论证了在一些公认的私人领域中，个体应该拥有最高的选择权，这一权利不能受到其他人的否决。森列举的一个例子是：一个人是否读《查泰莱夫人的情人》这本书，应该由他自身来决定，其他人对此的态度被视为是无关紧要的。森的论证导致了一个悖论，目的是为了促使我们思考："帕累托"或"自由"，究竟哪个更重要。虽然我们中的大多数人都同意"最小自由公理"，即应该存在一个私人领域，但这个领域究竟包括哪些内容并不明确。例如许多人会认为，一个人有权穿他想穿的衣服，无论衣服颜色是最鲜艳的还是最黯淡的。然而，很少有人会捍卫一个人想要大声说话的权利。这种差异可能有一些生物学上的原因。我可以不被迫去看一个人所穿衣服的鲜艳颜色，却很难不被迫去听一个人大声说什么，这是因为我们有眼睑可以闭上眼睛，但没有耳帘可以闭住耳朵（我一直觉得这是万物构造中的一个主要设计缺陷，不管是谁设计的）。所以，问题依然是，即使我们承认个人拥有私人领域的权利，这个领域包括的内容及其边界仍然存在争议。如果我们尝试对此制定一些适用于所有人类、不同文化和国家的原则，争议就更为激烈。但在今天这个全球化的世界，人们越来越多地共同生活在同一个空间里，我们无法奢望能够逃避这些问题。

当前，对全球宪法的需要日益迫切，还有另一个原因。随着全球化的兴起，民主不可避免地受到侵蚀。民主的一个核心要素，是人民有权选举能够影响他们福祉的领导人，这也是所有民主国家都要建立选举制度的原因。只要世界经济很大程度上仍可分割成单一的民族国家，这种选举模式就能很好地运作。但是随着时间的推移和全球化的发展，这种情况发生了迅速的变化，一国采取的政策可以产生超越国界的影响。在目前资本流动便捷的世界里，美国增加货币供应量会导致越南的通货膨胀。马来西亚限制工会权利的决定，可能导致对印尼的外国直接投资枯竭，而流入马来西亚的资金则增加。这就是互联互通的世界中治理面临的挑战，正如世界银行报告（2017）讨论的。

在这样的世界里，如果人们只是在自己国家领导人的选举中有发言权，并无法解决上述问题。我们完全有理由认为，对墨西哥人而言，谁当选美国总统比谁当选墨西哥总统更重要。由于墨西哥人在美国总统选举中并没有发言权（可从2016年11月美国大选的结果中推断出这一点），全球民主显然存在缺陷。如果你难以理解这一点，可以设想一个只有哥伦比亚特区的人们才有权投票的美国总统选举体制。在这样的体制下，要让加州人或纽约人相信美国没有合理的民主制度，毫不费力。同样，我们可以认为，世界日益全球化，但我们的选举制度仍然以国家为基础，从而导致全球民主正在不断受到侵蚀。

目前尚不清楚可以对此采取哪些举措，但制定一些限制各国领导人权力的全球规则，是一个合理的中间步骤。[16]换言之，应该有一些事先制定的全球规则，对唐纳德·特朗普等大国领导人的行为加以约束，如同美国各州的州长要受到联邦政府规则的限制。

一旦制定了全球宪法，并且我们也有了关于违犯全球宪法的人将如何受到惩罚的附带规则，这样全球规则可以逐渐聚集力量，它将依靠自我执行的信念之网，由全球各地的普通人而非国家予以执行。毕竟，即使在一国内部，法律归根结底也是由个人执行的。在我们注定要生活于其中的信念共同体里，全球规则难以执行的危险来自没有一个单一有形的权力来源，但这也是希望的来源，希望这样的全球性集体规则，能够给那些早先似乎不受法治影响的国家和地区带去法律和秩序。

对不平等和全球冲突的管理需要国际努力，正如我们开始在气候变化和环境管理等领域投入的那样。这种国际层面的干预将我们带入以前从未涉足的法律领域，并导致相应的法律行动主义。所有这样的干预措施都有带来负面后果的风险，例如损害个人激励、整体福利下降。如果不充分尊重市场规律，法律干预也许会造成灾难。这就是法和经济学这一学科如此重要的原因。干预措施的成功可以创造新的机会，而它的失败则会对人类生活产生重大的影响。

想想共产主义的例子，它与其他一些主义不同，例如不同种类的法西斯主义，后者创立的动机常常是偏狭、自私和不光彩的。而

---

16 我的说法与 Breyer（2015 年，第 92 页）的建议类似："由于不存在全球层面的最高法院，各国法院必须在没有与其他国家直接协调的情况下，采取零散的行动，寻求与外国法规相衔接而非相冲突的解释。"他还继续补充道，在一个强大的国家里，"我们的法院可以，也应该听取外国的声音。"但这样的说法并不受很多人的欢迎。

从卡尔·马克思的最早著作到20世纪初的实践，共产主义的目标都是基于真正的平等主义。但共产主义是一个设想出来的体系，缺少一份详细的蓝图以说明它一旦实施应该如何运行。那些粗略的设想很少关注关于市场和经济的法律，而如果没有一份该体系实际应如何运行的蓝图，就难以避免后来发生的一切。有关财产和贸易的法律被修改、财富被集中并置于国家的控制之下，各种事务都要听从一个命令，权力成为众人垂涎的焦点，由此导致不可避免的困局。在这样的情况下，共产主义就有滑向权贵资本主义的危险。

这里的错误并不在于最初的雄心壮志，而在于智识上的失败，即无法理解关于社会和市场的法律的复杂性，由此也难以设计出可行的方案。

当我们迈入全球化和数字化不断推进的新时代，世界拥有的机遇日益拓展，具备了前所未有的增长潜力。但随之而来的也有挑战，我们开始感受到各种不利因素。如果劳动生产率继续像现在这样急剧上升，虽然会出现指数级的经济增长，但也可能导致工资下降和就业岗位的减少。未来我们将走上哪条道路，目前还不清楚。但是，这在很大程度上取决于我们应对上述新挑战的能力，我们必须全身心地迎接这些挑战。重要的是，一些曾经由自由市场即可解决的事务，现在则需要法律和集体的干预；一些以前由国家管理的事务，现在更依赖自由市场和个体企业。要成功做到这点，主要取决于我们能否让法律的干预与个体企业的选择恰当地结合。

8.5 尾声

法和经济学这门学科对于发展至关重要，而且它的重要性无疑将与日俱增。随着我们的经济生活变得越来越复杂，技术使世界各地的个人和企业的联系日益紧密，机器人逐渐取代了工人，新的挑战将不断出现，而我们不得不需要新的规则和法律来应对。市场这只看不见的手仍然很重要，但它的有效性也取决于其运行所处的监管空间。

人们常犯的一个重大错误，是把看不见的手当作一种意识形态问题，对此采取一种两极分化的态度，要么完全让市场来做，要么完全让国家来做。事实上，任何思考过这个问题的人都会认识到，我们既需要市场，也需要国家，但这样说也太老生常谈了。根据不同的技术状况、全球化水平和气候趋势，我们可能需要不同类型的规则。当人们生活在乡村、分散住在小定居点、主要从事农业时，对环境问题的担忧大部分可以通过村庄社区的习俗、共用土地和本地公共品的使用规范来解决（经典的研究工作参见 Ostrom，1990）。而在当今世界，随着全球变暖和环境问题的溢出效应，其巨大的影响可以从一个国家传到另一个国家，甚至跨越大洲，原有的治理规则显然已经杯水车薪。我们今天需要的规则必须涉及多国之间的协议，它将比以前农业社区需要的规范复杂得多。

要让市场发挥作用，无一例外总需要有一个监管结构，有时这必须由国家及其法律明确规定，有时由指导我们行为的社会规范和习惯提供，有时还需要多国协议和相应的执行。我们不会试图在每次打车后不付钱就跑掉，这通常是由于内在规范的约束，即使有法律，一般也不需要。另一方面，在一些看似纯粹以自由市场运作的场合，比如美国地方的农贸市场，当本地消费者兴高采烈地拿起每周供应的"有机"夏威夷坚果、"自制"焦糖糖果和"奶奶的"巧克力曲奇，常常把这些地方视为自由市场的最终庇护所，而没有意识到运转良好的农贸市场其实也是由精心制定的条例和规则保障的。[17]

在当今全球化的世界中，有大量的产业综合体、业务跨越几大洲的公司和在多个国家从事工作的专业人士，所以全球层面的干预是不可或缺的。实际上这点如此重要，以至于我们是否能够建立起一个全球监管体系，事关人类的生存。而使这项任务更具挑战的是，我们面临的问题的性质在不断演变。

凯恩斯在1930年发表的一篇著名论文《我们子孙后代的经济可能性》中预言：一百年后经济学将不再是一门重要的学科，因为所有重要的经济问题都已得到解决或者即将得到解决。这是凯恩斯少有的糟糕预测。他所犯的错误是认为人类的经济问题是一个固定的集合。凯恩斯预期，随着研究的进展这个集合会不断缩小，事实上在一百年后将会消失。现在我们还有12年的时间来验证他的预测，显然看起来这个预言不可能实现。实际上，经济问题在不断地演变。人们利用计谋和才智能做的事情是无止境的。他们不仅能够持续地开发出新产品，还会设计出向人们推销的新方法。比如利用人们的心理习惯，通过给产品定价的新方法让它们与同一家公司的产品捆绑在一起，航空公司的常旅客奖励计划就是这样的例子，当然还有很多其他的方式。这就意味着监管也将不得不随之演进和改变，它

17　对威斯康星州麦迪逊的农贸市场（Dane County Farmer's market）的分析，请参阅 Basu（2000）和 Ferguson（2013）。

多半是一个永无止境的过程，从而使得法和经济学成为一门引人注目的学科。

从 19 世纪晚期的反垄断法以来，我们已经走过了很长的路，但如今这是一场与时间的赛跑。随着我们的经济生活变得越来越复杂，各种挑战也层出不穷，我们必须汇集可得的所有事实和统计数据，并用所有的推理和演绎能力展开分析，这将是我们的共同责任。对某些人来说，这看起来像是一次徒劳的集体冒险，一份无休止的苦差事。而我希望，作为科学冒险，这项工作任务同时也能成为智力刺激和兴奋的源泉。

本书的目的是希望弥补法和经济学基础上的一些缺陷，使上述冒险成为可能。我尽量仔细地做到这一点，同时意识到还有许多工作没有完成。知识的事业永远不会完结。如果你愿意，只需要在某个时刻停下工作，并写下你的研究成果。这样，其他人得到它，就会发现其弱点和未解决的问题，如果他们愿意，就可以继续把研究向前推进。

参考文献

Abbink, K., Dasgupta, U., Gangadharan, L., and Jain, T. (2014), "Letting the Briber Go Free: An Experiment on Mitigating Harassment Bribes," *Journal of Public Economics* 111.

Abbink, K., Freiden, E., Gangadharan, L., and Moro, R. (2016), "The Effect of Social Norms on Bribe Offers," mimeo: Monash University.

Acconcia, A., Immordino, G., Piccolo, S., and Rey, P. (2014), "Accomplice-Witnesses and Organized Crime: Theory and Evidence from Italy," *Scandinavian Journal of Economics* 116.

Acemoglu, D., and Jackson, M. O. (2015), "Social Norms and the Enforcement of Law," mimeo: Harvard University.

Acemoglu, D., Johnson, S., and Robinson, J. (2005), "Institutions as a Fundamental Cause of Long-Run Growth," in P. Aghion and S. Durlauf (eds.), *Handbook of Economic Growth*, Elsevier.

Acemoglu, D., and Wolitzky, A. (2015), "Sustaining Cooperation: Community Enforcement vs. Specialized Enforcement," National Bureau of Economic Research Paper 21457.

Akerlof, G. (1976), "The Economics of Caste, Rat Race and Other Woeful Tales," *Quarterly Journal of Economics* 90.

Akerlof, G. (1991), "Procrastination and Obedience," *American Economic Review* 81.

Akerlof, G., and Kranton, R. (2010), *Identity Economics: How Our Identities Shape*

Our Work, Wages, and Well-Being, Princeton University Press.

Akerlof, G., and Shiller, R. (2015), *Phishing for Phools: The Economics of Manipulation and Deception*, Princeton University Press.

Akerlof, R. (2017), "The Importance of Legitimacy," *World Bank Economic Review* 30.

Aldashev, G., Chaara, I., Platteau, J.-P., and Wahhaj, Z. (2011), "Using the Law to Change the Custom," *Journal of Development Economics* 97.

Aldashev, G., Chaara, I., Platteau, J.-P., and Wahhaj, Z. (2012), "Formal Law as a Magnet to Reform Custom," *Economic Development and Cultural Change* 60.

Alger, I., and Weibull, J. (2013), "Homo Moralis—Preference Evolution under Incomplete Information and Assortative Matching," *Econometrica* 81.

Alger, I., and Weibull, J. (2018), "Morality: Evolutionary Foundations and Policy Implications," in K. Basu, C. Sepulveda and D. Rosenblatt (eds.) *The State of Economics, the State of the World*, MIT Press.

Ali, S., and Liu, C. (2017), "Laws, Norms, and Authority: Self-Enforcement Against Coalitional Deviations in Repeated Games," mimeo: Pennsylvania State University.

Angelucci, C., and Russo, A. (2016), "Petty Corruption and Citizen Report," Columbia Business School Research Paper 25.

Arad, A., and Rubinstein, A. (2012), "Multi-dimensional Iterative Reasoning in Action:The Case of the Colonel Blotto Game," *Journal of Economic Behavior and Organization* 84.

Arad, A., and Rubinstein, A. (2017), "Multi-dimensional Reasoning in Games: Framework, Equilibrium and Applications," mimeo: Tel Aviv University.

Ariely, D. (2008), *Predictably Irrational: The Hidden Forces That Shape Our Decisions*, HarperCollins.

Arrow, K. (1973), "The Theory of Discrimination," in O. Ashenfelter and A. Rees (eds.),*Discrimination in Labor Markets*, Princeton University Press.

Arrow, K. (1998), "What Has Economics to Say about Racial Discrimination?," *Journal of Economic Perspectives* 12.

Arrow, K., and Debreu, G. (1954), "Existence of an Equilibrium for a Competitive Economy," *Econometrica* 22.

Aumann, R. (1976), "Agreeing to Disagree," *Annals of Statistics* 4.

Aumann, R. (1987), "Game Theory," in S. N. Durlauf and L. E. Blume (eds.), *The New Palgrave Dictionary of Economics*, Palgrave Macmillan.

Austin, J. (1832), *The Province of Jurisprudence Determined*, Cambridge.

Ayer, A. (1980), *Hume: A Very Short Introduction*, Oxford University Press.

Bac, M., and Bag, P. (2001), "Law Enforcement and Legal Presumptions," *Journal of Comparative Economics* 29.

Bacharach, M. (2006), *Beyond Individual Choice: Teams and Frames in Game Theory*, N. Gold and R. Sugden (eds.), Princeton University Press.

Bagenstos, S. (2013), "Employment Law and Social Equality," *Michigan Law Review* 112.

Baird, D., Gertner, R., and Picker, R. (1994), *Game Theory and the Law*, Harvard University Press.

Banerjee, A. (2005), " 'New Development Economics' and the Challenge to Theory," *Economic and Political Weekly* 40, October 1.

Banerjee, R. (2016), "On the Interpretation of Bribery in a Laboratory Corruption Game: Moral Frames and Social Norms," *Experimental Economics* 19.

Banuri, S., and Eckel, C. (2015), "Cracking Down on Bribery," *Social Choice and Welfare* 45.

Baradaran, S., and Barclay, S. (2011), "Fair Trade and Child Labor," *Columbia Human Rights Law Review* 43.

Bardhan, P. (1997), "Corruption and Development: A Review of Issues," *Journal of Economic Literature* 35.

Barkan, E. (2011), "Ethnic Cleansing, Genocide and Gross Violations of Human Rights: The State versus Humanitarian Law," in A. Sarat, L. Douglas, and M. Umphrey (eds.), *Law without Nations*, Stanford University Press.

Barrett, C., Garg, T., and McBride, L. (2016), "Well-Being Dynamics and Poverty Traps," *Annual Review of Resource Economics* 6.

Barrett, S. (2007), *Why Cooperate? The Incentive to Supply Global Public Goods*, Oxford University Press.

Basu, Karna (2011), "Hyperbolic Discounting and the Sustainability of Rotational

Sav-ings Arrangements," *American Economic Journal: Microeconomics* 3.

Basu, Karna, Basu, K., and Cordella, T. (2016), "Asymmetric Punishment as an Instrument of Corruption Control," *Journal of Public Economic Theory*.

Basu, K. (1977), "Information and Strategy in the Iterated Prisoner's Dilemma," *Theory and Decision* 8.

Basu, K. (1980), *Revealed Preference of Government*, Cambridge University Press.

Basu, K. (1983), "On Why We Do Not Try to Walk Off without Paying after a Taxi Ride," *Economic and Political Weekly* 18, November.

Basu, K. (1986), "One Kind of Power," *Oxford Economic Papers* 38.

Basu, K. (1990), "On the Non-existence of a Rationality Definition for Extensive-Form Games," *International Journal of Game Theory* 9.

Basu, K. (1993), *Lectures in Industrial Organization*, Basil Blackwell.

Basu, K. (1994a), "Group Rationality, Utilitarianism and Escher's Waterfall," *Games and Economic Behavior* 7.

Basu, K. (1994b), "Traveler's Dilemma: Paradoxes of Rationality in Game Theory," *American Economic Review, Papers and Proceedings* 71.

Basu, K. (1995), "Civil Institutions and Evolution: Concepts, Critiques and Models," *Journal of Development Economics* 46.

Basu, K. (1998), "Social Norms and Law," in P. Newman (ed.), *The New Palgrave Dictionary of Economics and the Law*, Macmillan.

Basu, K. (2000), *Prelude to Political Economy: A Study of the Social and Political Foundations of Economics*, Oxford University Press.

Basu, K. (2001), "The Role of Norms and Law in Economics," in J. Scott and D. Keates (eds.), *Schools of Thought: Twenty-Five Years of Interpretive Social Science*, Princeton University Press.

Basu, K. (2003), "The Economics and Law of Sexual Harassment in the Workplace," *Journal of Economic Perspectives* 17.

Basu, K. (2005), "Racial Conflict and the Malignancy of Identity," *Journal of Economic Inequality* 3.

Basu, K. (2007), "The Traveler's Dilemma," *Scientific American* 2.

Basu, K. (2011a), *Beyond the Invisible Hand: Groundwork for a New Economics*,

Princeton University Press.

Basu, K. (2011b), "Why, for a Class of Bribes, the Act of Giving a Bribe Should Be Treated as Legal," Ministry of Finance, Government of India,http:// mpra.ub.uni-muenchen. de /50335 /.

Basu, K. (2014), "Randomization, Causality and the Role of Reasoned Intuition," *Oxford Development Studies* 42.

Basu, K. (2015), *An Economist in the Real World: The Art of Policymaking in India,* MIT Press.

Basu, K. (2016a), "The Economics and Law of Sovereign Debt and Risk Sharing: Some Lessons from the Eurozone Crisis," *Review of Law and Economics* 12.

Basu, K. (2016b), "Globalization of Labor Markets and the Growth Prospects of Nations," *Journal of Policy Modeling* 38.

Basu, K. (2017), "Discrimination as a Coordination Device: Markets and the Emergence of Identity," *Forum for Social Economics.*

Basu, K. (2018), "Markets and Manipulation: Time for a Paradigm Shift," *Journal of Economic Literature*, forthcoming.

Basu, K., Bhattacharya, S., and Mishra, A. (1992), "Notes on Bribery and the Control of Corruption," *Journal of Public Economics* 48.

Basu, K., and Dixit, A. (2016), "Too Small to Regulate," *Journal of Quantitative Economics* 15.

Basu, K., and Emerson, P. (2000), "The Economics of Tenancy Rent Control," *Economic Journal* 110.

Basu, K., and Stiglitz, J. (2015), "Sovereign Debt and Joint Liability: An Economic Theory Model for Amending the Treaty of Lisbon," *Economic Journal* 125.

Basu, K., and Van, P. H. (1998), "The Economics of Child Labor," *American Economic Review*, vol. 88.

Basu, K., and Weibull, J. (1991), "Strategy Subsets Closed under Rational Behavior," *Economics Letters* 36.

Basu, K., and Weibull, J. (2003), "Punctuality: A Cultural Trait as Equilibrium," in R. Arnott, R. Kanbur, B. Greenwald, and B. Nalebuff (eds.), *Economics for an Imperfect World: Essays in Honor of Joseph Stiglitz*, MIT Press.

Basu, K., and Zarghamee, H. (2009), "Is Product Boycott a Good Idea for Controlling Child Labor? A Theoretical Investigation," *Journal of Development Economics* 88.

Battigalli, P., and Siniscalchi, M. (2002), "Strong Belief and Forward Induction Reasoning," *Journal of Economic Theory* 106.

Bavly, G. (2017), "Uncertainty in the Traveler's Dilemma," *International Journal of Game Theory* 46.

Becker, G. (1957), *The Economics of Discrimination*, University of Chicago Press.

Becker, G. (1968), "Crime and Punishment: An Economic Approach," *Journal of Political Economy* 76.

Becker, G. (1971), *The Economics of Discrimination*. University of Chicago Press.

Becker, G., and Stigler, G. (1974), "Law Enforcement, Malfeasance, and Compensation of Enforcers," *Journal of Legal Studies* 3.

Becker, T., Carter, M., and Naeve, J. (2005), "Experts Playing the Traveler's Dilemma," Inst. für Volkswirtschaftslehre, Univ.

Benabou, R., and Tirole, J. (2006), "Incentives and Pro-social Behavior," *American Economic Review* 96.

Ben-Porath, E., and Dekel, E. (1992), "Signaling Future Action and the Potential for Sacrifice," *Journal of Economic Theory* 53.

Berlin, M., Qin, B., and Spagnolo, G. (2018), "Leniency, Asymmetric Punishment and Corruption: Evidence from China," CEPR, Discussion Paper No. DP 12634.

Bernheim, D. (1984), "Rationalizable Strategic Behavior," *Econometrica* 52.

Bernstein, L. (1992), "Opting Out of the Legal System: Extra-legal Contractual Relations in the Diamond Industry," *Journal of Legal Studies* 21.

Bertrand, M., and Mullainathan, S. (2004), "Are Emily and Greg More Employable Than Lakisha and Jamal? A Field Experiment on Labor Market Discrimination," *American Economic Review* 94.

Besley, T., and Coate, S. (1992), "Understanding Welfare Stigma: Tax Payer Resentment and Statistical Discrimination," *Journal of Public Economics* 48.

Besley, T., and Persson, T. (2009), "The Origins of State Capacity: Property Rights,Taxation, and Politics," *American Economic Review* 99.

Bhardwaj, P., Lakdawala, L., and Li, N. (2013), "Perverse Consequences of Well Intentioned Regulation: Evidence from India's Child Labor Ban," National Bureau of Economic Research Working Paper 19602.

Bicchieri, C., and Xiao, E. (2009), "Do the Right Thing: But Only if Others Do So," *Behavioral Decision Making* 22.

Bilz, K., and Nadler, J. (2009), "Law, Psychology, and Morality," *Psychology of Learning and Motivation: Moral Judgment and Decision-Making* 62.

Binmore, K. (1994), *Game Theory and the Social Contract: Playing Fair*, MIT Press.

Binmore, K. (1995), "The Game of Life: Comment," *Journal of Institutional and Theoretical Economics* 151.

Binmore, K., and Samuelson, L. (2006), "The Evolution of Focal Points," *Games and Economic Behavior* 55.

Black, M. (1964), "The Gap between 'Is' and 'Should,' ." *Philosophical Review* 73.

Blattman, C., Jamison, J., and Sheridan, M. (2017), "Reducing Crime and Violence: Experimental Evidence from Cognitive Behavioral Therapy in Liberia," *American Economic Review* 107.

Blume, A., and Sobel, J. (1995), "Communication-Proof Equilibria in Cheap-Talk Games," *Journal of Economic Theory* 65.

Blume, L., and Durlauf, S. (2003), "Equilibrium Concepts for Social Interaction Models," *International Game Theory Review* 5.

Bobbio, N. (1989), *Thomas Hobbes and the Natural Law Tradition*, D. Gobetti (trans.), University of Chicago Press.

Boettke, P., Coyne, C., and Leeson, P. (2008), "Institutional Stickiness and the New Development Economics," *American Journal of Economics and Sociology* 67.

Borooah, V. (2016), "Deconstructing Corruption," *Journal of South Asian Development* 11.

Bose, P., and Echazu, L. (2007), "Corruption with Heterogeneous Enforcement Agents in the Shadow Economy," *Journal of Institutional and Theoretical Economics* 163.

Bourguignon, F., Ferreira, F., and Walton, M. (2007), "Equity, Efficiency and Inequality Traps," *Journal of Economic Inequality* 5.

Bowles, S. (2004), *Microeconomics: Behavior, Institutions, and Evolution*, Princeton University Press.

Bowles, S. (2014), "Niccolo Machiavelli and the Origins of Mechanism Design," *Journal of Economic Issues* 48.

Bowles, S., Durlauf, S., and Hoff, K. (eds.) (2006), *Poverty Traps*, Princeton University Press.

Breyer, S. (2015), *The Court and the World: American Law and the New Global Realities*, Knopf.

Bull, R., and Ellig, J. (2017), "Judicial Review of Regulatory Impact Analysis: Why Not the Best?," *Administrative Law Review* 69.

Burguet, R., Ganuza, J. J., and Montalvo, J. G. (2016), "The Microeconomics of Corruption:A Review of Thirty Years of Research," mimeo: University of Pompeu Fabra.

Burlando, A., and Motta, A. (2016), "Legalize, Tax and Deter: Enforcement Policies for Corruptible Officials," *Journal of Development Economics* 118.

Cadot, O. (1987), "Corruption as a Gamble," *Journal of Public Economics* 33.

Calabresi, G. (1961), "Some Thoughts on Risk Distribution and the Law of Torts," *Yale Law Journal* 70.

Calabresi, G. (2016), *The Future of Law and Economics: Essays in Reform and Recollection*, Yale University Press.

Cameron, L., Chaudhuri, A., Erkal, N., and Gangadharan, L. (2009), "Propensities to Engage in and Punish Corrupt Behavior," *Journal of Public Economics* 93.

Capra, M., Goeree, J., Gomez, R., and Holt, C. (1999), "Anomalous Behavior in a Traveler's Dilemma," *American Economic Review* 89.

Capraro, V. (2013), "A Model of Human Cooperation in Social Dilemmas," *PLOS One* 8.

Carothers, T. (2003), "Promoting the Rule of Law Abroad: The Problem of Knowledge," Carnegie Endowment for International Peace Working Paper 34.

Cartwright, N. (2010), "What Are Randomized Trials Good For?," *Philosophical Studies* 147.

Chakravarty, S., and Macleod, W. B. (2009), "Contracting in the Shadow of the Law," *RAND Journal of Economics* 30.

Charness, G., and Dufwenberg, M. (2006), "Promises and Partnership," *Econometrica* 74.

Chattopadhyay, R., and Duflo, E. (2004), "Women as Policymakers: Evidence from a Randomized Policy Experiment in India," *Econometrica* 72.

Chen, D., and Sethi, J. (2017), "Insiders, Outsiders, and Involuntary Unemployment: Sexual Harassment Exacerbates Gender Inequality," mimeo: Tou-louse School of Economics.

Chernushkin, A. A., Ougolnitsky, G. A., and Usov, A. B. (2013), "Dynamic Models of Corruption in Hierarchical Control Systems," *Game Theory and Management* 6.

Choi, S., and Gulati, M. (2016), "Customary International Law: How Do Courts Do It?," in C. A. Bradley (ed.), *Custom*'s *Future: International Law in a Changing World*,Cambridge University Press.

Cigno, A., and Rosati, F. (2005), *The Economics of Child Labor*, Oxford University Press.

Coase, R. (1960), "The Problem of Social Cost," *Journal of Law and Economics* 3.

Cole, D. (2017a), "Trump's Travel Ban: Look beyond the Text," *New York Review of Books* 64, May 11.

Cole, D. (2017b), "Why Free Speech Is Not Enough," *New York Review of Books* 64,March 23.

Cooter, R. (1982), "The Cost of Coase," *Journal of Legal Studies* 11.

Cooter, R. (1994), "Market Affirmative Action," *San Diego Law Review* 31.

Cooter, R. (1998), "Expressive Law and Economics," *Journal of Legal Studies* 27.

Cooter, R. (2000), "Do Good Laws Make Good Citizens? An Economic Analysis of Internalized Norms," *Virginia Law Review* 86.

Cooter, R., and Ullen, T. (1988), *Law and Economics*, Pearson.

Cotterell, R. (1997), *Law*'s *Community: Legal Theory in Sociological Perspective*, Oxford University Press.

Crawford, V., and Sobel, J. (1982), "Strategic Information Transmission," *Econometrica* 50.

Davis, K. (2016), "Multijurisdictional Enforcement Games," New York University School of Law Working Paper 438.

Deaton, A. (2010), "Instruments, Randomization, and Learning about Development," *Journal of Economic Literature* 48.

Debroy, B. (2000), *In the Dock: Absurdities of Indian Law*, Konark.

Del Carpio, X., Loayza, N., and Wada, T. (2016), "The Impact of Conditional Cash Transfers on the Amount and Type of Child Labor," *World Development* 80.

Deshpande, A. (2011), *The Grammar of Caste: Economic Discrimination in Contemporary India*, Oxford University Press.

Dharmapala, D., Garoupa, N., and McAdams, R. (2015), "Punitive Police? Agency Costs, Law Enforcement, and Criminal Procedure," mimeo: University of Chicago Law School.

Dixit, A. (2004), *Lawlessness and Economics: Alternative Modes of Governance*, Princeton University Press.

Dixit, A. (2015), "How Business Community Institutions Can Help Fight Corruption," *World Bank Economic Review, Papers and Proceedings* 29.

Doepke, M., and Zilibotti, F. (2005), "The Macroeconomics of Child Labor Regulation," *American Economic Review* 95.

Dreber, A., Ellingsen, T., Johannesson, M., and Rand, D. G. (2013), "Do People Care about Social Context? Framing Effects in Dictator Games," *Experimental Economics* 16.

Dufwenberg, M., and Essen, M. (2017), "King of the Hill: Giving Backward Induction Its Best Shot," mimeo: University of Arizona.

Dufwenberg, M., and Spagnolo, G. (2015), "Legalizing Bribe Giving," *Economic Inquiry* 53.

Durlauf, S. (2001), "A Framework for the Study of Individual Behavior and Social Interactions," *Sociological Methodology* 31.

Dworkin, R. (1986), *Law's Empire*, Harvard University Press.

Edmonds, E., and Schady, N. (2012), "Poverty Alleviation and Child Labor," *American Economic Journal: Economic Policy* 4.

El-Erian, M. (2017), "The Risk of a New Economic Non Order", *Project Syndicate*, September 19.

Ellickson, R. (1991), *Order without Law: How Neighbors Settle Disputes*, Harvard University Press.

Ellingsen, T., and Johannesson, M. (2008), "Pride and Prejudice: The Human Side of

Incentive Theory," *American Economic Review* 98.

Ellingsen, T., Johannesson, M., Tjotta, S., and Torsvik, G. (2010), "Testing Guilt Aversion," *Games and Economic Behavior* 68.

Ellingsen, T., Ostling, R., and Wengstrom, E. (2013), "How Does Communication Affect Behavior?," mimeo: Stockholm School of Economics.

Elster, J. (1989), "Social Norms and Economic Theory," *Journal of Economic Perspectives* 3.

Emerson, P., and Souza, A.-P. (2003), "Is There a Child Labor Trap? Intergenerational Persistence of Child Labor in Brazil," *Economic Development and Cultural Change* 51.

Engerman, S. (2003), "The History and Political Economy of International Labor Standards," in K. Basu, H. Horn, L. Roman, and J. Shapiro (eds.), *International Labor Standards*, Blackwell.

Esteban, J., and Ray, D. (2008), "On the Salience of Ethnic Conflict," *American Economic Review* 98.

Farrell, J., and Rabin, M. (1996), "Cheap Talk," *Journal of Economic Perspectives* 10.

Fehr, E., and Falk, A. (2002), "Psychological Foundations of Incentives," *European Economic Review* 46.

Fehr, E., and Gachter, S. (2000), "Fairness and Retaliation: The Economics of Reciprocity," *Journal of Economic Perspectives* 14.

Feldman, Y., and Teichman, D. (2009), "Are All Legal Probabilities Created Equal?," *New York Law Review* 84.

Ferguson, W. (2013), *Collective Action and Exchange: A Game-Theoretic Approach to Contemporary Political Economy*, Stanford University Press.

Field, E., and Nolen, P. (2010), "Race and Student Achievement in Post-Apartheid South Africa," mimeo: Harvard University.

Fish, S. (1994), *There's No Such Thing as Free Speech*, Harvard University Press.

Fisman, R., and Miguel, T. (2007), "Corruption, Norms and Legal Enforcement: Evidence from UN Diplomatic Parking Tickets," *Journal of Political Economy* 115.

Frank, R. (1988), *Passions within Reason: The Strategic Role of the Emotions*, Norton.

Fried, R. (1990), *Nightmare in the Red: The McCarthy Era in Perspective*, Oxford

University Press.

Friedman, L. (2016), *Impact: How Law Affects Behavior*, Harvard University Press.

Friedman, M. (1962), *Capitalism and Freedom*, University of Chicago Press.

Funcke, A. (2016), "Instilling Norms in a Turmoil of Spillovers," mimeo: University of Pennsylvania.

Gaertner, W., Pattanaik, P., and Suzumura, K. (1992), "Individual Rights Revisited," *Economica* 59.

Gamba, A., Immordino, G., and Piccolo, S. (2016), "Corruption, Organized Crime and the Bright Side of the Subversion of Law," Department of Economics, University of Naples Working Paper 446.

Gambetta, D. (2009), *Codes of the Underworld: How Criminals Communicate*, Princeton University Press.

Gambetta, D. (2017), "Why Is Italy Disproportionately Corrupt? A Conjecture," in K. Basu and T. Cordella (eds.), *Institution, Governance and the Control of Corruption*,Palgrave Macmillan.

Gard, S. (1980), "Fighting Words as Free Speech," *Washington University Law Review* 58.

Gautier, B., and Goyette, J. (2014), "Taxation and Corruption: Theory and Firm-Level Evidence from Uganda," *Applied Economics* 46.

Geisinger, A. (2002), "A Belief Change Theory of Expressive Law," *Iowa Law Review* 88.

Genicot, G., and Ray, D. (2003), "Endogenous Group Formation in Risk-Sharing Arrangements," *Review of Economic Studies* 70.

Georg, S. J., Rand, D., and Walkowitz, G. (2017), "Framing Effects," mimeo: Yale University.

Gigerenzer, G., and Garcia-Retamero, R. (2017), "Cassandra's Regret: The Psychology of Not Wanting to Know," *Psychological Review* 124.

Gintis, H. (2003), "Solving the Puzzle of Prosociality," *Rationality and Society* 15.

Gintis, H. (2009), *The Bounds of Reason: Game Theory and the Unification of the Behavioral Sciences*, Princeton University Press.

Gintis, H. (2010), "Rationality and Common Knowledge," *Rationality and Society* 22.

Gintis, H., Bowles, S., Boyd, R., and Fehr, E. (2005), *Moral Sentiments and Material Interests*, MIT Press.

Giraud, G., and Grasselli, M. (2017), "The Macrodynamics of Household Debt, Growth,and Inequality," mimeo: Centre d'économie de la Sorbonne, Paris.

Glaeser, E., and Goldin, C. (eds.) (2006), *Corruption and Reform: Lessons from America's History*, University of Chicago Press.

Gluckman, M. (1955), "The Judicial Process among the Barotse of Northern Rhodesia," Free Press.

Goeree, J., and Holt, C. (2001), "Ten Little Treasures of Game Theory and Ten Intuitive Contradictions," *American Economic Review* 91.

Goldsmith, W. (1996), "Hobbes on Law," in T. Sorrell (ed.), *The Cambridge Companion to Hobbes*, Cambridge University Press.

Govindan, S., and Wilson, R. (2009), "On Forward Induction," *Econometrica* 77.

Granovetter, M., and Soong, R. (1983), "Threshold Models of Diffusion and Collective Behavior," *Journal of Mathematical Sociology* 9.

Greif, A. (1993), "Contract Enforcement and Economic Institutions in Early Trade: The Maghribi Traders' Coalition," *American Economic Review* 85.

Greif, A., Milgrom, P., and Weingast, B. (1994), "Coordination, Commitment and Enforcement: The Case of the Merchant Guild," *Journal of Political Economy* 102.

Groopman, J., and Hartzband, P. (2011), *Your Medical Mind: How to Decide What Is Right for You*, Penguin.

Habyarimana, J., Humphreys, M., Posner, D., and Weinstein, J. (2007), "Why Does Ethnic Diversity Undermine Public Goods?," *American Political Science Review* 101.

Hacking, I. (1988), *The Emergence of Probability: A Philosophical Study of Early Ideas about Probability, Induction and Statistical Inference*, Cambridge University Press.

Hadfield, G. (2016), *Rules for a Flat World: Why Humans Invented Law and How to Reinvent It for a Complex Global Economy*, Oxford University Press.

Hadfield, G., and Weingast, B. (2013), "Law without the State: Legal Attributes and the Coordination of Decentralized Collective Punishment," *Journal of Law and Courts* 1.

Hadfield, G., and Weingast, B. (2014), "Microfoundations of the Rule of Law," *Annual Review of Political Science* 17.

Hahn, F. (1980), "Unemployment from a Theoretical Viewpoint," *Economica* 47.

Hall, G. (ed.) (2002), *The Treatise on the Laws and Customs on the Realm of England Commonly Called Glanvill*, Oxford University Press.

Halpern, J. Y., and Pass, R. (2012), "Iterated Regret Minimization: A New Solution Concept," *Games and Economic Behavior* 74.

Han, B. (2016), "The Role and Welfare Rationale of Secondary Sanctions," *Conflict Management and Peace Science*, forthcoming.

Hardin, R. (1989), *Liberalism, Constitutionalism and Democracy*, Oxford University Press.

Harrington, J. E. (1999), "Rigidity of Social Systems," *Journal of Political Economy* 107.

Hart, H. L. A. (1961), *The Concept of Law*, Oxford University Press.

Hart, H. L. A., and Honore, T. (1959), *Causation in the Law*, Oxford University Press.

Hashimoto, T. (2008), "Japanese Clocks and the History of Punctuality in Modern Japan," *East Asian Science, Technology, and Society: An International Journal* 2.

Hatlebakk, M. (2002), "A New and Robust Model of Subgame Perfect Equilibrium in a Model of Triadic Power Relations," *Journal of Development Economics* 68.

Havel, V. (1986), "The Power of the Powerless," in J. Vladislav (ed.), *Living in Truth*, Faber & Faber.

He, Q., Pan, Y., and Sarangi, S. (2017), "Lineage–Based Heterogeneity and Cooperative Behavior in Rural China," REPEC–MPRA Paper No. 80865.

Heilbroner, R. (ed.) (1986), *The Essential Adam Smith*, Norton.

Hindriks, J., Keen, M., and Muthoo, A. (1999), "Corruption, Extortion and Evasion," *Journal of Public Economics* 74.

Hobbes, T. (1668 [1994]), *Leviathan*, E. Curley (ed.), Hackett.

Hockett, R. (1967), "Reflective Intensions: Two Foundational Decision Points in Mathematics, Law and Economics," *Cardozo Law Review* 29.

Hockett, R. (2009), *Law*, Chicago Review Press.

Hoff, K., and Pande, P. (2006), "Persistent Effects of Discrimination and the Role of

Social Identity," *American Economic Review* 96.

Hoff, K., and Stiglitz, J. (2001),"Modern Economic Theory and Development,"in G.Meier and J. Stiglitz (eds.), *Frontiers of Development Economics*, Oxford University Press.

Hoff, K., and Stiglitz, J. (2015), "Striving for Balance in Economics: Towards a Theory of Social Determination of Behavior," *Journal of Economic Behavior and Economics* 126.

Hollis, M. (1994), "The Gingerbread Game," *Analysis* 54.

Hovenkamp, H. (1990), "The First Great Law and Economics Movement," *Stanford Law Review* 42.

Hume, D. (1739 [1969]), *A Treatise on Human Nature*, Penguin.

Hume, D. (1742 [1987]), "Of the First Principles of Government," in *Essays: Moral, Political and Literary*, Liberty Fund.

Humphries, J. (2013), "Childhood and Child Labour in the British Industrial Revolution," *Economic History Review* 66.

Huq, A., Tyler, T., and Schulhofer, S. (2011), "Why Does the Public Cooperate with Law Enforcement? The Influence of the Purposes and Targets of Policing," *Psychology,Public Policy, and Law* 17.

Ifcher, J., and Zarghamee, H. (2011), "Happiness and Time Preference: The Effect of Positive Affect in a Random−Assignment Experiment," *American Economic Review* 101.

Jain, S. (1995), "The Coherence of Rights," in D. Andler, P. Banerjee, M. Chaudhury, and O. Guillaume (eds.), *Facets of Rationality*, Sage.

Janssen, M. (2001), "Rationalizing Focal Points," *Theory and Decision* 50.

Jha, S., and Ramaswami, B. (2010), "How Can Food Subsidies Work Better? Answers from India and the Philippines," Asian Development Bank Working Paper 221.

Johnson, D. (1976), "Increased Stability of Grain Supplies in Developing Countries: Optimal Carryovers and Insurance," *World Development* 4.

Jolls, C. (2013), "Product Warnings, Debiasing, and Free Speech: The Case of Tobacco Regulation," *Journal of Institutional and Theoretical Economics* 169.

Jolls, C., Sunstein, C., and Thaler, R. (1998), "A Behavioral Approach to Law and Economics," *Stanford Law Review* 50.

Joshi, S., and Mahmud, S. (2016), "Sanctions and Networks: 'The Most Unkindest Cut of All,' ." *Games and Economic Behavior* 97.

Kahneman, D. (2011), *Thinking, Fast and Slow*, Farrar, Straus and Giroux.

Kahneman, D., and Tversky, A. (1979), "Prospect Theory: An Analysis of Decision under Risk," *Econometrica* 47.

Kaplow, L., and Shavell, S. (2003), "Fairness versus Welfare: Notes on the Pareto Principle,Preferences, and Distributive Justice," *Journal of Legal Studies* 32.

Karabarbounis, L., and Neiman, B. (2014), "The Global Decline of the Labor Share," *Quarterly Journal of Economics* 129.

Katz, H., Kochan, T., and Colvin, A. (2015), *Labor Relations in a Globalizing World*,Cornell University Press.

Kelsen, H. (1945), *General Theory of Law and State*, Harvard University Press.

Khera, R. (2011), "Trends in Diversion of Grain from the Public Distribution System," *Economic and Political Weekly* 46, May 21.

Klitgaard, R. (1988), *Controlling Corruption*, University of California Press.

Kohlberg, E., and Mertens, J.–F. (1986), "On the Strategic Stability of Equilibria," *Econometrica* 54.

Kornhauser, L. (1984), "The Great Image of Authority," *Stanford Law Review* 36.

Kranton, R., and Swamy, A. (1999), "The Hazards of Piecemeal Reform: British Civil Courts and the Credit Market in Colonial India," *Journal of Development Economics* 58.

Kugler, M., Verdier, T., and Zenou, Y. (2005), "Organized Crime, Corruption and Punishment," *Journal of Public Economics* 89.

Kuran, T. (1988), "Ethnic Norms and Their Transformation through Reputational Cascades," *Journal of Legal Studies* 27.

Kuran, T. (1998), "Ethnic Norms and Their Transformation through Reputational Cascades," *Journal of Legal Studies* 2.

Lacey, N. (2004), *A Life of H. L. A. Hart: The Nightmare and the Noble Dream*, Oxford University Press.

La Ferrara, E. (2007), "Descent Rules and Strategic Transfers: Evidence from Matrilineal Groups in Ghana," *Journal of Development Economics* 83.

Laibson, D. (1997), "Golden Eggs and Hyperbolic Discounting," *Quarterly Journal of*

Economics 112.

Landa, J. (ed.) (2016), *Economic Success of Chinese Merchants in Southeast Asia: Identity,Ethnic Cooperation and Conflict*, Springer.

Larkin, P. (1982), "The Art of Poetry No. 30," *Paris Review* 24.

Lebovic, S. (2016), *Free Speech and Unfree News: The Paradox of Press Freedom in America*, Harvard University Press.

Ledyaev, V. (2016), "Gatekeeping as a Form of Power," *Journal of Political Power* 9.

Leibenstein, H. (1950), "Bandwagon, Snob, and Veblen Effects in the Theory of Consumers," *Quarterly Journal of Economics* 64.

Lessig, L. (1996), "Social Meanings and Social Norms," *University of Pennsylvania Law Review* 144.

Levi, E. (1949), *An Introduction to Legal Reasoning*, University of Chicago Press.

Levine, R. V., West, L. J., and Reis, H. T. (1980), "Perceptions of Time and Punctuality in the United States and Brazil," *Journal of Personality and Social Psychology* 38.

Lewis, D. (1969), *Convention: A Philosophical Study*, Harvard University Press.

Li, X. (2012), "Bribery and the Limits of Game Theory: The Lessons from China," *Financial Times*, May 1, http://b logs. ft. com/ beyond−brics/ 2012/ 05/ 01/ guest−post−bribery−and−the−limits−of−game−theory−the−lessons−from−china.

Lindbeck, A., Nyberg, S., and Weibull, J. (1989), "Social Norms and Economic Incentives in the Welfare State," *Quarterly Journal of Economics* 114.

Loewenstein, R. (1987), "Anticipation and the Valuation of Delayed Consumption," *Economic Journal* 97.

Lopez-Calva, L.-F. (2003), "Social Norms, Coordination and Policy Issues in the Figh-against Child Labor," in K. Basu, H. Horn, L. Roman, and J. Shapiro (eds.), *International Labor Standards*, Blackwell.

Lopucki, L., and Weyrauch, W. (2000), "A Theory of Legal Strategy," *Duke Law Journal* 49.

Lui, F. T. (1986), "A Dynamic Model of Corruption Deterrence," *Journal of Public Economics* 31.

Lukes, S. (1974), *Power: A Radical View*, Macmillan.

Macey, J. (1997), "Public and Private Ordering and the Production of Legitimate and Ilegitimate Legal Rules," *Cornell Law Review* 82.

Mailath, G., Morris, S., and Postlewaite, A. (2007), "Maintaining Authority," mimeo:University of Pennsylvania.

Mailath, G., Morris, S., and Postlewaite, (2017), "Laws and Authority," *Research in Economics* 71.

Maine, H. (1871), *Village Communities in the East and West*, John Murray.

Makowsky, M., and Wang, S. (2015), "Embezzlement, Whistle–Blowing, and Organizational Architecture: An Experimental Investigation," GMU Working Paper in Economics.

Malinowski, B. (1921), "The Primitive Economics of the Trobriand Islanders," *Economic Journal* 31.

Manapat, M., Rand, D., Pawlowitsch, C., and Nowak, M. (2012), "Stochastic Evolutionary Dynamics Resolve the Traveler's Dilemma," *Journal of Theoretical Biology* 303.

Maskin, E. (2016), "How Can Cooperative Game Theory Be Made More Relevant to Economics? An Open Problem," in J. F. Nash and M. Rassias (eds.), *Open Problems in Mathematics*, Springer Verlag.

Maskin, E., and Sjostrom, T. (2002), "Implementation Theory," in K. Arrow, A. Sen, and K. Suzumura (eds.), *Handbook of Social Choice Theory and Welfare*, Elsevier.

Mauro, P. (1995), "Corruption and Growth," *Quarterly Journal of Economics* 110.

McAdams, R. (1995), "Cooperation and Conflict: The Economics of Group Status Production and Race Discrimination," *Harvard Law Review* 108.

McAdams, R. (2000), "A Focal Point Theory of Expressive Law," *Virginia Law Review* 86.

McAdams, R. (2015), *The Expressive Powers of Law: Theories and Limits*, Harvard University Press.

Meade, J. (1974), "Preference Ordering and Economic Policy," in A. Mitra (ed.), *Economic Theory and Planning: Essays in Honour of A. K. Dasgupta*, Oxford University Press.

Medema, S. (1998), "Wandering the Road from Pluralism to Posner: The Transformation of Law and Economics in the Twentieth Century," *History of Political Economy* (supplement) 30.

Menon, N., and Rogers, Y. (2017), "Child Labor and Changes in the Minimum

Wage:Evidence from India," *Journal of Comparative Economics*, forthcoming.

Mercuro, N., and Medema, S. (1997), *Economics and the Law: From Posner to Post-modernism*, Princeton University Press.

Mishra, A. (2002), "Hierarchies, Incentives and Collusion in a Model of Enforcement," *Journal of Economic Behavior and Organization* 47.

Mishra, A. (2006), "Corruption, Hierarchies, and Bureaucratic Structures," in S. Rose-Ackerman (ed.), *International Handbook on the Economics of Corruption*, Edward Elgar.

Moene, K., and Soreide, T. (2015), "Good Governance Facades," in S. Rose-Ackerman and P. Lagunes (ed.), *Greed, Corruption and the Modern State*, Edward Elgar.

Mookherjee, D. (2005), "Is There Too Little Theory in Development Economics Today?," *Economic and Political Weekly* 40, October 1.

Mookherjee, D., and Png, P. L. (1995), "Corruptible Law Enforcers: How Should They Be Compensated?," *Economic Journal* 105.

Morita, H., and Servatka, M. (2013), "Group Identity and Relation-Specific Investment: An Experimental Investigation," *European Economic Review* 58.

Morone, A., Morone, P., and Germani, A. (2014), "Individual and Group Behavior in the Traveler's Dilemma: An Experimental Study," *Journal of Behavioral and Experimental Economics* 49.

Morris, S., and Shin, H. (1998), "Unique Equilibrium in a Model of Self-Fulfilling Currency Attacks," *American Economic Review* 88.

Morris, S., and Shin, H. (2001),"Rethinking Multiple Equilibria in Macroeconomics,"in B. Bernanke and K. Rogoff (eds.), *NBER Macroeconomic Handbook*, MIT Press.

Mukherjee, P. (2015), "The Effects of Social Identity on Aspirations and Learning Outcomes: A Field Experiment in Rural India," mimeo: College of William and Mary.

Mullainathan, S., and Shafir, E. (2013), *Scarcity: Why Having Too Little Means So Much*, Times Books.

Murphy, J., and Coleman, J. (1997), *The Philosophy of Law*, Rowman & Littlefield.

Myerson, R. (1983), "Mechanism Design by an Informed Principal," *Econometrica* 51.

Myerson, R. (2004), "Justice, Institutions and Multiple Equilibria," *Chicago Journal of International Law* 5.

Myerson, R. (2006), "Fundamental Theory of Institutions: A Lecture in Honor of Leo Hurwicz," mimeo: Department of Economics, University of Chicago.

Myerson, R. (2008), "The Autocrat's Credibility Problem," *American Political Science Review* 102.

Myerson, R. (2017), "Village Communities in Economic Development," mimeo: University of Chicago.

Myerson, R., and Weibull, J. (2015), "Tenable Strategy Blocks and Settled Equilibria," *Econometrica* 83.

Naipaul, V. S. (1961), *A House for Mr. Biswas*, Andre Deutsch.

Nash, J. (1950a), "Equilibrium Points in n-Person Games", *Proceedings of the National Academy of Sciences*, 36.

Nash, J. (1950b), "The Bargaining Problem", *Econometrica*, 18.

Nussbaum, M. (1997), "Flawed Foundations: The Philosophical Critique of (a Particular Type of) Economics," *University of Chicago Law Review* 64.

Oak, M. (2015), "Legalization of Bribe Giving When Bribe Type Is Endogenous," *Journal of Public Economic Theory* 17.

O'Donoghue, T., and Rabin, M. (2001), "Choice and Procrastination," *Quarterly Journal of Economics* 116.

Oleinik, A. N. (2015), *The Invisible Hand of Power*, Pickering & Chatto.

Osborne, M., and Rubinstein, A. (1994), *A Course in Game Theory*, MIT Press.

Ostrom, E. (1990), *Governing the Commons*, Cambridge University Press.

Oxfam (2017), "An Economy for the 99%," January 16, https:// www .oxfam .org /sites /www.oxfam .org /files /file_attachments /bp–economy–for–99–percent–160117–en .pdf.

Pace, M. (2009), "How a Genetic Algorithm Learns to Play Traveler's Dilemma by Choosing Dominated Strategies to Achieve Greater Payoffs," mimeo: Institut de Math é matiques de Bordeaux.

Pani, N. (2016), "Historical Insights into Modern Corruption: Descriptive Moralities and Cooperative Corruption in an Indian City," *Griffith Law Review* 25.

Parfit, D. (1984), *Reasons and Persons*, Clarendon.

Paternoster, R. (2010), "How Much Do We Really Know about Criminal Deterrence?," *Journal of Criminal Law and Criminology* 100.

Pearce, D. (1984), "Rationalizable Strategic Behavior and the Problem of Perfection," *Econometrica* 52.

Persson, M., and Siven, C.–H. (2006), "Incentive and Incarceration Effects in a General Equilibrium Model of Crime," *Journal of Economic Behavior and Organization* 59.

Pethe, A., Tandel, V., and Gandhi, S. (2012), "Unravelling the Anatomy of Legal Corruption in India: Focusing on the Honest Graft by the Politicians," *Economic and Political Weekly* 47.

Phelps, E. S. (1972), "The Statistical Theory of Racism and Sexism," *American Economic Review* 62.

Pigou, A. (1920), *The Economics of Welfare*, Palgrave Macmillan.

Pistor, K., Haldar, A., and Amirapu, A. (2010), "Social Norms, Rule of Law, and Gender Reality: An Essay on the Limits of the Dominant Rule-of-Law Paradigm," in J. J.

Heckman, R. L. Nelsen, and L. Cabatingam (eds.), *Global Perspectives on the Rule of Law*, Routledge.

Platteau, J.-P. (1994), "Behind the Market Stage, Where Real Societies Exist: The Role of Public and Private Order Institutions," *Journal of Development Studies* 30.

Platteau, J.-P. (2000), *Institutions, Social Norms, and Economic Development*, Harwood.

Polinsky, A. M., and Shavell, S. (2001), "Corruption and Optimal Law Enforcement," *Journal of Public Economics* 81.

Popov, S. V. (2015), "Decentralized Bribery and Market Participation," *Scandinavian Journal of Economics* 117.

Popov, S. V. (2016), "On Basu's Proposal: Fines Affect Bribes," mimeo: Queens University Management School.

Posner, E. (1996), "Law, Economics and Inefficient Norms," *University of Pennsylvania Law Review* 144.

Posner, E. (2000), *Law and Social Norms*, Harvard University Press.

Posner, E. (2006), "International Law: A Welfarist Approach," *University of Chicago Law Review* 73.

Posner, R. (1977), *Economic Analysis of the Law*, Little, Brown.

Posner, R. (1993), "What Do Judges Maximize? (The Same Thing Everybody Else

Does)," *Supreme Court Economic Review* 30.

Rabin, M. (2013), "An Approach to Incorporating Psychology into Economics," *American Economic Review*, 103.

Rahman, D. (2012), "But Who Will Monitor the Monitor?," *American Economic Review* 102.

Rakoff, J. (2016), "Why You Won't Get Your Day in Court," *New York Review of Books* 63, November 24.

Rasmussen, E. (2001), "Explaining Incomplete Contracts as the Result of Contract-Reading Costs," *Advances in Economic Policy Analysis* 1.

Ray, D., and Esteban, J. (2017), "Conflict and Development," *Annual Review of Economics* 9.

Ray, R. (2000), "Child Labor, Child Schooling, and Their Interaction with Adult Labor:Empirical Evidence for Peru and Pakistan," *World Bank Economic Review* 14.

Raz, J. (1980), *The Concept of a Legal System*, Clarendon.

Reny, P. (1992), "Rationality in Extensive–Form Games," *Journal of Economic Perspectives* 6.

Reuben, E., Sapienza, P., and Zingales, L. (2014), "How Stereotypes Impair Women's Careers in Science," *Proceedings of the National Academy of Sciences* 111.

Robson, A. (2012), *Law and Markets*, Basingstoke: Palgrave Macmillan.

Rodrik, D. (2008), "The New Development Economics: We Shall Experiment but How Shall We Learn?," in J. Cohen and W. Easterly (eds.), *What Works in Development?*,Washington, DC: Brookings Institution.

Rodrik, D. (2015), *Economics Rules: The Rights and Wrongs of the Dismal Science*, Norton.

Roemer, J. (1998), *Equality of Opportunity*, Harvard University Press.

Roemer, J. (2015), "Kantian Optimization: A Micro-foundation for Cooperation," *Journal of Public Economics* 127.

Rose-Ackerman, S. (1975), "The Economics of Corruption," *Journal of Public Economics* 4.

Rose-Ackerman, S., and Palifka, B. (1999 [2015]), *Corruption and Government:Causes,*

Consequences, and Reform, Cambridge University Press.

Rothstein, B. (2011), "Anti-corruption: The Indirect 'Big Bang' Approach," *Review of International Political Economy* 18.

Rothstein, R. (2017), *The Color of Law: A Forgotten History of How Our Government Segregated America*, Liveright.

Roy, T., and Swamy, A. (2016), *Law and the Economy in Colonial India*, University of Chicago Press.

Rubinstein, A. (1989), "The Electronic Mail Game: Strategic Behavior under Complete Uncertainty," *American Economic Review* 79.

Rubinstein, A. (1991), "Comments on the Interpretation of Game Theory," *Econometrica* 59.

Rubinstein, A. (2006), "Dilemmas of an Economic Theorist," *Econometrica* 74.

Rubinstein, A. (2016), "A Typology of Players: Between Instinctive and Contemplative," *Quarterly Journal of Economics* 131.

Runciman, W., and Sen, A. (1965), "Games, Justice, and the General Will," *Mind* 74.

Rust, J. (2016), "Mostly Useless Econometrics? Assessing the Causal Effect of Econometric Theory," *Foundations and Trends in Accounting* 10.

Samuelson, L. (2016), "Game Theory in Economics and Beyond", *Journal of Economic Perspectives*, 30.

Sanyal, A. (2015), "Bribe Chains in a Police Administration," in S. Guha, R. P. Kundu,and S. Subramanian (eds.), *Themes in Economic Analysis*, Routledge.

Sarat, A., Douglas, L., and Merrill, M. (2011), *Law as Punishment / Law as Regulation*,Stanford University Press.

Savage, L. J. (1951), "The Theory of Statistical Decision," *Journal of the American Statistical Association* 46.

Schafer, H.-B., and Ott, C. (2005), *The Economic Analysis of Civil Law*, Edward-Elgar.

Schauer, F. (2015), *The Force of Law*, Harvard University Press.

Schelling, T. (1960), *The Strategy of Conflict*, Harvard University Press.

Shleifer, A., and Vishny, R. (1993), "Corruption," *Quarterly Journal of Economics*, vol.108.

Schlicht, E. (1998), *On Custom in the Economy*, Oxford University Press.

Schrecker, E. (1994), *The Age of McCarthy: A Brief History with Documents*, Bedford Books.

Sen, A. (1969), "The Impossibility of a Paretian Liberal," *Journal of Political Economy* 78.

Sen, A. (1973), "Behaviour and the Concept of Preference," *Economica* 40.

Sen, A. (1980), "Description as Choice," *Oxford Economic Papers* 32.

Sen, A. (1993), "Internal Consistency of Choice," *Econometrica* 61.

Sen, A. (1997), "Rational Fools: A Critique of the Behavioral Foundations of Economic Theory," *Philosophy and Public Affairs* 6.

Sen, A. (2006), *Identity and Violence*, Norton.

Sen, Arunava (2007), "The Theory of Mechanism Design: An Overview," *Economic and Political Weekly* 42, December 8.

Shih, M., Pittinsky, T., and Ambady, N. (1999), "Stereotype Susceptibility, Identity Salience and Shifts in Performance," *Psychological Science* 10.

Singer, M. (2005), *The Legacy of Positivism*, Palgrave Macmillan.

Singer, M. (2006), "Legitimacy Criteria for Legal Systems," *King's College Law Journal* 17.

Smith, A. (1762 [1978]), *Lectures on Jurisprudence*, R. L. Meek, D. D. Raphael, and P. G. Stein (eds.), Clarendon.

Smith, A. (1776 [1976]), *An Inquiry into the Nature and Causes of the Wealth of Nations*, R. H. Campbell and A. S. Skinner (eds.), Clarendon.

Spengler, D. (2014), "Endogenous Detection of Collaborative Crime: The Case of Corruption," *Review of Law & Economics* 10.

Starr, W. C. (1984), "Law and Morality in H. L. A. Hart's Legal Philosophy," *Marquette Law Review* 67.

Steiner, H. (1994), *An Essay on Rights*, Blackwell.

Stern, N. (1978), "On the Economic Theory of Policy towards Crime," in J. M. Heineke (ed.), *Economic Models of Criminal Behavior*, North-Holland.

Stiglitz, J. (1973), "Approaches to the Economics of Discrimination," *American Economic Review* 63.

Stiglitz, J. (1974), "Theories of Racial Discrimination and Economic Policy," in G. von

Furstenberg(ed.), *Patterns of Racial Discrimination*, D. C. Heath.

Stiglitz, J. (2002), *Globalization and Its Discontents*, Norton.

Stone, S. (2011), "Law without Nation? The Ongoing Jewish Discussion," in A. Sarat,L. Douglas, and M. Umphrey (eds.), *Law without Nations*, Stanford University Press.

Stoppard, T. (1982), *The Real Thing*, Faber & Faber.

Subramanian, S. (2011), "Inter–group Disparities in the Distributional Analysis of Human Development: Concepts, Measurement, and Illustrative Applications," *Review of Black Political Economy* 38.

Sugden, R. (1989), "Spontaneous Order," *Journal of Economic Perspectives* 3.

Sugden, R. (1995), "A Theory of Focal Points," *Economic Journal* 105.

Sundell, A. (2014), "Understanding Informal Payments in the Public Sector: Theory and Evidence from Nineteenth–Century Sweden," *Scandinavian Political Studies* 37.

Sunstein, C. (1996a), "On the Expressive Function of Law," *University of Pennsylvania Law Review* 144.

Sunstein, C. (1996b), "Social Norms and Social Roles," *Columbia Law Review* 96.

Sunstein, C. (2016), "Listen, Economists," *New York Review of Books* 58, November 10.

Surowiecki, J. (2004), "Punctuality Pays," *New Yorker*, April 5.

Suthankar, S., and Vaishnav, M. (2014), "Corruption in India: Bridging Academic Evidence and Policy Options," *India Policy Forum* 10.

Swedberg, R. (2005), *Interest*, Open University Press.

Swedberg, R. (2014), *The Art of Social Theory*, Princeton University Press.

Thaler, R., and Sunstein, C. (2008), *Nudge: Improving Decisions about Health, Wealth and Happiness*, Yale University Press.

Thorat, S., Banerjee, A., Mishra, V. K., and Rizvi, F. (2015), "Urban Rental Housing Market," *Economic and Political Weekly* 50.

Thorat, S., and Newman, K. (2007), "Caste and Economic Discrimination: Causes, Consequences and Remedies," *Economic and Political Weekly* 42.

Tirole, J. (1996), "A Theory of Collective Reputations (with Applications to the Persistence of Corruption)," *Review of Economic Studies* 63.

Treisman, D. (2000), "The Causes of Corruption: A Cross-National Study," *Journal of*

Public Economics 76.

Treisman, D. (2007), "What Have We Learned about the Causes of Corruption from Ten Years of Cross-National Empirical Research," *Annual Review of Political Science* 10.

Tversky, A., and Kahneman, D. (1986), "Rational Choice and the Framing of Decisions," *Journal of Business* 59.

Tyler, T., (2006), *Why People Obey the Law*, Princeton University Press.

Tyler, T., and Jackson, J. (2014), "Popular Legitimacy and the Exercise of Legal Authority," *Psychology, Public Policy, and Law* 20.

Vallentyne, P. (2000), "Introduction: Left-Libertarianism—A Primer," in P. Vallentyne and H. Steiner (eds.), *Left-Libertarianism and Its Critics*, Palgrave.

Van Damme, E. (1989), "Stable Equilibria and Forward Induction," *Journal of Economic Theory* 48.

Vanberg, C. (2008), "Why Do People Keep Their Promises?," *Econometrica* 76.

Varshney, A. (2002), *Ethnic Conflict and Civic Life: Hindus and Muslims in India*, Yale University Press.

Veblen, T. (1899), *The Theory of the Leisure Class*, Macmillan.

Velu, C., Iyer, S., and Gair, J. (2010), "A Reason for Unreason: Returns-Based Beliefs in Game Theory," mimeo: Cambridge University.

Vermeule, A. (2016), *Law's Abnegation*, Harvard University Press.

Villanger, E. (2005), "Company Interest and Foreign Aid Policy: Playing Donors Out against Each Other," *European Economic Review* 49.

Voorneveld, M. (2002), "Preparation," *Games and Economic Behavior* 48.

Voorneveld, M. (2010), "The Possibility of Impossible Stairways: Tail Events and Countable Player Sets," *Games and Economic Behavior* 68.

Weber, R., and Camerer, C. (2003), "Cultural Conflict and Merger Failure: An Experimental Approach," *Management Science* 49.

Weibull, J. (1995), *Evolutionary Game Theory*, MIT Press.

Weinrib, L. (2016), *The Taming of Free Speech: America's Civil Liberties Compromise*, Harvard University Press.

Wihardja, M.-M. (2009), "Corruption in Public Procurement Auctions," mimeo: Center for Strategic and International Studies, Washington, DC.

Wolpert, D. (2008), "Schelling Formalized: Strategic Choices of Non-rational Persons," mimeo: Santa Fe Institute, Santa Fe, NM.

World Bank (2015), "World Development Report 2015: Mind, Society, and Behavior," World Bank.

World Bank (2016), "World Development Report 2016: Internet for Development," World Bank.

World Bank (2017), "World Development Report 2017: Governance and the Law," World Bank.

Worstall, T. (2016), "India's Mistake in Trying to Ban Child Labor," *Forbes*, March 15, http:// www .forbes .com /sites /timworstall /2016 /03 /15 /indias-mistake-in-trying-to-ban-child-labour / #21f748714f3e.

Wu, K., and Abbink, K. (2013), "Reward Self-Reporting to Deter Corruption: An Experiment on Mitigating Collusive Bribery," mimeo: Monash University.

Yang, J. (2014), "The Politics of Pai Ma Pi: Flattery as Empty Signifiers and Social Control in a Chinese Workplace," *Social Semiotics* 24.

Yoo, S. (2008), "Petty Corruption," *Economic Theory* 37.

Young, P. (1993), "The Evolution of Conventions," *Econometrica* 61.

Young, P. (2008), "Social Norms," in S. Durlauf and L. Blume (eds.), *The New Palgrave Dictionary of Economics*, Macmillan.

Zambrano, E. (1999), "Formal Models of Authority: Introduction and Political Economy Applications," *Rationality and Society* 11.

Zantovsky, M. (2014), *Havel: A Life*, Grove Press.